W0023854

rowohlt

Inge und Walter Jens

KATIAS MUTTER

Das außerordentliche Leben der Hedwig Pringsheim

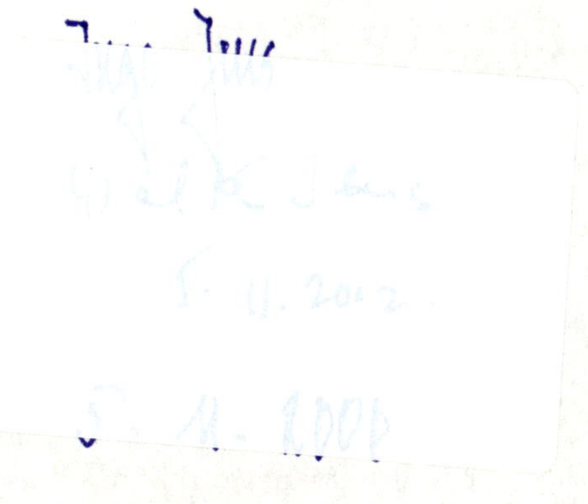

Rowohlt

1. Auflage Juli 2005

Lektorat Uwe Naumann
Satz bei KCS GmbH, Buchholz i. d. Nordheide
Sabon PostScript QuarkXPress
Druck und Bindung Clausen & Bosse, Leck
Printed in Germany
ISBN 3 498 03337 9

Für
Renate und Hans Thiersch

Inhaltsverzeichnis

Vorbemerkung

Warum nach *Frau Thomas Mann* nun noch ein Buch über *Katias Mutter*? Genügt die Biographie über die Tochter nicht, um die Neugier nach dem Leben im Hause Mann zu befriedigen? Wir meinen: nein. Denn obwohl die engere Familie des Zauberers diesmal durchaus nicht im Zentrum steht, bereichert die bunte, widersprüchliche und facettenreiche Geschichte der Hedwig Pringsheim das Epos dieser Jahrhundertfamilie – und spiegelt zugleich ein ganz eigenständiges, ganz unverwechselbares und doch sehr zeittypisches Schicksal.

Man stelle sich vor: Ein Mädchen aus kulturell ambitioniertem, aber durch materielle Güter nicht eben gesegnetem Hause heiratet einen millionenschweren Privatdozenten der Mathematik; eine einstige Aktrice residiert in München als umschwärmte Frau von Welt, ein lebenslustiger dickbezopfter Backfisch emanzipiert sich zu einer berückenden, anmutigen und kapriziösen Schönheit; die leidenschaftliche Rezitatorin entwickelt sich – gefördert von ihrer Mutter, der Frauenrechtlerin Hedwig Dohm – zur exzellenten Stilistin, die mit den ersten Federn ihres Jahrhunderts von Gleich zu Gleich verkehrt. Politiker und Literaten, Musiker und Maler, Schauspieler und Bankiers bilden eine Zierde ihres berühmten Teetischs.

Mit Mann und Kindern radelt sie durch Europa und fährt allein nach Argentinien, als der Vater ihren Lieblingssohn dorthin verbannt. Gemeinsam mit diesem Vater besucht sie die kulturellen Attraktionen der Metropolen und die Brennpunkte internationaler Geselligkeit in Bayreuth, Wien, Konstantinopel oder Sils Maria. Sie parliert in mindestens vier Sprachen und ist eine gesuchte Gastgeberin. Aber ihre größte Begabung ist das Briefeschreiben. Ihre witzig-präzisen, je nach Stimmung und Weltlage elegisch-anrührenden oder süffisant-gegenläufigen Charakterisierungen von Menschen und Konstellationen stellen nicht selten sogar die Schreibkünste ihres «Schwiegertommy» in den Schatten.

Hedwig Pringsheim war Schauspielerin gewesen – wie ihr Freund und großes Vorbild Maximilian Harden, dem sie, nachdem er in die Publizistik gewechselt und Herausgeber der *Zukunft* geworden war und ihre eigenen Kinder das Elternhaus verlassen hatten, hunderte von leidenschaftlichen, klugen, besonnenen und schwärmerischen Briefen schrieb – unbekümmert um die Prominenz des Freundes, der bereits in ihrem Elternhaus ein und aus gegangen und im ersten Dezennium des neuen Jahrhunderts – nach weltweitem Urteil – der neben Kaiser Wilhelm II. berühmteste Deutsche war.

Und bei alldem blieb sie rücksichtsvoll und zeigte Empathie für die Bedrängnisse und Sorgen ihrer Mitmenschen. Sie bemühte sich um Großzügigkeit und Toleranz und zeigte sich nachsichtig, ja verständnisvoll gegenüber den Eskapaden ihres Mannes, dem sie sich gleichberechtigt fühlte, obwohl es sein Reichtum war, der ihr den Rahmen bot, in dem sie ihre Talente entfalten konnte.

Und am Ende? Nun, selbst die Nationalsozialisten konnten ihr nichts von ihrer Würde nehmen. Aber sie konnten sie demütigen und schikanieren. Systematisch schränkten sie den Lebensraum der Jüdin ein, die sich zeitlebens nicht als Jüdin gefühlt hatte und der man jetzt eine Identität aufzwang, die ihr fremd bleiben musste. Zweimal wurden die

Pringsheims aus ihrem Domizil gejagt, und vor dem Lager rettete sie allein das Interesse einiger hoher und höchster Bonzen für die berühmte Majolika-Sammlung, die sie als Pfand für eine Ausreisebewilligung in die Schweiz einsetzen konnten. Doch ohne die Hilfe eines SS-Führers, der die in letzter Minute vertragswidrig verweigerten Pässe in Berlin einforderte und nach München brachte, hätten sie Deutschland nicht mehr verlassen können. So aber stand nicht Auschwitz, sondern Zürich am Ende des Lebens von Hedwig und Alfred Pringsheim.

Merkwürdigkeiten, Zufälle und Widersprüche, wohin man immer blickt bei der Betrachtung dieses Lebens: große Aufschwünge, jähe, aber souverän und mit Glück abgefangene Abstürze. Schritt für Schritt, Station für Station gilt es, in der vorliegenden Geschichte einen Weg abzumessen, der nicht zuletzt stellvertretend für Glanz und Elend des deutsch-jüdischen Großbürgertums steht.

Uns ist diese Frau ans Herz gewachsen, und wir versuchen sie zu ehren, indem wir so viel wie möglich zitieren aus den Zeugnissen, die sich – allen Schikanen des NS-Regimes zum Trotz – von dieser Schauspielerin, Publizistin, politisch wachsamen Frau, Familienmutter, Weltreisenden und Epistolographin erhalten haben.

Tübingen, 8. Mai 2005 Inge und Walter Jens

PS: Die ausgelassenen Dehnungs-h gehören zu Hedwig Pringsheims orthographischen Eigenarten. Sie wurden um der Authentizität willen nicht korrigiert.

KAPITEL 1

Im Hause Dohm

Es war mit Sicherheit eine der interessantesten – man könnte auch sagen: kuriosesten – Familien der preußischen Metropole, in die Hedwig Pringsheim am 13. Juli 1855 hineingeboren wurde. Ihr Vater, Ernst Dohm, Spross einer armen jüdischen Familie, war bereits als Kind getauft und von einer frommen Mutter sowie einer pietistischen Gönnerin zum Theologen bestimmt worden. Nach erfolgreich absolvierten Examenspredigten hatte er jedoch Talar und Beffchen an den Nagel gehängt und sich als Hauslehrer und Übersetzer durchgeschlagen, ehe er 1848 mit der Gründung der politisch-satirischen Zeitschrift *Kladderadatsch* endgültig ins literarisch-journalistische Genre wechselte. Sein profundes Wissen, sein ebenso stil- wie treffsicherer Witz und seine unterhaltlichen Fähigkeiten sowie eine offenbar beachtliche poetische Begabung verhalfen ihm schnell zu Ansehen und Beliebtheit.

Auch Hedwigs Mutter, deren Vornamen das Neugeborene erhielt, hatte in ihrer Ehe begonnen, sich als Schriftstellerin zu profilieren. Sie schrieb Novellen, Dramen und Gedichte, später auch Romane. Vor allem aber zog sie in öffentlichen Stellungnahmen und Essays gegen die These von der angeblich naturgegebenen Ungleichheit von Männern und Frauen zu Felde und wurde in den späten sechziger und siebziger Jahren, nachdem sie vier Kinder großgezogen hatte, zu einer der bekanntesten Kämpferinnen für die Zulassung der Frau zu allen berufsqualifizierenden Bildungs- und Ausbildungsmöglichkeiten.

«Kämpferin»? Zumindest Hedwig, die älteste ihrer vier Töchter, sah die Mutter anders: «Schön war sie und reizend; klein und zierlich von Gestalt, mit großen, grünlich-braunen Augen und schwarzen Haaren, die sie auf Jugendbildnissen noch in schlichten Scheiteln aufgesteckt trug, später aber abgeschnitten hatte, und die dann halblang und gewellt ihr wunderbares Gesicht umrahmten. Zart war sie, schüchtern, empfindsam, ängstlich. Wer sie nur aus ihren Kampfschriften kannte und ein Mannweib zu finden erwartete, wollte seinen Augen nicht trauen, wenn ihm das holde, liebliche und zaghafte kleine Wesen entgegentrat. Aber ein Gott hat ihr gegeben, zu sagen, was sie gelitten, was sie in Zukunft ihren Geschlechts-Schwestern ersparen wollte.»

Der Roman *Schicksal einer Seele* vom Beginn des neuen Jahrhunderts oder die noch ein Dezennium später entstandenen *Erinnerungen einer alten Berlinerin* zeigen, dass Hedwig Dohms Einsatz für ihre Geschlechtsgenossinnen seine Wurzeln in den Leiden ihrer eigenen traurigen und glücklosen Kindheit hatte.

Zwischen einem «indolenten» Vater und einer Mutter «von unbeschreiblicher Verständnislosigkeit und engherziger Borniertheit» war sie im Kreis von ursprünglich 18 Geschwistern aufgewachsen, von denen acht Buben und acht Mädchen überlebten. Dem stets in seiner Fabrik beschäftigten Vater fehlten offenbar Zeit und Bildung, um die Bedürfnisse der sensiblen Tochter wahrzunehmen. Zwar sei er, wie Hedwig Dohm später betonte, künstlerisch nicht unbegabt gewesen, habe aber sein «erstaunliches» Zeichentalent, den milieuspezifischen Vorurteilen der Zeit folgend, nicht ausbilden dürfen. Auch seine Schulzeit sei auf das Minimum reduziert gewesen: «Mit vierzehn Jahren saß er bereits im Kontor der väterlichen Fabrik»: «ein stiller ergebener Herr», ein «Sonntagsvater», der seinen Kindern, wie die Tochter betont, niemals «einen Schlag gegeben» habe. Und doch: «Wir wußten nichts von ihm, er wußte nichts von uns.» – Als Kaufmann aber muss er erfolgreich gewesen sein, und dass er seine Braut erst nach der Geburt des zehnten Kindes heiratete, hatte mit Sicherheit keine ökonomischen Gründe.

In den Augen der Tochter wurde das Leben der Kinder ausschließlich durch die Mutter bestimmt; sie sei der «Herr im Hause» gewesen: eine robuste, aufbrausende und herrschsüchtige Frau, tüchtig im Haushalt, aber ohne jedes geistige Interesse und unfähig, Wärme und Zuneigung zu zeigen. Doch habe auch sie über eine künstlerische Begabung: Musikalität und eine schöne Stimme, verfügt.

Hätte man Vater und Mutter erlaubt, ihre Talente zu entwickeln, mutmaßte die lebenserfahrene Frauenrechtlerin 1912, das Familienleben im Hause Schleh «hätte sich wahrscheinlich ganz anders gestaltet» – ohne jene hierarchischen Maximen von der Herrschaft des Mannes über die Frau, der Eltern über die Kinder, der Hausfrau über ihre Dienstboten, die sich auch in der Erziehung niederschlugen. Was den Knaben selbstverständlich gewährt wurde: Bildung oder zumindest doch Ausbildung, körperliches Training, Rudern, Reiten, Schwimmen, blieb den Mädchen mit der gleichen Selbstverständlichkeit versagt. Ja, selbst das Lesen galt als schädlicher Müßiggang, der hinter Haus- und Handarbeiten zurückzustehen hatte. Allein die Schulpflicht wurde akzeptiert, wenn auch weniger als Chance, den Wissensdurst zu befriedigen, denn als gesetzlich verordneter Luxus, der zum erstmöglichen Zeitpunkt zu beenden war.

Nur mit Schaudern hat Hedwig Dohm später jener Zeit gedacht, da sie, statt lernen und lesen zu dürfen, gehalten war, in der «grünen Plüschstube» der «spießbürgerlichen

Wohnung» nahe dem Halleschen Tor, «häßliche Teppiche» mit «großen, knalligen Blumen zu verzieren», «die nach einem Muster abgestickt» werden mussten, sodass sie sich gefragt habe, warum denn Mütter das Recht hätten, ihren Kindern so viel Herzeleid anzutun, und warum selbst sie, die doch «Kind wohlhabender Leute war», gezwungen wurde, «wie ein Sträfling» widrige Arbeiten verrichten zu müssen: «Warum mußte ich heimlich, als wär's ein Verbrechen, lesen? Warum durfte ich nichts lernen? Meine Brüder wollten und mochten nichts lernen und wurden dazu gezwungen.»

Einen Ausweg aus dieser Misere versprach allenfalls die Ehe. Und so erwies es sich denn als glückliche Fügung, dass Freunde dem wohlhabenden jüdischen Fabrikanten Gustav Schlesinger – seit seiner Taufe Gustav Schleh – den «entgleisten Theologen» Ernst Dohm für die Rolle eines Sprachlehrers empfahlen, als Frau und Tochter Hedwig sich zum Besuch eines in Spanien verheirateten Sohnes und Bruders rüsteten. Obwohl der junge Mann nach eigenem Bekunden kein Wort Spanisch beherrschte, setzte er durch die Art seines Unterrichts die Damen des Hauses offenbar ausreichend instand, die Reise mit Gewinn zu absolvieren. Gewinn in doppelter Hinsicht: Ein Jahr nach der Rückkehr der Familie aus Spanien hielt der Hauslehrer – inzwischen angesehener, wenn auch schlecht besoldeter Chefredakteur des *Kladderadatsch* – um die Hand von Tochter Hedwig an, ein Unterfangen, dem, wie die Familiensaga berichtet, Fabrikant Schleh nur ungern und nach langem Zögern seine Zustimmung gab. Er hätte sich – so fast ein Jahrhundert später die Interpretation seiner Enkelin Hedwig Pringsheim – einen solideren Schwiegersohn gewünscht.

Ernst und Hedwig Dohm heirateten 1852. Zumindest die ersten Ehejahre brachten der jungen Frau jedoch nicht die

Erfüllung ihrer Träume: «Kümmerlich und bescheiden» sei es zugegangen in der jungen Wirtschaft, berichtete Tochter Hedwig später, innerhalb weniger Jahre hätten sich fünf Kinder eingestellt: zunächst ein Junge, der jedoch mit zwölf Jahren an Scharlachfieber gestorben sei, dann «Jahr um Jahr ein Töchterchen, vier hübsche, vielversprechende Mädchen». Für eine sich derart vergrößernde Familie aber habe das knappe Gehalt nie gereicht, und da zusätzlich noch Mutter und Schwester zu versorgen gewesen wären, habe der Vater Schulden machen müssen: «Und wie es dann so geht mit Schulden, sie wachsen lawinengleich an, bis sie den schuldlos Schuldigen eines Tages verschütten.»

Die Mär vom schuldlos Schuldigen war indes nur ein Teil der Wahrheit. Zeitgenossen – auch jene, die Ernst Dohm wohl wollten – sahen die Sache anders: Zwar billigten auch sie ihrem Kollegen zu, dass er – was ihn selbst anging – nicht verschwenderisch war, sondern auch noch als Familienvater den Wert des Geldes nicht kannte und deshalb stets freigebiger war, als es seine Verhältnisse zuließen. In der Tat war stadtbekannt, dass Ernst Dohm immer mehr gab, als nötig war, und selbst notorischen «Schnorrern» auch dann keine Bitte abschlug, wenn er sicher wusste, dass er selber am nächsten Tage sich etwas borgen musste. Aber der eigentliche Grund der ständigen Geldmisere sei seine «Leidenschaft zum Glücks-Spiel» gewesen, eine Sucht, der Ernst Dohm offenbar viele Jahre lang verfallen war.

Davon allerdings ist in den Feuilletons, die Tochter Hedwig als alte Frau zwischen 1928 und 1932 für die *Vossische Zeitung* schrieb, nichts zu lesen. Im Gegenteil: Sie hat niemals aufgehört, ihren «überaus zärtlichen Vater» vehement gegen den Vorwurf der Schuldenmacherei zu verteidigen, und die gravierenden Folgen, die seine Schwäche zeitweilig für die Familie hatte, poetisch zu verklären: «Ich erinnere mich aus meiner frühesten Kindheit, daß immer so komische kleine geheimnisvolle Zettel an versteckten Stellen unserer Möbel klebten, manchmal verschwanden die Möbel sogar, manchmal kamen sie wieder; es war eine unseriöse und spannende Angelegenheit. Sehr deutlich entsinne ich mich des Tages, an dem unser Klavier abgeholt wurde, denn da waren wir schon größere Mädchen mit Musikunterricht. Während die in der Etage unter uns lebenden Freundinnen und frommen Beschützerinnen der Familie ihr Haupt verhüllten und bitterlich weinten, führten wir Kinder einen wilden Indianer- und Freudentanz um das arme kleine Piano herum auf, weil wir nun keine Klavierstunden mehr zu nehmen brauchten.»

Doch wie romantisch auch immer die Kinder ihre familiäre Situation empfunden haben mögen – ohne die Freunde, die sich viele Jahre lang nach besten Kräften bemühten, die Folgen der Dohm'schen Schuldenmacherei so weit irgend möglich im Rahmen des gesellschaftlich gerade noch Erträglichen zu halten, hätte die Spielleidenschaft des Vaters die Familie in den Ruin getrieben. Aber auch die selbstloseste Unterstützung konnte nicht verhindern, dass zumindest einmal, im Winter 1869/70, der Haushalt kurzerhand aufgelöst werden und die Familie das preußische Staatsgebiet verlassen musste. Doch selbst diese Episode scheint den Kindern – oder doch zumindest der ältesten Tochter – eher als kurzweiliges Abenteuer denn als schreckliches Drama in Erinnerung geblieben zu sein: «Vater ging für den Winter nach Weimar, Mutter zu ihrer Malerin-Schwester nach Rom, meine drei jüngeren Schwestern kamen nach Eisenach in eine Pension; nur ich als fanatische Berlinerin von 14 Jahren blieb bei den Großeltern in der Tiergartenstraße.» Im Sommer aber habe sie den Schwestern in das Pensionat folgen sollen, und die Gelegenheit, ihre Reise in Weimar zu unterbrechen, benutzt, um dem Vater einen jedenfalls kurzen Besuch abzustatten.

Doch aus den geplanten paar Stunden sei unversehens eine volle Woche geworden, da der stolze Vater vor der anlässlich der gerade beginnenden Beethoven-Zentenarfeierlichkeiten angereisten europäischen Musikprominenz «mit seiner hübschen Tochter gerne etwas prunken wollte» – was offensichtlich niemandem Probleme bereitete. Die einzige Schwierigkeit sei gewesen, in der überfüllten Stadt ein Unterkommen für das Kind zu finden, aber Franz Liszt, «der dort Allmächtige», habe einfach bestimmt, dass sie bei seiner damaligen Geliebten, einer «pikanten, zierlichen kleinen Polin» namens Janina, nächtigen würde. Das natürlich sofort einsetzende «berechtigte Kopfschütteln» der «ehrwürdigen Bonzen von Weimar» habe weder den «göttlichen Liszt» noch den «göttlichen Vater» gestört, und für sie, das neugierige Kind, sei die unverhoffte Begegnung mit «all den Berühmtheiten wie Frau Viardot, Saint Saëns, Franz Liszt, Turgenjew und wie sie alle hießen» ein unverhofftes Glück und eine große Bereicherung gewesen.

Der kurz nach diesem Ereignis ausbrechende Deutsch-Französische Krieg machte die Rückkehr Ernst Dohms nach Berlin unumgänglich. Es scheint, dass dieses vaterländische Ereignis die alten Unannehmlichkeiten und drohenden Strafen mit einem Schlage hinfällig gemacht habe: «Im Herbst 1870 fand sich die ganze Familie wieder in der neu eingerichteten Wohnung in der Magdeburger Straße zusammen, die Gehälter der ‹Gelehrten des *Kladderadatsch*›, die offenbar zu einer Art Teilhaber aufgestiegen waren, «wurden wesentlich aufgebessert», und von da ab lebte die Familie «in ziemlich rangierten Zuständen, ganz gesellig und angenehm».

Mag sich die Geschichte in der Rückschau der Tochter ein wenig verklärt ausnehmen: Auch Berichte von Zeitzeugen zeigen, dass jene spektakuläre Wohnungsauflösung und Berlinflucht aller Familienmitglieder tatsächlich der Reputation des Hauses Dohm kaum geschadet haben – ebenso wenig wie einige Jahre zuvor ein Gefängnisaufenthalt des Vaters, der im Herbst des Jahres 1864 wegen angeblicher Beleidigung einer Prinzessin arretiert worden war. Auch diese Geschichte fand ein versöhnliches Ende. Der Beginn allerdings muss dramatisch gewesen sein. In einer ihrer feuilletonistischen Retrospektiven erinnerte sich Tochter Hedwig des familiären Entsetzens, als es eines Tages hieß: «Vater kommt ins Gefängnis»: «Wir Kinder heulten wie die Schloßhunde; denn wir führten ein zärtliches Familienleben, und Vater war einfach himmlisch. Und dann: wie sollten wir uns in der Schule blicken lassen, das war doch grauenhaft, mit Vater im Gefängnis! Andererseits fiel aber doch auch etwas vom Glorienschein seiner Märtyrerkrone auf uns Kinder, wir waren gewissermaßen geweiht durch ein außerordentliches Schicksal. Die Sache hatte ihre zwei Seiten: Wir waren gezeichnet, aber doch auch ausgezeichnet.»

Und dann die Enttäuschung über das zivile Ambiente, in dem der Delinquent beim ersten Familienbesuch «vorgeführt» wurde. Der Gefängnisdirektor hatte – «vermutlich gegen seine Instruktionen», wie die Schreiberin betonte – angeordnet, «daß der Schwerverbrecher seine Familie in seiner Privatwohnung empfangen dürfe». Zudem stand der Vertreter der Obrigkeit während des ganzen Besuchs «mit dem Rücken gegen uns» unentwegt aus dem Fenster auf die Straße schauend – und bemerkte offenbar überhaupt nicht, «daß die Kinder seinem Gefangenen eine Wurst, eine Flasche Rotwein und ein Töpfchen Gänseschmalz in die Taschen seines Röckchens applizierten».

Nun, der Vater wurde vorzeitig entlassen. Bismarck selbst hatte, eine gute Stunde beim Kaiser nutzend, die Verkürzung der Strafe erwirkt. Das Selbstwertgefühl der Familie blieb ganz offensichtlich unangetastet, und die Kinder waren um ein aufregendes Erlebnis reicher.

Wie aber empfand die Mutter ihr Leben inmitten all dieser nervenaufreibenden Bedrohungen und Geschehnisse? Vieles spricht dafür, dass sie sich trotz aller Schwierigkeiten nicht in die Welt ihrer Kindheit zurückgesehnt hat.

Genaues wissen wir nicht. Von ihren offenbar zahlreichen Briefen haben sich nur ganz wenige erhalten, und ihre Schriften geben allenfalls bedingt Auskunft. Einige Zeitgenossinnen behaupten, die Ehe sei unglücklich gewesen. Wir sind dessen nicht so sicher. Hedwig Pringsheim schreibt, dass ihr Vater die Mutter nicht ermutigt, aber auch nicht gehindert habe, sich als Schriftstellerin zu versuchen. Ob ihr jemand anders half? Es gibt Gerüchte, dass Hedwig Dohm mit Ferdinand Lassalle eine intensive, ja intime Freundschaft verbunden habe. Unstrittig ist, dass beide Partner ihre offenbar umfangreiche Korrespondenz in gegenseitigem Einverständnis vernichteten. Unstrittig ist ferner, dass Hedwig Dohm ihr volles schriftstellerisches Talent erst nach dem Tod ihres Mannes entfaltete, der ihr – auch das ist offenbar unstrittig – von Anfang an untreu war. Aber muss ihr Leben deswegen unglücklich gewesen sein?

Die Jugenderinnerungen von Tochter Hedwig sprechen dagegen. Sie erzählen fast durchgehend vom Leben in einer intakten Familie, in der es zwar oft ärmlich und sehr unkonventionell zuging, die Kinder sich aber nicht nur akzeptiert, sondern geistig gefördert und emotional geborgen fühlen konnten. Das ist bei Kindern «unglücklicher» Mütter selten der Fall. «Als Mutter war sie ein Märchen», urteilte Hedwig Pringsheim zu einem Zeitpunkt, da sie selbst Mutter erwachsener Kinder war. «Eine süße Zärtlichkeit, eine aufopferungsvolle Liebe, ein stetes Sinnen und Trachten, ihre Kinder glücklich zu machen, sie zu freien, selbständigen Menschen zu erziehen, erfüllte sie bis zu ihrem Tode. Gewiß war sie ein Mensch, hatte ihre kleinen menschlichen Schwächen und Fehler neben ihren reichen Gaben: aber als Mutter war sie vollkommen.»

Nein, es kann, nach allem, was wir wissen, keinen Zweifel geben, dass die Dohm-Kinder – Geldknappheit hin, dramatische Geschehnisse her – eine glückliche Kindheit verbrachten. Beide Eltern sahen es als eine Selbstverständlichkeit an, ihre vier Mädchen auf gute Schulen zu schicken, ihnen die Möglichkeit zu geben, Fremdsprachen zu erlernen und sich lesend die Welt zu erschließen – Privilegien, von denen ihre Mutter nur hatte träumen dürfen. Und wenn Hedwig Pringsheim auch einem gewissen Fräulein Passe von der Voigt'schen Privatschule, die ihr die ersten «ach so kümmerlichen Grundlagen ihrer Höheren-Töchter-Bildung» vermittelte, keine Träne nachweinte, so bewahrte sie dem Unterricht der Hausleuthner'schen Schule am Leipziger Platz, «die damals für die feinste von Berlin galt», doch zeitlebens große Dankbarkeit.

Vor allem Herr Goldbeck hatte es ihr angetan: «ein sehr gut aussehender Mann in mittleren Jahren, mit wunderschönen tiefen blauen Augen, bestrickend weicher klangvoller Stimme und einem echten Enthusiasmus.» «Wir liebten und verehrten ihn und fühlten, daß er uns in Wahrheit förderte, uns eine höhere Welt eröffnete, uns begeisterungsfähig machte.» Um Goldbergs Lektionen über die Französische Revolution nicht zu versäumen, bewegte Tochter Hedwig die Eltern, eine schöne Sommerreise vorzeitig abzubrechen. «Ich habe es nie bereut», bekannte sie noch aus dem Abstand von mehr als sechzig Jahren. «Einen dauernden Eindruck nicht nur, sondern ich kann wohl sagen, lebenslänglichen Einfluß haben sie auf mich ausgeübt.» Die berühmte und wissenschaftlichen Kriterien offenbar durchaus entsprechende Spezialbibliothek über Napoleon und die Französische Revolution, die sich die Münchener Professorenfrau später aufbaute und bis zum Abriss ihres Hauses durch die NS-Regierung 1933 ergänzte, bezeugte noch den Enkeln die Nachhaltigkeit dieses Unterrichts, der durch den Übergang auf das gerade eröffnete Viktoria-Gymnasium ein natürliches, aber von der Chronistin «tränenden Auges» beklagtes Ende fand.

Durch Zufall hat sich ein – allerdings recht verblichenes und schwer leserliches – Zeugnis von Weihnachten 1869 erhalten, das durch seine differenzierte Leistungsbeurteilung der Schule durchaus Ehre macht:

Hedwigs Betragen sei «nicht tadellos» gewesen, ihre Aufmerksamkeit «zuweilen zerstreut und Andere zerstreuend». Am Fleiß der Schülerin («im Ganzen befriedigend») und der Heftführung («ziemlich gut») fand die Schule offenbar wenig zu monieren. Was die einzelnen Fächer anging, so waren die Leistungen in Religion «noch nicht ganz befriedigend», das Verfassen von deutschen Aufsätzen hingegen «nicht ohne Talent, in der Haltung aber noch sehr zerfahren». Auch der Vortrag sei «talentvoll, aber nicht natürlich», die Gesamtkenntnisse auf dem Gebiete der Literatur seien «befriedigend» gewesen, und auch in der Kunstgeschichte habe die Schülerin «einiges Interesse» gezeigt. In den Fremdsprachen beurteilte die Französischlehrerin die Leistungen recht freundlich «assez bien», während sich im Englischen der offenbar positiven Einschätzung von Hedwigs mündlichen Leistungen (die Beurteilung ist kaum zu entziffern) eine eher zurückhaltende Beurteilung des Schriftlichen anschloss: «written works too often carelessly» und «Literatur very unsatisfactory». Was die übrigen Fächer angeht, so schwankten die Beurteilungen zwischen «Im Ganzen befriedigend» (Geographie), «ziemlich gut» (Rechnen und Gesang) und «befriedigend» (Naturwissenschaften, Mythologie). Im Zeichenunterricht wurden «Fortschritte erwartet», und das Fach Handarbeit scheint überhaupt nicht gelehrt worden zu sein.

Nicht nur die schulische, sondern auch die körperliche Ausbildung der Töchter lag dem Ehepaar Dohm am Herzen. Sommer für Sommer zog «die schöne Mutter» mit den vier kleinen Mädchen noch vor Schulbeginn ins Askanische Bad zum Schwimmen. Das war offenbar die einzige Badeanstalt, in der, wenn auch zu getrennten Zeiten, Knaben und Mädchen zugelassen waren. «Ich glaube, es war eine abscheuliche Brühe, in der wir Najaden unser neckisches Spiel trieben. Wenn man Wasser schluckte, o du mein Herrgott, was mag man da alles mitgeschluckt haben.»

Doch solche Überlegungen haben die Vierzehnjährige vermutlich kaum bewegt. Eine wesentlich wichtigere Rolle als die Angst vor Mud und Algen spielte die Befürchtung, das Zusammentreffen mit «Papa Wrangel» zu verpassen, dem «populären guten alten» Feldherrn, einst Oberbefehlshaber der deutschen Bundestruppen, der auf seinem Morgenritt den ihm begegnenden Schulkindern Bonbons zuwarf und mit sichtlichem Vergnügen zusah, wie sich Jungen und Mädchen gleichermaßen bemühten, «möglichst viele im Fluge zu erhaschen oder auch vom Straßendreck aufzulesen». Für Hedwig Pringsheim gab es auch nach nahezu 70 Jahren keinen Zweifel daran, dass der freundliche Herr die nach dem Baden mit zum Trocknen offenen Haaren nach Hause eilenden Dohm-Mädchen besonders in sein Herz geschlossen hatte, zumal die vier Schwestern, was die Geschicklichkeit im Fangen anging, ihren männlichen Konkurrenten durchaus gleichwertig gewesen seien.

Kein Zweifel, die hübschen, geistig und körperlich gleich gewandten Töchter hatten von früh auf gelernt, sich ohne

Scheu in den verschiedenen Milieus, die ihnen nicht zuletzt durch die Beziehungen des Vaters geboten wurden, zu bewegen. Hedwig jedenfalls erinnerte sich noch im hohen Alter an Wohltätigkeitsveranstaltungen und Basare, bei denen die Veranstalter offenbar gern auf die anstelligen Dohm-Kinder zurückgriffen. Besonderen Eindruck hinterließ ihr eine Veranstaltung der dem Vater «sehr befreundeten», «liebenswürdigen» Gattin des preußischen Hausministers von Schleinitz zugunsten des Berliner Richard-Wagner-Fonds, bei der die Achtzehnjährige Lose verkaufen durfte – ein Amt, das sie nach eigener Aussage «keck» und mit gutem Erfolg versah: der «alte Kaiser» nahm ihr gleich zehn Stück ab, und die Entourage folgte dem Beispiel des Herrn.

Auch Kronprinz und Kronprinzessin zeigten sich spendabel – was das junge Mädchen jedoch nicht besonders beeindruckte, denn mit dem Kronprinzen stand sie ohnehin «innerlich förmlich auf du und du». Kein Wunder, hatte sie doch kurz zuvor der malenden Kronprinzessin Modell gesessen und deshalb acht Tage lang im Kronprinzenpalais ein und aus gehen dürfen: eine – nach eigenem Bekunden – «hochinteressante, wenn auch etwas enttäuschende Erfahrung»: «Die Räume waren ja fürstlich, aber eigentlich ging es da recht bürgerlich zu, fast wie bei uns. Heimliche Kronen schien niemand zu tragen (außer vielleicht den Lakaien). Der Kronprinz kam während der Sitzung herein, begrüßte mich freundlich und sagte, wie ein guter Ehemann zu seiner Frau: ‹Vicki, ich geh jetzt herüber zu den Eltern, bin ich zum Frühstück nicht rechtzeitig zurück, so warte nicht auf mich, ich esse dann drüben.› Dann kamen die beiden Prinzen Wilhelm und Heinrich, sich vorm Spaziergang von der Mutter verabschiedend. (Und die beiden Prinzen haben mich dann jahrelang auf der Straße nett und zuvorkommend zuerst gegrüßt, und keines Herzens Schlag verriet mir, daß der höfliche junge Mensch, etwa zwei Jahre jünger als ich, gar bald der mächtige, vielumstrittene Kaiser Wilhelm II sein würde!)»

Doch dann geschah etwas, das sich dem halbwüchsigen Mädchen offenbar tiefer einprägte als alle kaiserlichen Freundlichkeiten und die Illusion des «Hier geht es ja zu wie bei uns» gründlich zerstörte: «Nach etwa einer Stunde öffnete sich die Tür, und ein Lakai schob ein sich auf Rollen bewegendes Tischchen herein, auf dem ein sehr leckeres kleines Frühstück, köstliche belegte Brote, Bouillon, Süßwaren angerichtet war. Die Kronprinzessin erhob sich und sagte, ‹wir machen jetzt eine kleine Pause.› Nun wurde ich nicht etwa in ein anderes Zimmer verabschiedet: nein, ich durfte zusehen, wie ihre Kaiserliche Hoheit sich stärkte, mir wurde auch nicht die kleinste Erquickung angeboten. Ich schämte mich. Mir war es wahrhaftig nicht um die feinen Leckerbissen zu tun, obwohl sie natürlich weit appetitlicher lockten als unsere häuslichen Butterstullen. Nein, ich schämte mich für die hohe Frau. Ich kannte ja wohl höfische Sitten nicht, aber mein bürgerliches Anstandsgefühl lehnte sich dagegen auf.»

Nein, korrumpierbar war Hedwig Pringsheim nicht. Dennoch blickte sie als alte Frau mit Freude und Stolz auf ihre einstige Vertrautheit mit der adligen Gesellschaft von Berlin zurück und sprach gern von dem Eindruck, den sie als junges Mädchen auf die tonangebende Schicht der Politiker, Bankiers und Künstler gemacht hatte.

Doch auch im eigenen Elternhaus wurden ihr Anregungen genug geboten. Nach der Rückkehr der Familie aus dem Exil hatten Ernst und Hedwig Dohm ihren halbwüchsigen Kindern erlaubt, jugendlichen Freunden zu sagen, «man wäre in den nächsten sechs Wochen jeden Montag Abend zu Hause». Das jedoch durchaus nicht, um – wie ein «boshaftwitziger Kollege» lästerte – «den Laden aufzumachen» (es war offenbar die landläufige Meinung, daß, «wo heiratsfähige Töchter waren, eben ‹der Laden› aufgemacht werden musste»), sondern wirklich nur um des Vergnügens willen. Und diese «nette, harmlose und gemütliche» Sache fand Anklang: «Bald kamen einzelne Eltern mit, und die brachten wieder neue Gäste angeschleppt», und binnen kürzester Zeit entwickelten sich die Dohm'schen Abende zu einer «Sache der Berliner Gesellschaft». Man drängte sich zu diesen Montagen; «alle Kreise und Altersstufen waren vertreten», und als kolportiert wurde, eines Abends sei – wegen allzu großer Überfülle – sogar ein Gast zum Fenster herausgefallen, «wurde das Gerücht mit dem beifälligen Kommentar aufgenommen: ‹Gott sei Dank, dann ist ein Stuhl freigeworden.›»

In der Tat: viel Platz gab es nicht in der Dohm'schen Wohnung im dritten Stock eines Hauses der Potsdamer Straße. In der halben Etage hatte man – außer den Schlafzimmern – «für Gesellschaften drei mittelgroße Räume» zur Verfügung: das Arbeitszimmer des Vaters, den so genannten Salon und das Berliner Zimmer als Esszimmer. Gelegentlich allerdings seien die Gäste durch den hinteren Korridor einfach in die Küche «gequollen», wo man dann über die «Saucitzchen» – die kleinen Würstchen – hergefallen sei, die den Höhepunkt kulinarischer Genüsse dargestellt hätten.

Der Bankier Carl Fürstenberg, einer der regelmäßigen Besucher des Dohm'schen *jour*, hat in seinen Erinnerungen das Milieu dieser Abende anschaulich beschrieben: «Einer der amüsantesten Menschen, die Berlin beherbergte, war zweifellos der immer witzige und niemals zahlungsfähige Ernst Dohm. Er bewohnte mit seiner hochbegabten Frau Hedwig eine ziemlich bescheidene Wohnung, in der seine vier reizenden Töchter mehr geistige Anregungen als Licht und Sonnenschein genießen konnten.» Große Diners hätte in der

Dohm'schen Wohnung keiner der Besucher erwartet – «Wenn an zwei Stellen gleichzeitig Frankfurter Würstchen serviert wurden, so war damit der leiblichen Pflege genuggetan. Umso reichlicher war aber hier gewöhnlich die geistige Kost. Die Abende pflegten in angeregter Plauderei zu verlaufen. Man sprach über die jüngste Première, die letzte Kunstausstellung, wohl auch über eine neue Wendung Bismarckscher Politik und fühlte damals noch nicht das Bedürfnis, die Stunden des geselligen Beisammenseins durch Bridgespielen totzuschlagen.»

Wie immer es gewesen sein mag – die Gesellschaft, die im eher bescheidenen Ambiente der Dohms allwöchentlich zusammentraf, konnte sich sehen lassen:

Ferdinand Lassalle und die Gräfin Hatzfeld, die Literaten Ludwig Pietsch und Rudolf Kalisch, die Schriftsteller Spielhagen, Auerbach, Rodenberg und Frenzel, der *Wippchen*-Erfinder Julius Stettenheim, der Theatermann L'Arronge und der Dirigent Hans von Bülow, aber auch liberale Politiker wie Eduard Lasker oder Ludwig Bamberger waren zu Gast. Kein Zweifel, es war die geistige und künstlerische Elite Berlins, die sich – fasziniert vom Esprit, der Offenheit und dem weit gespannten Interesse der Gastgeber – im Haus des *Kladderadatsch*-Redakteurs ein Stelldichein gab. Die Kunst des Konversierens, des gepflegten und interessanten Salongesprächs, stand hoch im Kurs – und die Kinder des Hauses profitierten von ihr. Alle vier Mädchen haben nach ihrer Verheiratung die Tradition des Elternhauses – *mutatis mutandis* – in ihren neuen Kreisen fortgesetzt: Else als Frau des Fürstenberg befreundeten Bankiers Hermann Rosenberg, Marie mit Hilfe des italienischen Journalisten Ernesto Gagliardi und Eva, in erster Ehe mit dem Bildhauer Max Klein verheiratet, nach dessen Tod als Frau des George-Verlegers Georg Bondi.

Allein der Ältesten aber, Hedwig, gelang es, ihre noch von den Enkeln bestaunte und in München berühmte Kunstfertigkeit im Parlieren auch in kleinen Feuilletons zu demonstrieren, dank derer wir in der Lage sind, nicht nur einige der ihre Jugend prägenden Erlebnisse zu rekonstruieren, sondern auch ihre ungewöhnliche, wenngleich kurze Karriere als Schauspielerin in Meiningen bis zur Heirat mit dem reichen Mathematikdozenten Alfred Pringsheim hin zu dokumentieren.

Ein junges Mädchen aus so genanntem «guten Hause» am Theater – wie ging das zu? Hedwig Pringsheim selbst bekannte in ihrem Essay *Wie ich nach Meiningen kam* mit großem Freimut, dass sie nie an eine Bühnenkarriere gedacht habe, obwohl sie von Kindesbeinen an «eine wahre Passion für das Aufsagen der längsten Gedichte gehabt und kein Alter und kein Geschlecht mit ihren Deklamationen verschont» hätte. Der Beruf der Schauspielerin aber war für die Tochter einer gesellschaftlich angesehenen Familie selbst in einem so unkonventionellen Lebenskreis wie dem der Dohms nahezu undenkbar. Was also musste zusammenkommen, um sich über alle Vorurteile hinwegzusetzen?

Die Protagonistin erzählt, die Geschichte habe am 1. Mai des Jahres 1874 begonnen, als vor ausverkauftem Haus des Friedrich-Wilhelmstädtischen Theaters – das an der Stelle des heutigen Deutschen Theaters in der Reinhardtstraße zu denken ist – das erste Berliner Gastspiel des «Herzoglichen Hoftheaters in Meiningen» stattfand: der damals interessantesten Bühne Europas. Das Schlagwort «die Meininger kommen» versetzte die Theaterenthusiasten der Metropolen nicht nur in Berlin, Wien oder Dresden, sondern gleichermaßen in Budapest, London oder New York in Begeisterung. Das berühmte Theater agierte unter der persönlichen Leitung des Landesfürsten Herzog Georg II.

Die Meininger und ihr Herzog: Das waren in der zweiten Hälfte des 19. Jahrhunderts auf dem Gebiet des Theaters nicht anders als auf dem der Musik Synonyma für höchsten Kunstverstand und größtmögliche Perfektion. Kainz und Barnay auf der Bühne, Bülow, Brahms, Reger oder Strauss am Pult der Hofkapelle: Fixsterne am Himmel über einem Duodez-Fürstentum, in dessen Mitte der Herzog Georg II. von Sachsen-Meiningen stand. Er war Mäzen und Rechner – die sonst übliche Hofoper wurde um des Theaters und des Orchesters willen abgeschafft –, Intendant und Dramaturg, Bühnen- und Kostümbildner, Zeichner von Rang und Organisator des gesamten Ausstattungswesens. Ein Mann mit vorzüglicher Bildung, Kenner der europäischen Theaterszene, ein Vielgereister, der wusste, wie man in London mit Hilfe der Heraldik, Numismatik und Archäologie einen ebenso stilgerechten wie interessanten Shakespeare inszenierte; dazu ein Verehrer von Felix Mendelssohn und mit seiner zweiten Frau, Helene Freifrau von Heldburg, alias Schauspielerin Ellen Frantz, ein gern gesehener Gast im Hause Liszt/Wagner.

Die – wie Hedwig Pringsheim formulierte – «rechtmäßige, wenngleich linkshändige Gattin des Herzogs» war von ihrer Jugendfreundin Cosima Liszt/von Bülow/Wagner fürs Theater begeistert und aufgrund der Fürsprache Franz Liszts an der Hofbühne Coburg/Gotha engagiert worden. Danach hatte sie sich an vielen Bühnen zwischen Thüringen, Oldenburg, Stettin und Mannheim umgesehen und suchte nun, nach ihrer Heirat mit Georg, im Meininger Schauspiel-Ensemble jene «höchste Reinheit der Aussprache» durchzusetzen, die um die gleiche Zeit Richard Wagner vom dramatischen Sänger verlangte.

Eine interessante Frau an der Seite eines interessanten Mannes, eines Fürsten, der sich von europäischen Berühmtheiten beraten ließ, wenn es um den Realismus der szenischen Darstellung ging, und mit seinem Autor Ibsen über die Frage korrespondierte, wie das Interieur norwegischer Bürgerhäuser adäquat wiederzugeben wäre, denn die Reputation der Meininger Inszenierungen beruhte in erster Linie auf dem historisch getreuen Ambiente von Bühnenbild und Kostümen, die Georg in allen Details stets eigenhändig – nicht selten unter Verwendung besonders wertvoller Requisiten aus seinem Privatbesitz – entwarf.

«Jedes Kostüm wurde von ihm skizziert und bis auf die geringsten Verzierungen durchgebildet. Die Freifrau überwachte die Ausführung der Arbeiten und prüfte Ton und Faltenwurf der Stoffe. Da ward vom frühen Morgen bis in die sinkende Nacht hinein unverdrossen probiert, abgetönt und verbessert; und wenn der Raum im Theater nicht ausreichte, dann richtete man Zimmer des Schlosses zu Werkstätten her. Die fertigen Kostüme wurden bei der vorgeschriebenen Szenenbeleuchtung in Harmonie gebracht mit der Farbenstimmung der Dekoration. Der Herzog stand unten im Parkett und prüfte sorgfältig die malerische Wirkung jeder Gruppe.» Jeder Auftritt, jeder Gang und jede Geste wurden in genauester Absprache mit dem Regisseur Ludwig Chronegk unter Beachtung des historisch und psychologisch Überzeugenden festgelegt, die Regieanweisungen mit den modernsten technischen Mitteln durch die berühmtesten Bühnen- und Pyrotechniker der Zeit minutiös ausgeführt.

Kein Wunder also, dass man gerade in der Reichshauptstadt das erste Auftreten der Meininger mit großer Spannung erwartete, zumal «eine geschickte Presse-Propaganda» «Stimmung für das große Ereignis gemacht» hatte. Als «angesehenem *Kladderadatsch*-Redakteur» und, wie die Tochter nicht ohne Stolz betonte, «persönlichem Freund der Frau von Heldburg» war es Ernst Dohm «natürlich» gelungen, zwei «Freikarten für gute Plätze» zu bekommen. Auf diese Weise durfte auch Hedwig das Ereignis miterleben. Man spielte Shakespeares *Julius Caesar*. Die ersten beiden Akte ließen das junge Mädchen offenbar kalt: «Das also waren die vielgerühmten Meininger? Anständige Mittelmäßigkeiten, so etwas hatten wir Berliner schließlich auch, und in den Einzelleistungen entschieden Besseres.» Aber dann kam Cäsars Ermordung, «die Reden auf dem Forum, die Volksszenen: da stand einem der Atem still». «Die große Szene, in der Marc Anton mit unglaublicher Geschicklichkeit und Seelenkenntnis die feindliche Stimmung des Volkes in ihr Gegenteil zu wandeln versteht, und beim dritten ‹Brutus ist ein ehrenwerter Mann› die Menge deutlich umschlägt» – nein: das hatte man denn doch noch nicht erlebt, «das war neu, nie dagewesen, hinreißend und großartig. Als der Vorhang fiel, brach unendlicher Jubel los, die Schlacht war gewonnen, der Sieg unbestritten.»

Nun, ganz so unbestritten, wie Hedwig Pringsheim glaubte, war der Sieg nicht. Die ganz auf Bewegung, Massenszenen und Ensemblespiel setzende Inszenierung stieß bei einem Teil der Berliner Kritik auf scharfe Ablehnung. Die Enttäuschung, die das junge Mädchen während der ersten zwei Akte empfunden hatte, stimmte also immerhin mit dem Urteil einiger gestandener Berliner Feuilletonisten überein, welche von der Meininger Truppe als einem Ensemble höchstens mittelmäßiger Schauspieler sprachen, das sich ihren einzig überragenden Akteur aus Dresden habe «borgen» müssen.

Dennoch: Die Aufführungen der Meininger, die einen vollen Monat mit verschiedenen Inszenierungen vor fast immer ausverkauftem Haus und «bei meist geräumtem Orchester» spielten, waren – zumindest beim Publikum, aber auch bei einem Teil der maßgebenden Kritik – für den Herzog und sein Theater ein wirklicher Durchbruch.

Hedwig Pringsheim berichtet, dass wenig später, «um die Konjunktur auszunutzen», auch Helene von Heldburg nach Berlin gekommen sei. Bei dieser Gelegenheit habe sie Ernst Dohm einen Besuch gemacht, mit dem sie sich vor vielen Jahren, als sie noch die «sehr feine und beliebte Schauspielerin» Ellen Frantz war, im Hause Bülow angefreundet hatte. Während der Plauderei im Familienkreis lernte sie die älteste Tochter des Hauses kennen, deren Anmut und sicheres Auftreten sie so beeindruckte, dass sie «den überraschten und noch mehr erschreckten Eltern» vorschlug, das Mädchen als junge Naive zu ihr nach Meiningen zu schicken.

Das Angebot war offenbar zunächst für die ganze Familie ein rechter Schock: «Vater kannte aus höchst persönlichen Erfahrungen das lockere Theatervölkchen, und die Vorstellung, seinen Liebling in diesen Sündenpfuhl zu schikken, erfüllte ihn mit Grausen. Doch war er andererseits der Mann, der niemals ‹nein› sagen konnte.» Und so war denn, als kurz darauf ein Brief des Herzogs den Vorschlag der Freifrau ausdrücklich unterstützte und Regisseur Chronegk zu persönlichen Verhandlungen nach Berlin geschickt wurde, das Schicksal von Tochter Hedwig besiegelt. «Meine Frau schreibt morgen an die Dohm wegen der Louise», ließ der Herzog am 18. Dezember 1874 Ludwig Chronegk wissen. Die alte Hedwig Pringsheim erinnerte sich also genau, als sie im Rückblick erzählte: «Man übersandte mir die Rolle der Luise in *Kabale und Liebe*, mit dem ausdrücklichen Befehl, sie auswendig zu lernen, aber unter keinen Umständen mit irgend jemandem zu studieren.»

So geschah's. – Nachdem sie einen Schminkkasten nebst zwei Frisiermänteln erstanden und ihre Garderobe – die private sowie die damals von der Schauspielerin selbst aufzubringende Grundausstattung an Bühnenkostümen – bescheiden aufgebessert hatte, fuhr die frisch engagierte Elevin am

1. Januar 1875, «vom Vater, den ängstlichen Wünschen der Mutter und dem stillen Neid der drei jüngeren Schwestern begleitet, ins Abenteuer nach Meiningen».

KAPITEL 2

Herzogliches Hoftheater in Meiningen

Ein Eintrag im Fourierbuch des herzoglich-meiningischenen Hofmarschallamtes vom 4. Januar 1875 bezeugt für «mittags 2 Uhr» ein «Diner à 5 Couverts im Zimmer des Herzogs», bei dem «Seine Hoheit der Herzog, Frau Baronin von Heldburg, Herr Dr. Thom und Fräulein Tochter» sowie der Flügeladjutant anwesend waren: ein freundlich-aufmerksamer Empfang für den Gast aus Berlin und eine Ermutigung für die junge Elevin. Am folgenden Tag hatte Ernst Dohm, ehe er «tränenden Auges» die Heimreise antrat, seine Tochter bei einer der renommiertesten Gelehrtenfamilien der Stadt, einem Gymnasialdirektor namens Emmerich, wohnhaft Burggasse 12, in Pension gegeben. An das schlechte Essen, das sie dort bekam, konnte sich Hedwig noch als erwachsene Frau nur mit Schaudern erinnern.

Das Haus Burggasse 12 lag am Rande der kleinen Residenzstadt – nahe dem Schloss und war eines der wenigen Gebäude, die bei dem verheerenden Brand stehen geblieben waren, der Meiningen am 5. September 1874, also vier Monate vor der Ankunft der Dohms, heimgesucht und 98 Prozent aller Bauten in Schutt und Asche gelegt hatte. Wenn die junge Schauspielerin, was wahrscheinlich ist, in einem der rückwärtigen Zimmer logiert haben sollte, muss sie von ihrem Fenster aus in eine Landschaft aus Schutt und Trümmern geblickt haben, aus der einzig die Kirche hervorragte. Schaut man sich im lokalen Archiv die alten Bilder an, so glaubt man, noch den Brandgeruch zu spüren, der sich monatelang über der Stadt gehalten haben muss. Und wenn auch nur ein Todesopfer zu beklagen gewesen war, so hatte doch die Mehrheit der ohnehin nicht sehr bemittelten Bevölkerung – unter ihr viele Schauspieler und Musiker mit ihren Familien – alles verloren und lebte mehr schlecht als recht in den Notunterkünften, die der Herzog mit Umsicht und Energie sowie der Heranziehung eigener Liegenschaften hatte errichten lassen.

Meiningen: eine fast vernichtete Stadt. Es mutet befremdlich an, dass die Erinnerungen der alten Hedwig Pringsheim diese Katastrophe, die Fachleute noch heute mit dem Hamburger Brand vergleichen, mit keinem Wort erwähnen. Wirkte sich der Einschnitt in das bisherige Leben und die Anspannung angesichts der neuen, so völlig unbekannten Anforderungen in einer Art sozialer Ichbezogenheit aus, die eigentlich gar nicht recht zu der Frau passen will, die uns in den sonstigen Dokumenten begegnet? – Die Frage wird müßig, wenn man bedenkt, dass die Meininger Zeit der jungen Berlinerin mit dem Beginn einer Epoche rasanten Wiederaufbaus zusammenfiel. Das Heute und Morgen dominierten das Gestern. Die Stadt sei wesentlich schöner als vor dem Brand, befand die Brockhaus'sche Enzyklopädie bereits 1884, wiedererstanden «in neuem Flor»: «Das Hoftheater ist in ganz Deutschland durch seine Vorstellungen berühmt.»

Es ist jammerschade, dass sich aus der Meininger Zeit keine Briefe der jungen Schauspielerin erhalten haben und die Autoren bei der Darstellung dieser Epoche – neben den Theaterzetteln, den Berichten der Lokalpresse und, natürlich, dem erwähnten Feuilleton – weitgehend auf die Korrespondenz zwischen dem Herzog und der Freifrau von Heldburg sowie den Briefwechsel der beiden mit dem Regisseur Ludwig Chronegk angewiesen waren.

Aus diesen Dokumenten nun geht hervor, dass Hedwig Pringsheim bereits einen Abend nach dem herzoglichen Diner, kaum vier Tage nach ihrer Ankunft in Meiningen also, zum ersten Mal auf der Bühne stand.

Dem Theaterzettel ist zu entnehmen, dass die Rolle der Louise in Schillers *Kabale und Liebe* am 5. Januar 1875 «von Frl. Dohm aus Berlin als erster theatralischer Versuch» gespielt wurde.

Den Text hatte sie noch in Berlin gelernt und, wie sie beteuerte, getreu den herzoglichen Anweisungen «mit niemandem studiert». Nun sollte sie zeigen, was sie konnte: «Der Herzog und seine Frau saßen in dem dunklen Parkett, das mich wie ein höllisch schwarzes Loch angähnte, Chronegk auf der Bühne nahm sich des hilflosen Kindes, das nicht gehen und nicht stehen konnte und nicht wußte, was es mit seinen Gliedern anfangen sollte, freundlich an, und die zukünftigen Kollegen sahen mit teilnehmender Neugierde auf den seltenen Vogel.» Ihr sei recht beklommen zumut gewesen. Als aber – bei der ersten Liebesszene mit Ferdinand, den sich sie als Louise «mit weit ausgestreckten Armen angstvoll vom Leibe» hielt – der Herzog ihr zugerufen habe: «Näher ran, Fräulein Dohm, er ist doch ihr Liebhaber!», sei sie angesichts dieser phantastisch-komischen Situation «wie ein ungezogenes Gör» in helles Lachen ausgebrochen, was ihre Lage – jedenfalls subjektiv – recht entspannt und zum Erfolg ihres Debüts nicht unwesentlich beigetragen habe.

Denn dass ihr erster Auftritt ein «ganz hübscher» Erfolg war, daran hat Hedwig Dohm nie gezweifelt: «Ich gefiel und wurde auf drei Jahre mit einer steigenden Gage von – man höre und staune – 1500, 2500 und 3500 Mark jährlich, bei Gastspielreisen doppelte Gage, engagiert.» Leicht verdient allerdings war das Geld nicht; die Meininger Schule war streng, das hat auch das neue Sternchen aus Berlin bald erfahren: «Wie da unter persönlicher Leitung des Herzogs und seiner Frau gearbeitet wurde, kann man sich kaum vorstellen. Jeden Vormittag wurden die alten Stücke wieder aufs genaueste durchgegangen, die neuen mit peinlichster Sorgfalt und Gewissenhaftigkeit in endlosen Proben studiert.» Dazu kamen die Privataudienzen bei der Freifrau, die das Rollenstudium ihrer Eleven penibel überwachte. Im Jargon der Schauspieler hieß diese Prozedur nur: «Hinauf zur Freifrau gehen» und bedeutete, zu lernen, den memorierten Text angemessen zu artikulieren und Sprache und Bewegungen in einen der jeweiligen Situation entsprechenden Zusammenhang zu bringen.

Keine leichte Aufgabe für die Mimen, wenn man bedenkt, in wie vielen Rollen und Röllchen sie Abend für Abend auftreten mussten. Meiningen war eine kleine Stadt mit einem nur beschränkten Kreis von potenziellen Theaterbesuchern. Und selbst wenn man die steigende Zahl auswärtiger Gäste berücksichtigt, musste das Repertoire vielfältig und abwechslungsreich sein. «Wenn ich in der kleinen Residenz eine klassische Vorstellung zum zweiten Mal wiederhole, so sehe ich schon die Dienstboten unserer Abonnenten oben in den Rängen sich langweilen», soll Herzog Georg gesagt haben. Auch wenn der Ausspruch nicht bewiesen ist, umschrieb er doch die Realität.

Die Notwendigkeit, einen stets neuen Spielplan zu bieten, erklärt die hohen Anforderungen, die man in Meiningen an das mnemotechnische und spielerische Vermögen bereits der Novizen stellte, und das Prinzip des Herzogs, dass innerhalb eines Genres jede(r) jedes spielen können musste – oft nur für einen Abend –, gewinnt Plausibilität. Sowohl die Haupt- als auch die Nebenrollen der Stücke auf dem Spielplan waren stets mehrfach besetzt, sodass, zum Beispiel im Krankheitsfall, auch die als Statisten eingesetzten Akteure jederzeit einen Hauptpart hätten übernehmen können. Das aber hieß, dass bei allen Proben nicht nur die gerade aktive Phalanx der Schauspieler Dienst hatte, sondern auch die eventuelle Zweitbesetzung, die sich, wenn auch nur hospitierend, gleichfalls alle Anweisungen des Herzogpaares zu merken hatte, das, im dunklen Parkett sitzend, dem Gang der Proben «tadelnd, lobend und ändernd» folgte.

Dieser Rhythmus von Probe und Auftritt sollte für die nächsten zwei Jahre auch das Leben der jungen Schauspielerin aus Berlin prägen.

Am 12. Januar 1875, genau eine Woche nach ihrem Debüt als Louise, musste sie als Statistin in einem Lustspiel von Charlotte Birch-Pfeiffer auftreten, am 17. eine kleine Hosenrolle in der *Waise von Lowood* – ebenfalls von Birch-Pfeiffer – übernehmen. Sieben Tage später, am 26. Januar, übertrug man ihr bereits den Part der Marianne in Goethes *Geschwistern*, und nach einem weiteren Monat angestrengtesten Lernens, am 28. Februar, wurde ihr sogar die tragende Rolle der Jessica in Shakespeares *Kaufmann von Venedig* anvertraut.

Offenbar aber zeigte sich die Novizin den wachsenden Anforderungen – jedenfalls vorderhand – nur partiell gewachsen. Das ist aus einem Schreiben der Freifrau von Heldburg an Ludwig Chronegk zu schließen, in dem sie ihrem Regisseur Überlegungen für das nächste Berlin-Gastspiel der Meininger Truppe unterbreitet: Grillparzers *Esther* «wäre brillant, doch haben wir keine Esther. Die Esther muß als naive wilde Hummel aufgefaßt werden, unter naiv verstehe ich aber *ganz unbefangene Natur.* In drei bis vier Wochen wird sich zeigen, ob wir's mit der Dohm riskieren können; die hätte die jüdisch-reizende Erscheinung und Alles dazu, ist aber vor der Hand noch viel zu unfrei in ihren Bewegungen. Es wird sich ja zeigen, was sie für Fortschritte macht.»

Dieser Brief ist vom 10. Januar 1875 datiert, ein paar Tage, nachdem die Elevin ihr Debüt als Louise bestanden hatte und sich mit neuen Rollen auseinander setzen musste. Er zeigt, dass Hedwig Pringsheim ihre Erfolge in der Rückschau doch ein wenig stilisiert hat; er zeigt aber auch, dass man sich auf Seiten der Verantwortlichen viele Gedanken um die Art der Begabung der ihnen Anvertrauten, ihre Stärken und Schwächen machte und nach Mitteln zur bestmöglichen Förderung ihrer Anlagen suchte. So schrieb z. B. der Herzog bereits drei Tage nach Hedwigs Debüt an seinen Regisseur, dass ihm zu Ohren gekommen sei, «Frl. Dohm habe mit griechischem Knoten, des sehr dünnen Haares wegen, unvorteilhaft ausgesehen», und er wünsche zu erfahren, wie der Regisseur ihr Aussehen und ihr Benehmen beurteile.

Auch späterhin gab man sich, wie die Korrespondenz zeigt, viel Mühe mit der «kleinen Dohm»: «Bitte schminken Sie sie heute abend sorgfältig, damit sie so gut aussieht wie in der *Maria Stuart*», in der die Anfängerin offenbar als Statistin mitgewirkt hatte. Ellen Frantz war genau, und Chronegk musste minutiös Bericht erstatten: «Wie geht es mit den *Geschwistern*? Ich bitte, sehen Sie, wie die kleine Dohm aussieht, daß sie gut geschminkt und frisiert ist. Hat sie viel vergessen?»

Offenbar nicht, denn zumindest in den Repertoire-Aufführungen und in modernen, heute längst vergessenen Lustspielen wie *Ultimo*, *Der geadelte Kaufmann* oder dem «Kassenschlager» *Veilchenfresser* wurden ihr schon bald größere Rollen aus dem Fach der jungen Naiven anvertraut. Es scheint allerdings, als seien diese Stücke mehr um eines abwechslungsreichen Spielplans denn um der künstlerischen Ambitionen des Theaters wegen aufgeführt worden. Und so lag die Regie auch nicht in den Händen des bewährten Chronegk, sondern in denen «eines abgenutzten Routiniers älterer Schule» namens Grabowsky, über den es offenbar mehr zu lachen als von ihm zu lernen gab. «Ich erinnere mich der *Sirene* von Rosenthal, in der ich sogar die Titelrolle zu spielen hatte», heißt es in dem zitierten Rückblick. «Eine Regievorschrift darin lautete: auf dem Schreibtisch des Professors: ‹Tohuwabohu›. Der alte Grabowski sah ratlos drein. Plötzlich erhellte sich sein Gesicht, er rief den Inspizienten: ‹Stein, laufen Sie mal schnell aufs Schloß und lassen sie sich ein Tohuwabohu geben; ich weiß, der Herzog hat eins.›»

Neben derartigen Anforderungen aus dem Unterhaltungsgenre liefen die Proben für anspruchsvollere Stücke ungeschmälert weiter. Und hier nun bedurfte die kleine Naive, wie aus den Anweisungen der Freifrau an Chronegk anlässlich einer Probe für *Was ihr wollt* zu ersehen ist, durchaus noch der Fürsorge: «Machen Sie nur ja die Dohm auf alles aufmerksam. Sie soll nicht so *lang* und nicht so *laut* lachen, sie weiß es recht gut; es wird ihr aber schwer. Sie ist leider schrecklich unbeholfen. Ich habe mir *viel* Mühe mit ihr gegeben. Das Singen und Tanzen lassen Sie sie bitte *mehrmals* machen. Ich *bestand* auf dem Singen, um ihr nichts durchgehen zu lassen. – Es wäre noch schöner, wenn sie nicht eine Zeile eines Kinderliedes singen könnte! – Auch lassen Sie sie ja den Kranz ummachen – er muß so weit sein, daß sie ihn wie eine Schärpe um die Schulter hängen kann. Ist kein Kranz da, wie ich von Stein [dem Inspizienten] erwarte, so nehmen Sie ein Band. Der Kranz morgen muß von *gemachten* Rosen sein, sie ruiniert ihn sonst beim An- und Abmachen. Auch das Anstecken der Rose lassen Sie sie bitte probieren – man ist das einer Anfängerin schuldig. Auch an das Zurückschütteln und Schieben der Haare erinnern Sie sie bitte, recht oft.»

Dass diese Monenda aber durchaus nicht als Entmutigung aufzufassen waren, zeigt der Nachsatz, in dem Ellen

Frantz ihre Beanstandungen versöhnlich relativierte und den Regisseur wissen ließ, dass sich «die Moser» – die Diva der Truppe – «gestern genau so ungeschickt angestellt» habe wie die Dohm, die sich offensichtlich *au fond* doch so gut entwickelte, dass das Fürstenpaar ihr, allen Bedenken des Regisseurs zum Trotz, zumindest für die Meininger Aufführungen die Rolle der Grillparzer'schen Esther anvertraute: «Frl. Dohm lassen Sie nur die Esther. Sie muß sie tüchtig wieder durchgehen.»

Siebzig Jahre später wird Klaus Mann in seinem Lebensbericht *Der Wendepunkt* auf die glanzvolle Schauspielkarriere seiner Großmutter zurückkommen, die ihren späteren Mann, seinen Großvater Alfred Pringsheim, als Julia neben dem Romeo von Josef Kainz bezaubert habe. Das allerdings ist, sowohl nach den Dokumenten als auch nach der Darstellung, die Hedwig Pringsheim-Dohm selbst gegeben hat, eine liebenswerte Übertreibung. Die Wirklichkeit sah prosaischer aus. Zwar durfte das junge Mädchen in ihrer zweiten Meininger Spielzeit, 1876, die Julia spielen – aber nur ein einziges Mal, und auch nicht mit Kainz, sondern mit dem «damals vergötterten Emmerich Robert». Ganz so erfolgreich, wie es der Enkel der Nachwelt weismachen wollte, war sie zudem nicht: In der Balkonszene blieb sie stecken. «Ich hörte keinen Souffleur mehr und hatte nur den einen Wunsch, tot umzusinken.» Der Regisseur Chronegk «stand in der Kulisse und schrie mir ‹dumme Gans› zu, was meine Todessehnsucht nicht verminderte; als er aber meine Not sah, wagte er sich so weit vor, wie es nur irgend ging, und soufflierte mir die fehlenden Worte so laut, daß ich sie auffaßte und – gerettet war.»

Es ist, wie diese Geschichte zeigt, wirklich ein Jammer, dass wir aus der Meininger Zeit keine Briefe besitzen. Lediglich aus einem Bericht der sechzigjährigen Hedwig Pringsheim, in dem sie 1915 (als erstes Lebenszeichen nach ihrem Abgang im Herbst 1876) der einst gefürchteten Lehrmeisterin von ihrem Leben erzählte, sind – jenseits der feuilletonistischen Pointierung – ihre damaligen Empfindungen zu erschließen. «Heute vermag ich's kaum zu glauben, daß ich – wahrhaftig ich – es war, die auf dem Schlosse zu Meiningen mit der ‹Freifrau› die Jessika studirte, und daß ich es war, die bittere Tränen vergoß, weil Adele Pauli mir das ‹Kätchen› wegspielte, und daß *mir* die Freifrau das Buch vor die Füße warf, weil ich als Esther so gar den rechten Ton nicht treffen konnte. Und all die anderen holden, jugendtörichten Geschichten, die erste Liebeserklärung, das scheußliche Essen bei meinen Emmerichs, der schauderhafte Streit mit der Moser-Sperner, der meinem Wirken bei den Meiningern und damit meiner Theaterkarriere ein so jähes Ende bereitete.»

Nun, auch in diesem Bericht mischen sich, wie bei Hedwig Pringsheim häufig, Dichtung und Wahrheit zu einem liebenswerten Konglomerat. Ganz so kann es nicht gewesen sein, denn aus der Korrespondenz des Herzogpaares mit Regisseur Chronegk geht deutlich hervor, dass der Streit mit der Diva Moser-Sperner wohl eher ein willkommener Vorwand war, die Bühne ohne Gesichtsverlust zu verlassen. Selbst wenn es auch für objektive Beobachter nicht zu übersehen war, dass die Diva der Novizin nicht freundlich gesinnt war, ja, dass sie – nach Überzeugung der Freifrau – sogar nicht die geringsten Skrupel hatte, der Konkurrentin «bei den ihr bekannten Kritikern» zu schaden, so mehrten sich auf der anderen Seite für die Fachleute – je weiter die Zeit fortschritt, desto häufiger – Indizien, die eine wirkliche Begabung der jungen und schönen Naiven für den Schauspielberuf mehr und mehr in Frage stellten.

Dem Regisseur Chronegk zum Beispiel scheinen schon recht früh Bedenken gekommen zu sein, die – zumindest hinsichtlich der Rolle der Esther – von der Freifrau aber zunächst vom Tisch gewischt worden waren: «Daß die kleine Dohm der *Esther*-Aufführung schade, glaube ich *durchaus nicht.* Eine interessante und reizende Anfängerin schadet überhaupt nie – denn das große Publikum interessiert sich weit mehr für die *Persönlichkeit* als für die *Künstlerin*, und für die Kritik lassen sie nur ihren Vater sorgen.»

Angesichts des offensichtlichen Misserfolgs ihres Schützlings aber sah sich schließlich auch Ellen Frantz genötigt, die letzte Entscheidung ihrem Regisseur zu überlassen: «Sie müssen die Entscheidung behalten, und wenn die Kleine so gespielt oder so wenig gefallen hat, daß sie dem ‹Ziehen› des Stücks nach Ihrem Dafürhalten Schaden bringt, muß man sie austauschen. Versprochen habe ich ihr überhaupt nur ein einmaliges Auftreten, das Übrige muß von ihrem Erfolg abhängen.»

Aber ebenjener überzeugende Erfolg wollte sich nicht einstellen, und nach Ablauf des ersten Jahres war in den Briefen des Herzogs eine gewisse grundsätzliche Skepsis nicht zu übersehen: «Die Dohm sieht stets dilettantisch zur Erde», ließ er seinen Regisseur am 10. Dezember 1875 wissen. «Sie beißt sich immerzu in die Lippen und greift sich scheußlich in 1 Minute 6 mal nach dem Munde. Solche Angewohnheiten sind sehr schwer abzulegen; ich habe Erfahrung darin !!! Tränken Sie das ihr tüchtig ein: Läßt sie es nicht, wird's nichts mit ihr.»

Andere Dokumente zeigen, dass die Elevin auch nach einem Jahr noch mit Lampenfieber und Nervosität zu kämpfen hatte und offenbar vor jedem Auftritt einer besonderen Fürsorge bedurfte. Selbst in der Rolle eines stummen Engels, für dessen Erscheinung der Herzog eigenhändig ein effektvolles Spektakel mit viel Wolken und Rauch entworfen hatte, bedurfte sie – wie aus den fürstlichen Anweisungen an

Regisseur Chronegk zu ersehen ist (siehe auch Tafelteile, Bild 10) – offenbar vor jedem Auftritt einer besonderen Zuwendung: «Die Dohm muß ja an die rechte Stelle treten, damit man sie ordentlich sieht, – wäre es nicht gut, Sie könnten bei ihr sein, in dem Moment, wo sie heraustritt. Sie benimmt sich sonst am Ende nervös!?»

Derart kritisch hat die Akteurin selbst ihre Fähigkeiten kaum eingeschätzt, auch im Rückblick nicht – sonst hätte sie vermutlich nicht gar so anekdotisch-witzig von ihren Misserfolgen erzählt. Folgt man ihrem Bericht, so war das Steckenbleiben in *Romeo und Julia* nämlich durchaus nicht die einzige Albträume provozierende Situation in ihrer Laufbahn. So habe sie es, unmusikalisch, wie sie nun einmal sei, durchaus nicht fertig gebracht, in der bereits erwähnten *Sirene* ein simples Lied mit vier alliterierenden Worten adäquat zu Gehör zu bringen, oder – in der Rolle des aus der Versenkung auftauchenden «blutigen Kindes» – die ganze *Macbeth*-Aufführung um ein Haar «geschmissen», weil sie durch den «plötzlichen Kontrast zwischen dem dunklen Keller und dem hellen Rampenlicht» derartig verwirrt worden sei, dass sie an Stelle einer wohl artikulierten Warnung für den König nur «ein über das andere Mal den Namen ‹Macbeth› «geheult» habe und schleunigst wieder in der Versenkung verschwunden sei.

Trotz derartiger «Pannen» und Unsicherheiten durfte die junge Frau jedoch – wenn auch zunächst nur als Statistin – an den Gastspielen des Ensembles teilnehmen und «im *Julius Caesar* als ein Weib aus dem Volke ‹na, was das anbetrifft› murmeln», oder im *Fiesko* «als Genueser Gassenbub auf einem Brunnen sitzend, mit den Beinen baumeln». Später vertraute man ihr dann – jedenfalls für Berlin und im Wechsel mit zwei anderen Kolleginnen – Grillparzers Esther, Shakespeares Jessica und Schillers Bertha an. «Presse und

Publikum behandelten mich sehr freundlich», heißt es in den Erinnerungen, die aber, zumindest was das Echo auf die *Tell*-Rolle betrifft, die Realität ein bisschen überhöhten.

Die Berliner Kritik jedenfalls urteilte im Mai 1876 über die Leistungen von «Fräulein Dohm» recht zurückhaltend. Sie sei «zu sehr Anfängerin noch» und besäße «auch nicht die Mittel, um die Bertha genügend hervortreten zu lassen», befand die *Norddeutsche Allgemeine* vom 20. Mai 1876, und die *Staatsbürger Zeitung* vom gleichen Tag war noch entschiedener: «Die Meininger *Tell*-Darstellung ist bis auf die Wiedergabe Berthas durch Fräulein Dohm (die junge Dame ist doch zu sehr noch Anfängerin) eine in jeder Beziehung lobenswürdige, in den Hauptrollen geradezu glänzend, und im Ensemble, wie männiglich bekannt, unübertrefflich.» Und selbst Chronegk, der seinem Herzog am 19. Mai über den «colossalen Effekt» berichtete, den der *Tell* gemacht habe, musste, um der Ehrlichkeit willen, seinem Erfolgsbericht den Satz hinzufügen: «Leider verdarb die Dohm durch ihre schwache Stimme den Schluß.» Sie habe deswegen auch, als «beim Aufgehen des Vorhangs im dritten Bild Tell mit Frau und Kindern stürmisch gefeiert» wurden, «einige Opposition» zu spüren bekommen, und man habe allgemein bedauert, «daß Moser nicht die Bertha spielte».

Da mag es der Geschmähten gut getan haben, dass die damals berühmte Schriftstellerin Fanny Lewald sie in Schutz nahm und den Tadel nicht auf die mangelnden Fähigkeiten der jungen Schauspielerin, sondern auf das Problem der falschen Besetzung zurückführte. In einem Brief vom 19. Mai 1876 gab sie dem Regisseur Ludwig Chronegk zu bedenken: «Müßte Bertha nicht älter, mächtiger sein und zwar um ein gut Theil? Im Gedicht ist sie durchweg bedeutender als Rudenz, sodaß ich sie mir immer beträchtlich älter als diesen, wenigstens als eine ‹fertige Frau› vorgestellt habe. Die

Jugend und Zartheit von Fräulein Dohm machte das, was sie gut sagte, in *ihrem* Mund unwahrscheinlich.»

Freundliche Worte, die jedoch dem Lauf des Verhängnisses kaum Einhalt gebieten konnten. Die in Meiningen erhaltenen Dokumente lassen keinen Zweifel daran, dass Herzog und Regisseur spätestens ab August 1876 nach Möglichkeiten suchten, die für den Beruf einer Schauspielerin ganz offenkundig nicht geeignete junge Frau auf annehmbare Weise loszuwerden. «Die liebenswürdige Dohm wollen wir nicht beschäftigen, damit sie sich eine andere Bühne suche. Sie verdirbt durch ihr naseweises Wesen manches andere Mitglied. Wenn z.B. noch *Kabale und Liebe* gegeben wird, spiele die Karros die Louise», schrieb Georg am 17. August an Chronegk, und in den letzten Oktobertagen war es dann endgültig vorbei. «Die Dohm schrieb mir, sie könne nicht, wie verabredet, zum Breslauer Gastspiel eintreffen, sie sei krank und habe Eure Hoheit um die Entlassung gebeten. Ich [Chronegk] bin dafür, sie ihr zu geben, wir könnten dann eine gute, muntere Liebhaberin engagiren und die Rolle der *Viola* mit der Moser besetzen.»

Es ist aber gerade ein offenbar irreparabler Zusammenstoß mit der Moser bei einem Gastspiel in Dresden gewesen, der Hedwig Pringsheim zu der Erkenntnis geführt hatte, dass sie nicht länger bei den Meiningern bleiben konnte. Verzweifelt war sie nach dem Vorfall aus ihrer Truppe in den Schutz einer alten Kollegin, der «gütigen, mütterlich-liebenswürdigen» Schauspielerin Niemann-Seebach geflohen und hatte keine andere Möglichkeit mehr gesehen, als sich für die nächsten Gastspiele in Breslau krankzumelden.

Dass man in Meiningen diesen Vorfall – aller Sympathie, die sowohl die Freifrau als auch Chronegk immer noch für «die kleine Dohm» hegten, zum Trotz – gern zum Anlass nahm, sie «loszuwerden», konnte die junge Frau nicht ahnen, zumal sie gespürt haben muss, dass auch die Stellung ihrer Widersacherin nicht unangefochten war, ja, dass man sich ihrer, wenn es denn möglich gewesen wäre, ebenfalls gern entledigt hätte. Jedenfalls berichtete Chronegk seinem Dienstherrn nach dem Vorfall aus Dresden, dass es großen Ärger gegeben habe, weil die Moser, «die sich hier im Privatleben in ihrer ganzen Glorie zeigt, es auch auf die Bühne übertragen wollte». Er habe ihr aber «mit den härtesten Worten das Handwerk gelegt». Das einzig Gute an der Sache sei gewesen, «daß die Dohm sich endlich von ihr frei gemacht» habe. Natürlich aber spräche diese ihr jetzt alles Böse nach. «Ach – fände ich nur einen Ersatz für die Moser!!»

Dennoch: Zur Entlassung von Hedwig Dohm gab es weder für die Freifrau noch für den Herzog oder den Regisseur eine Alternative: «Die Dohm ist zwar nicht um ihre Demission eingekommen, bewilligen Sie ihr aber im Namen des Herzogs die gewünschte Entlassung. Wir sind froh, dass wir die Gage sparen, denn es war doch nichts Rechtes mit ihr anzufangen, und eine Kratzbürste 1ster Klasse ist sie auch», entschied Helene von Heldburg am 27. Oktober aus Biarritz und verlieh dieser Anweisung vierzehn Tage später aus Paris noch einmal Nachdruck.

Bei Hedwig Pringsheim liest es sich hingegen etwas anders: «Schweren Herzens und mit der Zustimmung meiner Eltern reichte ich mein Entlassungsgesuch ein, dem auch huldvoll nachgegeben wurde.» – Dennoch: Ganz ohne Wehmut ließ man die junge Schöne offenbar nicht ziehen. Zumindest die Freifrau bedauerte den sang- und klanglosen Abschied: «Ich meine, ein Wort hätte sie mir bei ihrem Abgang wohl auch gönnen können.»

Wie immer es im Einzelnen gewesen sein mag: Der deutschen Bühne ist durch Hedwig Dohms Ausscheiden aus dem

Meininger Ensemble kein irreparabler Schaden zugefügt worden, und ein junger Doktor der Mathematik, der wenig später die Elevin veranlasste, die «weltbedeutenden Bretter» für immer zu verlassen und mit dem «heiligen Ehestand» zu vertauschen, brauchte nicht zu befürchten, eine vielversprechende Karriere zerstört zu haben.

KAPITEL 3

Alfred Pringsheim aus Berlin

Der junge Wissenschaftler, der Hedwig Dohm den Abgang von der Bühne erleichterte, hieß Alfred Pringsheim. Er war als Sohn des Fuhrunternehmers Rudolf Pringsheim und seiner Frau, der Lotterie-Einnehmers-Tochter Paula Deutschmann, 1850 im schlesischen Ohlau geboren, hatte das Breslauer Magdalenen-Gymnasium besucht und anschließend in Berlin und Heidelberg Mathematik studiert – ein Fach, in dem er sich schnell Anerkennung verschaffte. Als er die junge Schauspielerin 1876 kennen lernte, war er 26 Jahre und gerade in München zur Habilitation zugelassen worden. Um die materielle Absicherung brauchte sich der Privatdozent keine Gedanken zu machen: Zur Zeit seiner Verlobung, 1877, zählte sein Vater zu den reichsten Leuten Berlins. Die gescheiterte Meininger Aktrice brauchte nicht zu befürchten, ihre Ehe in ähnlich beengten Verhältnissen beginnen zu müssen wie einst ihre Mutter.

Rudolf Pringsheims Weg vom oberschlesischen Bahnspediteur zum Rittergutsbesitzer und Multimillionär in Berlin ist typisch für eine Schicht jüdischer Klein- und Mittelstadtbürger, die vorwiegend aus den preußischen Ostprovinzen stammten. Sie waren durch Fleiß, Intelligenz und Weitsicht reich geworden und drängten seit der Mitte der sechziger Jahre in die preußische Hauptstadt – häufig auf dem Umweg über den offenbar nobilitierenden und als Entreebillet in die Gesellschaft nützlichen Brauch, ein Rittergut zu erwerben.

So wurde aus Rudolf Pringsheim der Grundbesitzer Pringsheim zu Rodenberg.

1821 in der kleinen Residenzstadt Oels geboren, war er als zweijähriges Kind mit Eltern und Geschwistern in das für Handel und Gewerbe günstiger gelegene Ohlau übersiedelt, wo sein Vater unter dem Berufsstand «Kaufmann» geführt wurde. Rudolfs berufliche Laufbahn begann als Vekturant, d. h. als Spediteur, der mit Pferdefuhrwerken den Transport von Kohle und Erzen aus den Bergwerken zur nächstgelegenen Station übernahm. Das Schmalspur-Schienennetz, das die wichtigsten Gruben- und Hüttenwerke der Region an die Haupteisenbahnverbindungen anschloss, war damals noch unvollkommen ausgebaut. Ab 1851 wurde es durch ein kombiniertes System von Pferde- und Lokomotivbetrieb bedient. Auf den Hauptstrecken verkehrten Dampfzüge, auf den Nebenlinien so genannte Rossbahnen. Die Pferde trabten zwischen den Gleisen und zogen die auf Schienen laufenden Wagen.

Wenige Jahre später entschloss sich die Eisenbahngesellschaft, den Pferdebetrieb an den «Fuhrunternehmer Pringsheim aus Gleiwitz» zu verpachten und im verbleibenden Streckennetz ganz auf den Einsatz von Dampfloks zu setzen – eine Fehleinschätzung, wie sich zeigen sollte. Während das Pringsheim'sche Unternehmen florierte, kam der Dampfbetrieb der Oberschlesischen Schmalspurbahn-Gesellschaft schon bald in die roten Zahlen. Da war Hilfe vonnöten. Am 1. Oktober 1860 gelang es dem noch nicht einmal vierzigjährigen Rudolf Pringsheim, auch diesen, bislang defizitären Teil des Unternehmens durch einen Pachtvertrag in seine Regie zu nehmen. Die erste von ihm ergriffene Sanierungsmaßnahme bestand im Verkauf sämtlicher Lokomotiven und der Rückführung des gesamten Betriebes auf die eben nur vermeintlich unzeitgemäßen «Rossbahnen». Erst zehn Jahre später, als das Schienennetz, um die zunehmenden Aufträge bewältigen zu können, in einem Umfang erweitert worden war, der den Einsatz von Dampfmaschinen wieder rentabel erscheinen ließ, setzte auch der *Selfmademan* aus Oels erneut Lokomotiven ein.

Kein Zweifel, Rudolf Pringsheim war nicht nur ein äußerst behutsamer und vorsichtiger, sondern auch ein strategisch weit vorausschauender Mann. Er investierte zunächst in den Ausbau des für die wirtschaftliche Erschließung Oberschlesiens unabdingbaren Schienennetzes und erst dann in die Modernisierung der Transportmittel. Seine Verdienste um die Schaffung eines tragfähigen Güter- und Personenverkehrsnetzes in dieser Region sind bis heute unbestritten. Als der preußische Staat 1884 schließlich die Oberschlesische Schmalspurbahn übernahm, verfügte Pringsheim über 67 moderne Tenderloks und beschäftigte 775 Personen. Da war es konsequent, dass auch die Preußische Eisenbahnverwaltung keinen Augenblick zögerte, diesen erfolgreichen Unternehmer als Treuhänder im Amt zu belassen.

Wie lange Rudolf Pringsheim diese Tätigkeit noch ausgeübt hat, wissen wir nicht. Der 1884 geschlossene Vertrag lief 1904 aus. Die schlesische Unternehmung hatte sich gelohnt. Neben dem Rittergut Mazceikowicz bei Rossberg im Regierungsbezirk Beuthen konnte Rudolf Pringsheim zu Rodenberg 1869 unter der Berufsangabe «Rittergutsbesitzer» oder «Privatier» ein Grundstück in der Berliner Wilhelmstraße erwerben. Hier, in der renommiertesten Lage der Stadt, ließ er drei Jahre später den Familienwohnsitz errichten.

Das Haus, 1872–74 durch die Architektengemeinschaft Gustav Ebe/Julius Benda entworfen, wurde einer der hervorragenden Prunkbauten des beginnenden Kaiserreichs und war doch so viel mehr als nur eine noble Adresse. Es war das Manifest eines kulturbesessenen Aufsteigers.

Wichtige Architekturzeitschriften analysierten die ungewöhnlich kostbaren Materialien des Baus und hoben lobend hervor, dass am Pringsheim'schen Palais der sonst übliche Marmor durch den «vaterländischen» Baustoff Terrakotta ersetzt worden sei, der sich «vom zwölften Jahrhundert ab, gleichzeitig mit der Einführung des Christentums in der Mark entwickelte». Die Berliner tauften das Gebäude wegen seiner im damaligen Stadtbild ungewöhnlichen Vielfarbigkeit «Das bunte Haus». Manchen freilich missfiel der demonstrative Luxus. Fontane sprach gar von «Kakel-Architektur», die «irgend ein Pringsheim in die Mitte langweiliger Häuser» gestellt habe. Der Palast polarisierte. Und das sollte er auch. Der Bauherr wollte auffallen mit einer der Renaissance nachempfundenen Fassade, den durch zwei massige Rittergestalten abgestützten oktagonen Erkern im ersten Stock, den farbigen Terrakotten an den Pilasterrahmen der *Beletage* sowie dem abschließenden Halbgeschoss, zwischen dessen Fenstern ein prächtiger goldgrundiger Glasmosaik-Fries angebracht war.

«Um zeitgemäßen Ideen, die unser Herz bewegen und unsern Verstand beschäftigen», Ausdruck zu geben, müsse «für das bessere Wohnhaus die ernste architektonische Lösung mit Malerei und Skulptur verbunden werden», lautete das *Credo* der Architekten – eine Überzeugung, die einer der tonangebenden Künstler seiner Zeit, der anerkannte Hofmaler des preußischen Herrscherhauses, Anton von Werner (weltberühmt sein Bild von der Kaiserkrönung in Versailles!), offenbar teilte, sonst hätte er wohl kaum die Skizzen entworfen, nach denen die berühmte venezianische Werkstatt Salviati die Mosaiken fertigte.

In einer Rückschau auf *Erlebnisse und Eindrücke* seines Lebens hat von Werner dieses auch für ihn ungewöhnlichen Auftrags gedacht und die Arbeit an dem Fries, der «entsprechend dem Wunsch der Architekten in den kräftigsten Farbtönen ausgeführt werden sollte», als «eine besonders interessante Aufgabe» bezeichnet: «Gegenstand der Darstellung», so von Werner, «sollte, dem philosophischen Wesen des Hausherrn entsprechend, das menschliche Leben von der Wiege bis zum Grabe sein. Der Fries gliedert sich in sechs größere Bilder: Kindheit, Jünglingsalter, Liebesglück, Eheglück, Alter und Tod, denen ich am Anfang und am Ende je eine Sphinx hinzufügte.»

Besonders die letzten beiden Bilder des Zyklus, *Alter* und *Tod*, deuten auf das Bedürfnis des Auftraggebers nach symbolischer Überhöhung der eigenen Biographie: In dem weißbärtigen «Patricier» des *Alter*-Bildes – Untertitel *Ars* – ist das Porträt des Hausherrn zu erkennen, von Torsi und wertvollen Kunstwerken umgeben, die *realiter* zum Besitz der Medici gehörten. Der Patriarch mit den Pringsheim-Zügen gefällt sich in der Rolle des florentinischen Cosimo I.: als Kunstmäzen und Sammler ein Repräsentant der neuen Medici – ein Anspruch, den der Sohn des Hauses, Alfred, mit seinen weltberühmten Fayencen-Kollektionen einmal weiterführen wird.

Schwieriger deutbar als der Rekurs auf das mediceische Mäzenatentum ist das letzte Bild: *Tod (Exitium)*. Die Situation scheint – nicht nur durch die Figur des fackelsenkenden Epheben und die von der Tradition vorgeschriebene Themen-Abfolge – eindeutig. Überraschend aber ist die Porträtähnlichkeit mit Friedrich II.: Rudolf Pringsheim als Preußenkönig! Der durchgängige Goldgrund des Frieses unterstreicht die Absicht, die Existenz des Auftraggebers in zeittypischer Weise zu nobilitieren. Der hatte überaus sichtbar auf einer spirituellen Deutung seines gesellschaftlichen Aufstiegs bestanden. Der preußische Hof war seine Welt nicht; die Evokation des musischen Fürsten aber artikulierte den Anspruch auf Gleichrangigkeit im Kreis der geistigen und künstlerischen Elite. Anton von Werner betonte in seinem Lebensrückblick das philosophische Wesen des Hausherrn.

Diese Einschätzung belegen nicht zuletzt die Aufzeichnungen des Bankiers Carl von Fürstenberg – auch er einer der vielen für die wirtschaftliche Entwicklung Preußens wichtigen Männer jüdischer Herkunft, die in ihrer Jugend aus den Ostprovinzen nach Berlin kamen. Fürstenberg ist einer der wenigen Zeitzeugen, von dem wir wissen, dass er sowohl bei Ernst und Hedwig Dohm als auch bei den Pringsheims ein und aus ging. Und das nicht nur bei Rudolf und Paula. Denn «damals» – berichtete er in seinen Erinnerungen – «gab es zwei Familien des gleichen Namens, die in Berlin eine Rolle spielten. Man unterschied mit echt Berliner Witz zwischen dem schmalspurigen und dem breitspurigen Pringsheim. Der schmalspurige war der Vater des Dohmschen Schwiegersohnes. Sein Vermögen stammte zum großen Teil aus der Errichtung von Schmalspurbahnen, die im oberschlesischen Industriegebiet gelegen waren. Sein schönes Wohnhaus zählte zu den Zierden Berlins. Der breitspurige Pringsheim hingegen verdankte seinen Namen den weitgehenden gesellschaftlichen Ambitionen, denen besonders seine schöne Frau huldigte. Das Ehepaar bewohnte ein prächtiges Haus am heutigen Platz der Republik, in dem die Berliner Hofgesellschaft, die adligen Offiziere und sogar Flügeladjutanten Seiner Majestät verkehrten.»

Hugo, der «breitspurige Pringsheim», dessen gesellschaftliche Ambitionen (z. B. seine penetranten Bemühungen um den Geheimratstitel) gelegentlich sogar aktenkundig wurden, war ein Vetter zweiten Grades von Rudolf; die Großväter waren Brüder. Beide liebten sie die Repräsentation, die Welt der Empfänge – nur dass in Rudolfs Haus keine adligen Offiziere und auch keine Flügeladjutanten oder sonstige

Angehörige der höfischen Administration verkehrten. Die Wilhelmstraße war eine Domäne der Künstler, die den Hausherrn bei der Ausgestaltung seines Palastes berieten.

So war die Anregung, dem angesehenen Landschaftsmaler Christian Wilberg den Auftrag zu erteilen, «die kahlen hohen Wände des den Garten begrenzenden Nachbargrundstückes in einen Blick in südliche Gefilde» umzuwandeln, einem Freund des Hauses zu verdanken, dem «Berliner Künstler» und «für alles Schöne begeisterten» Schriftsteller Julius Lohmeyer. Er war der Verfasser weit verbreiteter, vorwiegend vaterländischer Poeme und Herausgeber einer zu ihrer Zeit viel gerühmten Reihe wertvoller Kinderliteratur sowie der Begründer des Vereins «Berliner Künstler». Seit 1868 gehörte er zur Redaktion des *Kladderadatsch*, jener von Ernst Dohm, dem Vater der späteren Schwiegertochter des Hauses Pringsheim geleiteten Zeitschrift.

Vor allem aber war Lohmeyer wegen seiner Fähigkeit beliebt, Menschen unterschiedlicher Interessen miteinander in Kontakt zu bringen. So einen hatte Rudolf Pringsheim gesucht, der Millionär, der sich alle Facetten des Berliner Kulturlebens ins eigene Haus holen wollte. Großzügige Räume hatte er bauen lassen: einen 60 Quadratmeter großen Musik- und Tanzsaal, Damenzimmer, Arbeitsraum, Bibliothek und ein gediegenes Speisezimmer. Zeitgenossen rühmen eine kleine, auf einer Empore installierte Bühne, die sich durch Niederklappen einer parkettierten Wand habe öffnen lassen.

Bei der Innenausstattung des Musentempels war die malerische Elite der Gründerzeit am Werk gewesen: Wilberg, Schmitz, Burger, Piloty und Anton von Werner. Der erinnerte sich, dass der hoch angesehene Dresdener Historien- und Landschaftsmaler Antonio Donadini den Speisesaal mit fünf Tafelbildern ausgemalt habe, während Ludwig Burger – ursprünglich Lithograph und Zeichner, dann einer der meistbeschäftigten Monumentalmaler der frühen Kaiserzeit – jene kleinen Szenen und Figuren aus Wagners Opern zu verdanken gewesen seien, mit denen der Bauherr das Damenzimmer schmücken ließ.

Die schönen Künste allerorten! Musische Bildung galt im Hause Pringsheim als oberstes Ideal der Erziehung. Sohn Alfred war schon in seiner Jugend ein bemerkenswerter Pianist und hatte sich früh Richard Wagner und dessen Werk verschrieben. «In musikalischen Kreisen kennt man mich als langjährigen und eifrigen Vorkämpfer Richard Wagner's; auch habe ich eine Anzahl von Bearbeitungen Wagner'scher Musikwerke veröffentlicht», heißt es in einer autobiographischen Skizze. Manches deutet darauf hin, dass der Vater Rudolf Pringsheim, durch das Interesse – vielleicht auch die künstlerischen Verbindungen – seines Sohnes ermutigt, gelegentlich der gesellschaftlichen Usance seiner Zeit folgte, den Kreis der Gäste durch professionell vorgetragene Opern-Bearbeitungen vorwiegend Wagner'scher Werke zu unterhalten.

Das Engagement freilich ging noch viel weiter. Ganz früh (manche Quellen sagen «als erster») hat Rudolf Pringsheim – gemeinsam mit seinem Sohn – Patronatsscheine zur Unterstützung der Bayreuther Festspielaufführungen erworben. Drei solcher Dokumente sind erhalten. Sie wurden am 1. Februar 1872 ausgestellt und belegen, dass «Herr Alfred Pringsheim in Heidelberg» durch die Einzahlung von jeweils 300 Thalern «die Rechte eines Patrons der in Bayreuth zu bewerkstelligenden drei vollständigen Aufführungen des Bühnenfestspieles *Der Ring des Nibelungen*» erworben habe – Rechte, die ihm «die unbedingte Verfügung über einen bequemen Sitzplatz für jeden der zwölf Abende, in denen die dreimalige Auführung des viertheiligen Werkes bestehen wird, sowie die Betheiligung an einer Patronats-Commission» zuerkannten. Die Scheine tragen die Nummern 100–102 und sicherten der Familie des Patrons jeweils drei Plätze für jede Vorstellung. Ein Brief von Alfred Pringsheim, datiert Heidelberg, 6. Mai 1872, zeigt, dass durchaus Gebrauch gemacht wurde von diesen Privilegien: «Hierdurch erlaube ich mir Ihnen mitzutheilen» – so der gerade promovierte Student der Mathematik an die Festspiel-Verwaltung –, «dass ich bestimmt zu den Feiern am 22 Mai in Bayreuth [zur Grundsteinlegung für das Festspielhaus] eintreffen werde und ersuche Sie daher, mir die zu den Patronatsscheinen 101–103 [richtig wäre 100–102] gehörigen Conzertplätze gefälligst reservieren zu wollen.»

Mehr noch als Vater Rudolf war Alfred die treibende Kraft für das Pringsheim'sche Bayreuth-Engagement – der Sohn, der in einem zum Zweck der Habilitation lateinisch geschriebenen Lebenslauf vom Jahre 1877 angibt, er habe sich neben seinen mathematischen Studien mit Fleiß *ars musica* gewidmet, selbstverständlich jedoch der Rechenkunst stets die größere Aufmerksamkeit geschenkt. Ein Vierteljahrhundert später konnte der zu Ehren und Ansehen gekommene Mathematik-Professor dann etwas ehrlicher über seine Jugendpassion urteilen und bekennen, er wäre lange unsicher gewesen, ob er nicht lieber der Kunst den Vorzug geben sollte; schließlich aber hätte seine Liebe zur Wissenschaft gesiegt – sicherlich «zum Vorteil für die Musik», wie der Fünfundsechzigjährige nicht frei von Koketterie hinzufügte.

Musik hin – Mathematik her: Fest steht, dass Alfred Pringsheim in den späten sechziger und frühen siebziger Jahren zum Wagnerianer wurde und dem Tonsetzer persönlich nahe stand. Glaubt man den Erinnerungen, die seine Frau Hedwig 1930 in der *Vossischen Zeitung* veröffentlichte, gehörte er sogar eine ganze Zeit lang zu den intimsten Freunden des Bayreuthers. «Der Meister hatte sich mit dem jungen Anbeter, dem er auch zu sämtlichen Proben Zutritt gegeben, den er zu weiten Spaziergängen mit ganz intimen Unterhaltungen abgeholt hatte, förmlich angefreundet, soweit es der Unterschied des Alters und der Lebensleistung eben zuließ.» Um sich dieser Freundschaft würdig zu erweisen, tat der junge Wissenschaftler viel; 1873 ließ er sogar auf eigene Kosten eine Streitschrift drucken, in der er den verehrten Komponisten vehement gegen den Vorwurf verteidigte, ein schlechter Textdichter zu sein; und ein Jahr später ging er offensichtlich mit dem Gedanken um, das Wagner'sche Schaffen im Sinne der darwinistischen Evolutionstheorie neu zu deuten. Jedenfalls erwähnt Cosima Wagner in einem Tagebucheintrag vom 10. November 1874 einen Brief an «Dr. Pringsheim», «welcher den Zusammenhang des Darwinismus und des Wagnerianismus durch den singenden Urmenschen gefunden haben will».

Mehr wissen wir nicht. Die Wagner-Briefe, die Alfred Pringsheim zeitlebens als seinen größten Schatz hütete, haben die Flucht des Ehepaars 1939 aus München nach Zürich nicht überstanden. Auch von den Episteln des Adepten an seinen Meister ist im Bayreuther Archiv lediglich das dreiseitige Schreiben erhalten, mit dem der Autor am 8. Dezember 1873 dem Komponisten die Intention seiner bereits erwähnten Verteidigungsschrift unterbreitete: «Seit Jahren ein enthusiastischer Verehrer Ihrer Kunst, konnte es mir nicht entgehen, welche wahrhaft staunenswerte Unkenntniß über Ihre einfachsten Principien auch heute noch im großen Publikum herrscht. Da ich aber andererseits die Erfahrung gemacht zu haben glaubte, daß eben dieses Publikum eine polemische Schrift weit eher als jede andere liest, so nahm ich einen in jüngster Zeit gegen Sie geführten Angriff, der an und für sich kaum einer Beachtung wert ist, zur Veranlassung, um in der Form einer Erwiderung verschiedene Punkte zur Sprache zu bringen, die, so einfach und selbstverständlich sie auch erscheinen, dennoch bei dem heutigen Stande der Dinge garnicht oft genug wiederholt werden können – wobei es mir denn lediglich darauf anzukommen schien, dergleichen Wiederholungen dem Leser durch eine pikante Sauce möglichst schmackhaft zu machen. Suchte ich nun diese pikante Sauce durch die ausgesprochen maliziöse Form des Ganzen herzustellen (wie sie ja im Grunde genommen die Quintessenz der Elaborate unserer ‹beliebtesten Kritiker› bildet), so enthielt ich mich bei dem eigentlich Sachlichen – da es mir hierbei vor allem auf leichteste Verständlichkeit und einfachste logische Deduction ankam – alles philosophischen Beiwerkes, sowie jeder Überschwänglichkeit der Sprache und zog es vor, meinen natürlichen Enthusiasmus zuweilen etwas zurückdrängend, von meiner eigenen Bewunderung für Ihre Werke lieber etwas zu wenig als zu viel durchblicken zu lassen. Wenn es mir auf diese Weise gelungen sein sollte, auch nur einigen wenigen ‹etwas mehr Licht› über Ihr künstlerisches Wollen und Wirken zu verschaffen, so wäre mein Zweck erreicht.»

Ja, Hedwig Pringsheim hatte Recht, als sie in der Bayreuth-Retrospektive ihren Mann als «einen der leidenschaftlichsten, eifrigsten und tätigsten Wagnerianer» charakterisierte.

Dann aber ereignete sich «diese ‹Schoppenhauer›-Geschichte» und bereitete «der ganzen Herrlichkeit ein Ende». Das sei geschehen, berichtet Hedwig Pringsheim, als sich eines Abends in der berühmten Bierkneipe *Angermann* ein Berliner Kritiker vor illustrem Publikum habe einfallen lassen, das ganze Bayreuth als einen «puren Schwindel» zu bezeichnen; er, der Kritiker, mache sich anheischig, «mit einem einzigen Strauß'schen Walzer die ganze Sippe vom Festspielhügel herunterzulocken». Ähnliche Sottisen seien gefolgt und hätten «den jungen Dr. Pringsheim in seinen heiligsten Gefühlen aufs tiefste verletzt». Als er sich aber «diese mehr als ungehörige Sprache» verbat, sei er von einem Professor Leo nach dem Quantum seiner bereits konsumierten Bierseidel gefragt und von anderer Seite als einer geschmäht worden, der sich alle Beleidigungen unwidersprochen gefallen ließe. Da aber sei der Gekränkte aufgesprungen und habe dem Professor seinen Bierseidel an den Kopf geworfen: ein Akt der Selbstachtung, der jedoch umgehend von der Presse «in gehässiger und völlig entstellter Darstellung» kolportiert worden wäre.

«Auf den Straßen von Bayreuth ist bereits Blut geflossen», habe es geheißen, «und da Dank vom Hause Wagner nie die stärkste Seite dieser Familie war, sie vielleicht auch unangenehme Folgen für sich befürchteten, wurden damit die Beziehungen zu dem treuesten der Treuen ein für allemal schroff abgebrochen». Die handgreifliche Auseinandersetzung mit dem Bierseidel – «mein Gott», so die Chronistin, «dem Professor wird die Nase geblutet haben!» – hatte für den Wagner-Verteidiger den Spitznamen «Schoppenhauer» zur Folge – und für seine Frau, dass sie – anders als in ihrer Jugend, wo sie mit ihrem Vater gern gesehener Gast im Hause Wagner gewesen war – die Villa Wahnfried nie wieder betreten konnte.

Hätte sich der Zwischenfall nicht ereignet, wären sich Alfred Pringsheim und Hedwig Dohm, wer weiß, vielleicht schon Jahre früher begegnet. Denn wie sein späterer Schwiegersohn war auch Ernst Dohm (selbst wenn er, wie Freunde berichten, in den langen Vorstellungen regelmäßig fest schlief) ein «leidenschaftlicher Vorkämpfer» Wagner'scher Musik; ja, glaubt man den Worten der Tochter, so durfte sich der Präsident des Berliner Wagner-Vereins sogar zu den «intimsten Freunden» der Familie des Hauses Wahnfried zählen: «Vater war täglicher Mittagsgast», heißt es in dem bereits mehrfach erwähnten Feuilleton, «und so war es selbstverständlich, dass auch ich während der ganzen Woche meines Aufenthaltes mit eingeladen war. Der Familienkreis machte einen durchaus gemütlichen, behaglichen Eindruck. Richard Wagner sprach ein unverfälschtes Sächsisch und erzählte manch lustige Anekdote. Frau Cosima, durchaus grand dame, präsidierte mit Anmut und Sicherheit.» Am interessantesten und glänzendsten aber seien die Soireen gewesen, bei denen einmal – unvergesslich – auch Franz Liszt, «Vater und Schwiegervater des Hauses», wunderbar gespielt habe.

Ohne die «Schoppenhauer»-Affäre wäre vermutlich auch der «kleine Dr. Alfred Pringsheim» unter den Gästen des Abends gewesen. Ob ihm die schüchterne Tochter des gesellschaftlich brillierenden Vaters den gleichen Eindruck gemacht hätte wie die schöne Aktrice auf der Bühne des Meininger Theaters? Fest steht: Die – zunächst heimliche – Verlobung der beiden jungen Leute fand im Sommer des Jahres 1876 statt, und der Bräutigam bemühte sich in den folgenden Monaten um eine Habilitation.

Der erste Versuch in Bonn zu Anfang des Sommersemesters 1877 war, wie aus einem Brief an den berühmten Berliner Chemiker und Naturwissenschaftshistoriker Ludwig Darmstaedter zu ersehen ist, nicht von Erfolg gekrönt: «Um das Endresultat möglichst praecise zusammenzufassen: hier in Bonn ist es *ein für alle Mal nichts*», gestand Alfred Pringsheim mehr ratlos als schuldbewusst seinem Berliner Mentor. Auf Grund einer einzigen von ihm nicht beantworteten Frage sei der prüfende Mathematik-Professor Lipschitz offenbar zu der Überzeugung gelangt, dass sich der Bewerber «die Basis des mathematischen Wissens viel zu eng gesteckt» habe. Ein Dozent, der seinen Rang verdiene, «müßte sich zu jeder Zeit nach allen Seiten des Wissens hin vollständig frei bewegen können». Wenn Pringsheim also eine Wiederholung des Kolloquiums erstrebe, möge er bedenken, dass das, was ihm zum Dozenten fehle, «sich nicht in Monaten nachholen ließe», sondern er dafür Jahre benötigen würde. Aber zunächst sei «natürlich» eine neue Arbeit anzufertigen, aus welcher die Fakultät «die Überzeugung schöpfen könnte, daß der Prüfling in der Zwischenzeit viel tiefere und umfassendere Studien gemacht hätte».

Angesichts dieser Situation blieb in der Tat nur die Möglichkeit, es «wo anders – etwa in München» erneut zu versuchen und es der Zukunft zu überlassen, «ob das ungünstige Bonner Resultat hierbei hinderlich» sein würde. Bereits zwei Tage später war – wie man aus einem weiteren Brief an Darmstaedter erfahren kann – der Versuch in München beschlossene Sache: «Vorläufig habe ich für München die meiste Inclination. Ich glaube auch, daß dort die Bonner Herren – schon in Folge des Bayerischen Particularismus – nicht allzuviel Einfluß haben dürften.»

Das Fazit des Dilemmas: «Sobald ich mit meiner Arbeit vollständig im Klaren bin, werde ich nach München reisen, um das Terrain ein wenig zu recognoscieren.»

Nun, in der bayerischen Hauptstadt verlief die Angelegenheit in der Tat zufriedenstellender. Er sei in München «äußerst freundlich» empfangen worden, meldete der Petent bereits am 4. Juli des gleichen Jahres seinem Mentor nach Berlin. Die Fakultät habe die unvermeidliche «Circulation der Papiere und alle sonstigen Formalitäten» so zu beschleunigen versucht, dass die Habilitation noch im Laufe des eben abgelaufenen Semesters völlig beendet werden konnte. Mit dem Thema für die Disputation «Über die Prinzipien der neueren Functionen-Theorie» habe er «viel Glück» gehabt: «Es hätte mir garnicht gelegener kommen können»; und außer vielen Komplimenten wohlwollender Kollegen habe er «aus freien Stücken» das Angebot erhalten, sich im nächsten Semester «recht bald einer größeren Anzahl von Studenten bekannt zu machen», indem er für sie «über algebraische Analysis oder etwas dergl.» lese.

Damit war nicht nur das Schicksal des Dozenten Pringsheim, sondern auch das seiner Braut entschieden: Sie würden fortan in München leben.

Selbstverständlich hätte es für den Sohn aus reichstem Hause nicht einer bürgerlichen Stelle bedurft, um eine Familiengründung zu wagen, zumal die Erteilung eines Lehrauftrags an einen Privatdozenten *sine pecunia* erfolgte, also mit keinerlei Honorierung oder gar sozialer Absicherung verbunden war. Dafür aber gewährte sie dem jungen Wissenschaftler, zumal wenn er in finanziell gesicherten Verhältnissen lebte, nicht nur eine seinen Neigungen und Fähigkeiten entsprechende Lebensperspektive, die unter glücklichen Umständen den Weg in ein gut dotiertes Ordinariat ebnete, sondern auch bereits in jungen Jahren ein beträchtliches gesellschaftliches Ansehen.

All diese Privilegien konnte Alfred Pringsheim auf Grund des väterlichen Reichtums uneingeschränkt nutzen, und er zögerte keinen Augenblick, sein Leben dementsprechend einzurichten. Aus der heimlichen Verlobung wurde eine öffentliche, und am 29. August 1878 richtete der frisch gebackene Dozent ein offizielles Ehegenehmigungsgesuch an den Senat seiner Universität: «Der ergebenst Unterzeichnende ersucht den kgl. Akademischen Senat der Universität München, seine Verehelichung mit Fräulein Hedwig Dohm, ältester Tochter des Schriftstellers Herrn Ernst Dohm zu Berlin, gütigst bewilligen zu wollen.» Noch am gleichen Tag versicherte man ihm, dass «ein dienstliches Bedenken» gegen sein Vorhaben von Seiten der vorgesetzten Behörde nicht bestünde.

Auch der Berliner Patriarch signalisierte sein *placet* – auf die ihm eigene Weise. Er bemühte die Kunst und ließ die Ausstattung seines Herrenzimmers komplettieren. Ein Jahr zuvor hatte Anton von Werner mit einem literarischen Thema begonnen, einer Szene aus Shakespeares *Was ihr wollt*. Jetzt galt es, im gleichen Stil und vom gleichen Künstler gemalt, die erweiterte Familie in Öl zu porträtieren. Die Hauptpersonen sind – trotz der Verlegung von Kostüm und Ambiente in die Renaissance – leicht auszumachen, denn zumindest für die drei Frauen im Vordergrund: die sitzende *mater familias*, Schwiegertochter Hedwig und Tochter Marta, hat Anton von Werner Porträtskizzen entworfen und mit den entsprechenden Namen versehen. Der Schach spielende Patriarch im Hintergrund weist Ähnlichkeiten mit dem Kunstliebhaber Rudolf Pringsheim auf, so wie er im Mosaik *Alter* erscheint. Der sitzende Partner gleicht Alfred, dem Sohn. Zwischen den beiden jungen Frauen steht der Schwiegersohn des Hauses, Paul von Rohrscheidt, Besitzer des Rittergutes Garzau in der Mark; die Vorbilder für die zwei jüngeren Freunde oder Eleven des Hauses sind unbekannt.

Auch in diesem Bild unterstreichen die Kostüme der Personen sowie der Goldgrund des Gemäldes den gesellschaftlichen Anspruch des Auftraggebers, der mehr auf Anerkennung als kunstsinniger und bildungsbewusster (Staats-)Bürger und Mäzen denn als Günstling des Adels abzielt und den eigenen Aufstieg lieber in literarisch-mythischem als höfisch-aristokratischem Ambiente gespiegelt sieht.

Bei so viel Stolz auf die Familie ist es auf den ersten Blick verwunderlich, dass es über die Hochzeit keine Berichte gibt. Wir wissen nicht einmal, nach welchem *Ritus* sie vollzogen wurde, denn Alfred Pringsheim gehörte, wie aus den Personalbögen der Universität zu ersehen, zum Zeitpunkt der

Eheschließung noch der israelitischen Religionsgemeinschaft an, während Hedwig Dohm – obwohl auch sie ihrer Abstammung nach Jüdin war – als Tochter eines protestantischen Theologen bereits als Kind evangelisch getauft wurde. Aller Wahrscheinlichkeit nach wird es eine ausschließlich standesamtlich beglaubigte Trauung gewesen sein, die am 23. Oktober 1878 die jungen Leute für Mann und Frau erklärte.

Ob die Hochzeit ein glücklicher Tag für die junge Braut war, sei dahingestellt. Einiges spricht dagegen. Brautmutter Hedwig Dohm schrieb in ihrem 1896 publizierten Roman *Sibilla Dalmar,* dass die Hochzeit ihrer in vielen Zügen unverkennbar der eigenen Tochter nachgebildeten Heldin Sibilla «kein fröhliches Fest» gewesen und, auf ausdrücklichen Wunsch der Braut, auch nur «im engsten Familienkreis gefeiert» worden sei. Gottlob aber habe «die unbeirrbare Gutgelauntheit» von Sibillas Vater – dessen literarisches «Vorbild» zweifelsfrei Ernst Dohm ist – die bedrückende Atmosphäre «ventiliert», indem er «Hochzeiten nicht feierlicher als andere Feste nahm». Und am Ende der Tages, als der Abschied zwischen Mutter und Tochter gar zu tränenreich zu werden drohte, habe auch der junge Ehemann «mit einem kräftigen Ruck» die feierliche Rührung durch ein Scherzwort abgeschüttelt: «‹Spaß beiseite›, rief er fröhlich, ‹und bringen wir unser Schäfchen ins Trockene›. – Und Sibilla lachte, lachte ebenso krampfhaft, wie sie vorher geweint hatte, und unter Lachen und Weinen reisten sie zu einer kurzen Hochzeitsreise ab.»

Es ist durchaus möglich, dass diese Darstellung dem tatsächlichen Verlauf des Festes nahe kommt. Vielleicht aber war alles noch viel trostloser. Ein Brief, den die dreiundfünfzigjährige Hedwig Pringsheim am 23.Oktober 1908, ihrem dreißigsten Hochzeitstag, an ihren alten Freund Maximilian

Harden schrieb, spricht für die traurigere Version, zeigt aber durch den Witz und die Brillanz der Darstellung zugleich die ironisch-souveräne Ergebenheit der Schreiberin in ein Schicksal, das, aus dem Abstand von 30 Jahren betrachtet, am Ende allen Bedingtheiten zum Trotz vielleicht doch so ungnädig nicht war: «Denken Sie, Harden», heißt es da, «wie ekelhaft: heute bin ich 30 Jare verheiratet. Man ist nun wirklich ziemlich alt geworden; meinen Sie, ich soll Capot-Hütchen tragen? Alfred, mein Gegenjubilar, hat das triste Datum vergessen. Er ist gestern Abend auf 2 Tage – geschäftlich – nach Berlin gefaren und läßt mich allein in seligen Erinnerungen schwelgen. Wir reisten nach Leipzig ... Ich finde Leipzig übrigens nicht hübsch; wir mußten uns neulich auf der Durchreise 1½ Stunden dort aufhalten – das Hôtel von damals steht noch, aber das Rathaus ist neu. Der Turm gefällt mir garnicht. Ich habe vorhin ein Glückwunschtelegramm an Alfred geschickt. Nun muß er mir doch was hübsches mitbringen! Blos daß ich eigentlich garnichts brauchen kann. Vielleicht eben das Capot-Hütchen.»

Alfred Pringsheim seinerseits wäre derlei Trübsal vermutlich kaum in den Sinn gekommen. Nach allem, was wir über ihn wissen – einschließlich dessen, was seine Schwiegermutter dem Mann ihrer Romanheldin andichtete – liebte er seine schöne, elegante und gesellschaftlich so gewandte junge Frau ohne jede Einschränkung. Treu war er ihr nicht, aber er «betete sie an» und «trug sie auf Händen». Dabei müssen Alfred und Hedwig Pringsheim zumindest äußerlich ein ungewöhnliches Paar gewesen sein: Sie: eine hoch gewachsene schlanke und elegante Frau, er: ein kleiner, stets sorgfältig gekleideter, witziger, manchmal sarkastischer Kettenraucher, der auch vor gelegentlichen Kalauern nicht zurückschreckte. Was ihn zu ihr zog, hat Hedwig Pringsheim in einem Brief an Harden, wenn auch in Bezug auf eine andere Frau, pointiert artikuliert: «Alfred sieht die reizvolle indische Tänzerin Ruth Denis zum zweitenmal in einer Woche an», heißt es am 26. März 1908, «denn für so kleine Männer haben so unermeßlich lange Gliedmaßen stets einen unwiderstehlichen Zauber.» Das leuchtet ein und erklärt vielleicht, warum Hedwig in den vertraulicheren Briefen ihren Alfred gern und häufig als den «furchtbar süßen kleinen Mann» apostrophierte. Ob in dieser Konstellation auch ein Grund für die Zuneigung von ihr zu ihm zu sehen ist, bleibt ungewiss. Immerhin mag sie eine emotionale Rolle bei der Entstehung einer Beziehung gespielt haben, die man sonst allzu leicht ausschließlich auf die finanziellen Ressourcen des Mannes zurückführen könnte, den die junge Aktrice just in jenem Augenblick näher kennen lernte, als sie erkennen musste, dass ihr keine große Karriere als Schauspielerin beschieden sein würde.

Die Romanautorin Hedwig Dohm jedenfalls lässt ihre Heldin Sibilla kurz vor ihrer Verlobung intensiv über die einem jungen, verwöhnten Mädchen damals offen stehenden Möglichkeiten nachdenken: «Hatte sie wirklich nur die Wahl: zu heiraten oder Lehrerin zu werden, mit einem Gehalt, das nach Ablauf einiger Jahrzehnte die fabelhafte Summe von 2000 Mark erreichen konnte», oder, die schrecklichste Möglichkeit, als alte Jungfer auf die Gnade reicherer Verwandter angewiesen zu sein? – Das junge Mädchen schauderte. Sie wusste: «diejenigen Männer, die sie liebte oder hätte lieben können», würden sie niemals heiraten, denn sie konnten auf keine Mitgift hoffen. Sibillas Fazit: «So war denn Benno Raphalo mit dem hübschen Gesicht, dem guten Herzen, den lustigen Geschichten und den glänzenden finanziellen Aussichten am Ende doch Ernst zu nehmen. Sie war ihm sogar gut, wenigstens beinahe.»

«Sie war ihm gut, wenigstens beinahe»: Vermutlich darf

man dieses Gefühl auch auf die gescheiterte Meininger Schauspielerin übertragen, deren weitere Geschichte zeigen wird, dass sie mit ihrem Mann – wie Sibilla Dalmar mit ihrem Benno Raphalo – sogar eine «recht glückliche Ehe» führte, «weil einer dem anderen erlaubte, die Freiheit zu beanspruchen, die er zum Leben brauchte». Aber während Sibilla Dalmar – «groß veranlagt und aller materiellen Sorgen enthoben» – an ihrer Verwöhntheit, ihrer Langeweile und ihrer Indolenz scheitert, bekannte sich Hedwig Pringsheim zeitlebens zu ihrer Entscheidung und stellte den einmal gewählten Weg niemals ernsthaft in Frage. Im Gegensatz zur Romanheldin ihrer Mutter – der sie ohne Zweifel viele Charakterzüge und Verhaltensweisen «geliehen» hat – war sie kein Luxusgeschöpf, sondern eine selbstbewusste, mit gesundem Pragmatismus, aber auch mit Empathie, sozialer Sensibilität und kritischem Witz begabte Frau. Und sie war, nicht zuletzt durch die Kindheit und Jugend im Hause Dohm, klug und souverän genug, um nicht, wie Sibilla Dalmar, «an ihrer Zeit und ihrem Milieu zu Grunde» zu gehen.

KAPITEL 4

Im Hause Pringsheim

Der Rahmen war durchaus standesgemäß: Gegenüber dem Glaspalast, mit Blick auf den Alten Botanischen Garten, richtete Alfred Pringsheim seiner Frau im Oktober 1878 in der Münchener Sophienstr. No 6/I eine geräumige Etagenwohnung ein. Hier lebte die sich rasch vergrößernde Familie für die nächsten zwölf Jahre, bis zum Umzug in das eigene Haus. Hier kamen die ersten drei Söhne zur Welt: Erik, der in einer Steuerliste aus den neunziger Jahren als «Erich» fungiert, am 9. August 1879, Peter einundeinhalb Jahr später, am 19. März 1881 und, nach nochmals einem Jahr, Heinz, der am 7. April 1882 geboren wurde.

In ihrem «Kinderbüchlein» hat Hedwig Pringsheim von 1881 an nicht nur die Fortschritte in der Entwicklung ihrer Kinder notiert und besonders markante Aussprüche liebevoll festgehalten. Sie hat sogar – ungewöhnlich für ihre Zeit – ihren Mann über die Geburt von Peter schreiben lassen, die offenbar recht schnell und komplikationslos verlief. «Heute ist endlich ‹das Neue› angekommen», trug Alfred Pringsheim am 19. März 1881 in das Büchlein ein. «Mittags hat Hedel noch ganz vergnüglich mit bei Tisch gesessen und gegessen (es gab als Mehlspeise wieder Karlsbader Muß – gradso wie bei Eriks Ankunft). Erst gegen zwei Uhr legte sie sich zu Bett und Punkt halb vier erschien bereits nach kurzer Drangsal ein 8¾ Pfund schwerer, dunkelroter Molch mit einem Kopf voll dunkler Haare. Er hielt seinen Einzug unter mörderischem Geschrei und verunreinigte schnöder Weise die Außenseite seiner bisherigen Wohnung durch sein erstes Geschäft.»

Vierzehn Tage lang schrieb der Vater über seine beiden Söhne, dann ergriff Mutter Hedwig wieder die Feder – ohne allerdings der Ankunft des dritten Kindes, Heinz, besonders zu gedenken.

Über die Geburt der Zwillinge sind wir durch Katia Manns *Ungeschriebene Memoiren* unterrichtet. Sie ereignete sich während eines Ferienaufenthaltes am Starnberger See und ging offenbar wieder ohne medizinische Hilfe vonstatten. Eine Bauersfrau half, auch als unmittelbar nach dem vierten noch ein fünftes Kind folgte. «Meine Mutter erwartete das vierte Kind, und als es dann kam, auch noch zu früh, waren es zwei. Mein Zwillingsbruder und, ganz unerwartet, ich.»

In vier Ehejahren fünf Kinder! «Ich darf ja nichts sagen», wird Hedwig Pringsheim im November 1911 angesichts der vierten Schwangerschaft von Tochter Katia an eine Freundin schreiben, «ich war auch zart und hatte in vier Jahren meine fünfe weg.» Immerhin, wie im ersten Dezennium des neuen Jahrhunderts Frau Thomas Mann, so hatte im letzten Viertel des vergangenen auch die junge Frau des begüterten Privatdozenten ihre dienstbaren Geister. Neben der Köchin und dem Stubenmädchen gab es ganz selbstverständlich ein Kinderfräulein und für die Neugeborenen eine Amme. Das heißt jedoch nicht, dass sich die Mutter von ihren Kindern zurückzog.

Auch wenn sie ihr Leben nicht immer dem Rhythmus der Kleinen anpassen musste, war sie doch – weitgehend jedenfalls – in die Erziehung eingebunden und nahm – wie das Kinderbüchlein unterstreicht, diese Aufgabe sehr ernst. Jedes Vorkommnis, jeder Entwicklungsfortschritt, aber auch jede Enttäuschung wird sorgfältig notiert, wobei die kognitiven Fortschritte genauer festgehalten wurden als die des

Körpers. «Seit einiger Zeit zeigen sich [bei Erik] die ersten Anfänge von Konjugationsvermögen; er unterscheidet Infinitiv und dritte Person, Gegenwart und Vergangenheit. Er sagt: ‹Schuhe ausziehn› und ‹auszogen›, ‹Pipi maken› und ‹Pipi macht›. Auch seine Aussprache vermenschlicht sich. Seit zwei Tagen sagt er nicht mehr ‹dozi›, sondern ‹destoßen›, und heute habe ich ihm beigebracht, ‹F-lasche› zu sagen, bis heute hieß es immer nur ‹Lasche›. Auch weiß er nun, daß es ‹Semmel›, und nicht ‹Emmel› heißen muß.»

Nein, Hedwig Pringsheim gehörte nicht zu jenen Müttern, die, verliebt in die drollige Ausdrucksweise ihrer kleinen Kinder, sich bemühten, die niedliche Infantilität so lange wie möglich zu bewahren. Sie hatte von ihrer Mutter erfahren, dass Lernendürfen ein Privileg ist. Darum zögerte sie keinen Augenblick, dieses Vorrecht auch ihren Kindern zu vermitteln. Selbst kleinste Erfolge machten sie stolz: «Im Sprechen leistet Erik eminentes und verfügt außer einem reichen Schatz von Substantiven, Verben und Adjektiven auch schon über eine Masse anderer Wörter wie ‹bloß›, ‹vielleicht›, ‹nur› u.s.w., die er gewöhnlich richtig anwendet.» Gelegentlich brachte sie den Kindern auch Unsinniges bei, aber das tat der positiven Entwicklung keinen Abbruch. Als der noch nicht zweijährige Älteste, um den Vater «zu überraschen», lernen sollte, «Privat-Dozent der Mathematik» zu sagen, änderte das Kind diese ihm unverständliche Phrase einfach in ein «Pivat-Docent der Mathatik-tak». Auf «tick» folgt «tack» – was denn auch sonst?

Natürlich legte die einstige Schauspielerin Hedwig Pringsheim großen Wert auf die Ausbildung der mnemotechnischen Fähigkeiten und war glücklich, als der gerade zweijährige Erik inzwischen «lange Stellen» aus dem *Struwwelpeter* auswendig konnte und größte Freude an witzig-rhythmischen Singverschen zeigte: «Piefke lief, Piefke lief, Piefke lief die Stiefel schief.» Sogar die Vokale konnte der Kleine schon selbständig variieren: Pofke Lof, Pafke laf..., Paufke lauf... Auch die Melodie hatte er auf Anhieb behalten.

Vor allem die Söhne demonstrierten musikalische Begabung. Der Vater war der «Notenfax», dem sie gern lauschten, wenn er daheim mit seinen – oft prominenten – Gästen musizierte. Während er sich einmal anschickte, Wagners *Feuerzauber* zu spielen, bemerkte eine Freundin des Hauses, zu ihm gewandt: «Jetzt kommt Ihr Steckenpferd.» Während man später das Ganze wiederholte, ertönte plötzlich die Stimme des ältesten Sohnes – «halb verschmitzt und sehr glücklich», wie die Mutter notierte –: «jetzt kommt Vatchens Steckenpferd.» Zwei Tage darauf habe ihr Mann noch einmal «die Stelle» gespielt und den Sohn gefragt, was das sei. Eriks Replik – «mit leuchtendem Gesicht»: «ein Steckenpferd, Vatchens Steckenpferd!» Wagner begeisterte schon den Zweijährigen: «Vatchen, bitte noch ein Steckenpferd!»

Passend zu derlei Unterhaltungen wurde das Kinderzimmer der drei- bis einhalbjährigen Buben mit Fotografien «sämtlicher bedeutender Musiker» ausgestattet, und zumindest der Älteste kannte – «nach nur zweimaligem Erklären» – alle dazugehörigen Namen. «Er hat ein fabelhaftes Gedächtnis», protokollierte die Mutter. «Sein größtes Vergnügungen ist ‹die Bilder erklären›.» Und – fügen wir hinzu – den Geschichten der aus Oper und Konzert heimkehrenden Eltern zu lauschen, die immer ausführlich von den Vergnügungen des Abends erzählten. Musik gehörte im Hause Pringsheim für die Kinder zu den selbstverständlichen Lebenseindrücken. Als Großmutter Paula einmal fürchtete, das Klavierspiel des Vaters könne die Kinder am Schlafen hindern, bedeutete ihr der fünfjährige Enkel: «Im Gegenteil, das ist fast gerade, als ob man eingesungen wird.»

Keine Frage: Sobald die Kinder die Lust verloren, auf der

Schulter ihres Vaters durch die Wohnung zu reiten und sich lieber durch einen richtigen Feldwebel in die Techniken des Turnens und Schwimmens einweisen ließen, begannen die Eltern, ihnen neue Bereiche zu erschließen. Sie durften in sorgfältig ausgewählten und künstlerisch gestalteten Bilderbüchern blättern und schon als Sechsjährige das Theater besuchen. Als sie etwas größer waren, nahmen die Eltern sie mit in die Oper, wenn dort die *Zauberflöte* oder der *Barbier von Sevilla* gegeben wurde, Werke, die den kleinen Pringsheims, versteht sich, schon lange vertraut waren. Und dann gab es da noch die langen nachmittäglichen Vorlesestunden, in denen die Meiningerin ihren Kindern nicht nur Schillers Dramen, sondern auch ein Schauspiel der Großmutter Hedwig Dohm rezitierte, in das die Autorin, damit die Handlung Farbe bekomme, gelegentlich Aussprüche ihrer Enkel eingestreut hatte. «Ach so», kommentierte der Älteste, «ich weiß schon: von den kleinen Notizen, die's Mimchen von uns nimmt, macht's dann seine Stücke.»

Die pädagogischen Vorstellungen im Hause Pringsheim waren klar umrissen: Es galt, den Kindern Angebote zu machen, nicht aber, sie zu dressieren oder ihnen die Vorstellungen der Altvorderen aufzuzwingen. Sie hatten keineswegs nur den Bildungskanon zu erfüllen, sie durften auch mit der von Großvater Rudolf Pringsheim geschenkten Modelleisenbahn spielen; sie gingen nicht nur in die Oper, sondern auch in den Zoo. Selbst die Zinnsoldaten von Tante Miez wurden zähneknirschend toleriert, auch wenn es Hedwig Pringsheim nie ganz verwunden hat, dass es ihr, der engagierten Pazifistin, nicht gelang, den Kindern «die Narretei mit den Soldaten» auszutreiben.

Sie wollte ihren Kindern eine andere Welt erschließen und begann jeden Vormittag, mit ihren Söhnen Schule zu spielen: «Erik [vier Jahre] faßt warhaft verblüffend schnell und hat ein merkwürdiges Gedächtnis. Peter hat einen entschieden schwerfälligen Geist, faßt sehr langsam auf. Heinz ist drollig und spricht alles ganz korrekt und fehlerlos.»

Sprachbegabt und polyglott sollten sie sein, die Kinder des Hauses Pringsheim. Im Mai 1884 engagierte die Mutter ein französisches Mädchen für ihre Großen, die auf diese Weise bereits im Vorschulalter lernten, sich auch in fremden Sprachen auszudrücken – eine Fähigkeit, die ihnen bei den vielen Reisen, auf denen sie ihre Eltern begleiten durften, aber auch im Umgang mit den ausländischen Gästen des Hauses zugute kam. So war es für Lehrer Bengelmann, der im Herbst 1884 engagiert wurde, ein Leichtes, zunächst dem Ältesten, später auch den anderen Kindern die für die Aufnahme in eine höhere Bildungsanstalt erforderlichen Vorkenntnisse zu vermitteln. Denn eine öffentliche Schule betraten die Pringsheim-Buben erst beim Übergang ins Gymnasium.

Das Kinderbüchlein zeigt, wie ungleich die Mutter über ihre Sprösslinge urteilte. Während Eriks Entwicklung in allen Details notiert und keine seiner kindlich-originellen Äußerungen vergessen wird, sind die Nachrichten über Peter und Heinz eher spärlich, die Beobachtungen meist summarisch: «Erik sagt, ‹den *Struwwelpeter* kann ich überhaupt nicht leiden, weil da so furchtbar grässliche Bilder drin sind, z. B. das Paulinchen, wie es brennt und wie der Hase den Jäger erschießt.› Er liebt mich zärtlich, weint, wenn ich abends ausgehe und sagte ‹einmal könntest Du aber auch zuhaus bleiben›, wenn ich ihn aber am nächsten Morgen frage, wie es one mich war, sagt er ‹auch ganz nett›.»

Dagegen ist Peter in den Augen der Mutter – und ohne dass es eine Begründung dafür gäbe – ein eher «unliebenswürdiges» Kind, das im Sprechen «wenig Fortschritte» mache und «etwas verstocktes und ängstliches» habe – ganz im Gegensatz zu seinem jüngeren Bruder, der sich «wie ein Alter» aufführe und selbst schwierigste Worte fehlerlos nachspreche. «Heinz bildet selbständige Sätze, nennt das Vatchen ‹Alfred›, macht Reime: ‹geh weg, alter Fregg›, spielt Soldat mit allen Finessen und behandelt Erik wie seinesgleichen. Er ist ungezogen und verwöhnt, aber sehr niedlich und ungewöhnlich entwickelt.» – Über die im Juli geborenen Zwillinge konnte die Mutter im November 1883 noch nicht allzuviel vermelden. Immerhin: «Die beiden lachen und schreien viel. Käte ist feist und ruhiger, Klaus sieht intelligenter und minder fleischlich aus.»

Die unterschiedliche Bewertung der Kinder mag nicht zuletzt daraus resultieren, dass die Entwicklung des Ältesten wegen der Erstmaligkeit der Erfahrungen bei vielen Müttern besonderen Stolz hervorruft. Dennoch hat die emotionale Bindung von Hedwig Pringsheim an Erik – vielleicht auch die, wie sich zeigen sollte, nur allzu berechtigte Sorge um ihn – von Anfang an eine sehr eigene Qualität. Die Mutter war ehrlich genug, sich ihre Ungerechtigkeit einzugestehen: «Peter entwickelt sich sehr rasch», schrieb sie im Januar 1882. «Er würde als Erstgeborener unsere ungeteilte Bewunderung genießen». Erst die Geburt der Zwillinge brachte diese Hierarchie ein bisschen durcheinander. Es ist offensichtlich, dass die Jüngste, Katia, das einzige Mädchen neben den vier Buben, von Anfang an eine Sonderstellung einnahm.

Das Kinderbüchlein gibt auch Einblick in die Alltagssorgen einer großbürgerlichen Familie am Ende des 19. Jahrhunderts, erzählt ungeschönt von den Problemen, die offensichtlich auch «bessere Kreise» nicht verschonten. Der zweijährige Erik litt einmal so «furchtbar unter Flöhen und anderem Ungeziefer», dass die Mutter ihm «mit der Zunge seinen kleinen, zerstochenen Körper jucken» musste, was noch die Sechzigjährige in einem Brief an Maximilian Harden vom März 1916 als völlig zeitgemäß und normal beschrieb: «Manchmal suche ich meinem Hund Flöhe ab. Die sind ganz anders als Menschenflöhe, hupfen nicht, und man kann sie knacken, beinahe wie Läuse. Gott, Harden, Sie hatten ja keine Buben in der Volksschule, da haben Sie natürlich nie Läuse geknackt. Das vergaß ich. Unsereins hat so seine Erfahrungen. Und ‹Entlausungsanstalten› gab's damals noch nicht, da mußte das Mutterherz in die Lücke springen.»

Auch wenn die Pringsheim-Kinder niemals eine öffentliche Volksschule besuchten, sondern daheim privat unterrichtet wurden, durften sie doch mit Gleichaltrigen aus allen Gesellschaftsschichten spielen. Die Gefahr von Läusen, Flöhen und anderem Ungeziefer war für Hedwig Pringsheim kein Hinderungsgrund. Als Mutter kannte sie keine Berührungsängste, auch wenn sie gelegentlich «schmerzlich bedauerte», dass die Kleinen ihre «sämtlichen eleganten Spielsachen» links liegen ließen, um urwüchsigeren Kameraden ihre «wirklich abscheulich ruppigen Holzpferdchen und anderen Schund gierig zu entreißen».

Im Zentrum aller ihrer pädagogischen Bemühungen stand die Selbstentfaltung der Kinder. Das Tagebuch verschwieg auch gelegentliche Rückschläge nicht: Die Unarten der Kleinen, das Auf und Ab von Erfolg und Misserfolg, ja, sogar Art und Wirkung von Züchtigungen wurden sorgfältig protokolliert. Schläge auf den «Popus» – gelegentlich sogar bis er «dunkelrot» wurde – gehörten durchaus zum Repertoire der Eltern. Aber wenn sie auch nicht häufig und, wie es scheint, niemals mit Hilfe eines Rohrs verabreicht wurden, müssen sie für die Kinder – jedenfalls zeitweilig – etwas Furchterweckendes gehabt haben: Erik «lebt seit einiger Zeit in beständiger Furcht vor Haue. Man sollte meinen, er lebe von nichts als Prügel, obschon er tatsächlich nur höchst selten etwas abbekommt», vermerkte die Mutter sichtlich irritiert im September 1881. Das Ehepaar unterhielt sich durchaus über Anwendung und Auswirkung der verschiedenen Strafarten und überprüfte die Erfolge der jeweiligen Methode: «Heut hat es sich gezeigt, daß Anschreien Erik vielmehr imponirt als körperliche Züchtigung. Das neue Mittel, von Alfred angewendet, erzielte ein ängstliches Weinen und augenblickliche, strikteste Folgsamkeit.»

Das klingt recht grausam. Zur Entlastung der Eltern sei freilich angemerkt, dass mit wachsender Einsichtsfähigkeit der Kinder auch das spontane Abstrafen in den Hintergrund trat, ja, dass sogar über die Zumutbarkeit von Sanktionen diskutiert wurde. Als sich der Älteste bei seiner Mutter beschwerte, der Vater sei nicht besser «wie die Emil», nur dass das Zimmermädchen «einen wegen jeder Kleinigkeit in die Straf'» setze, das heißt: zu bewegungslosem Verharren auf einen Stuhl verbanne, während «'s Vatchen einem immer gleich weh» tue, befragte diese den Sohn, welche Art des Strafens er denn bevorzugen würde, und Erik antwortete «nach ernsthaftem Nachsinnen», dass ihm «eigentlich s'Wehtun doch lieber» wäre, denn «wenn die anderen so um mich herumtoben und ich muß sitzen, das halt ich nicht aus!»

Jedes Detail hat Hedwig Pringsheim minuziös notiert. Sie war eine glänzende und geistreiche Beobachterin, der Kinder, des Gatten und all der Besucher, die sich in der Sophienstraße und später dann im Arcisstraßen-Palais zum *jour fix* der Hausfrau oder zu den Musikabenden des *pater familias* versammelten. Gab es anfangs auch nicht viel Platz, anregend und auf hohem künstlerischem Niveau war es immer. Die Kinder bestaunten die Buffets – auch wenn sie die «Selbstbedienung» ein wenig armselig fanden.

Bei den «zugereisten» Pringsheims mischten sich Besucher aus Berlin mit Bekannten der Münchener Universitäts- und

Künstlerwelt, wobei – den Interessen des Hausherrn Rechnung tragend – die Repräsentanten der Musik und der bildenden Kunst zahlreicher vertreten waren als Literaten und Schauspieler. Dirigenten wie Hermann Levi, Siegmund von Hausegger oder Hans von Bülow – Gast bereits bei den Dohm'schen Montagabenden – trafen sich mit Malern wie Lenbach, Piloty, Stuck oder Kaulbach, Wissenschaftler aller Fakultäten mit Sängerinnen und Sängern der Hofoper. Der Kreis der dem Hause Pringsheim verbundenen Künstler war groß: Franz von Defregger malte 1884 ein Porträt von Erik, der sich bei den Sitzungen so interessiert zeigte, dass der Maler ihm als Dank einen Farbkasten schenkte, Friedrich August von Kaulbach schuf 1888 das berühmt gewordene Bild der in Pierrot-Kostümen posierenden fünf Sprösslinge des Hauses. Die Damen Hedwig und Katia wurden gleich mehrfach von Franz von Lenbach und Franz von Stuck porträtiert.

Bei diesem künstlerisch-ambitionierten Lebenszuschnitt genügte die wenn auch großzügige Mietwohnung in der Sophienstraße den wachsenden Ansprüchen nicht.

An Geld war dank der familiären Ressourcen kein Mangel, sodass Alfred Pringsheim, obwohl noch immer Privatdozent, es wagen konnte, sich sein eigenes Palais zu bauen. Dabei griff er ganz selbstverständlich auf die Tradition seines Berliner Elternhauses zurück und überließ die Ausstattung, wie einst sein Vater, namhaften Künstlern seiner Zeit.

Als die Familie 1890 den Palast in der Arcisstraße bezog, beauftragte der künftige Hausherr den Maler Hans Thoma, einen großen, alle Wände umlaufenden Fries für das Musikzimmer zu schaffen: die in den Augen des späteren Schwiegersohns Thomas Mann «unsäglich schöne» Darstellung einer «paradiesischen Landschaft, in der sich glückliche

Menschen in zeitlosen Gewändern oder freier Nacktheit bewegten zwischen weidenden Tieren unter blühenden oder fruchtbeladenen Bäumen».

Thoma und Pringsheim verband die Verehrung für Richard Wagners Musik. Möglicherweise kannten sich die beiden bereits aus Bayreuth. Außerdem war Thoma – da ist sich die Forschung einig – in den späten achtziger Jahren mehr und mehr zum «erklärten Liebling nahezu aller reichen jüdischen Häuser in Berlin, Frankfurt und München» avanciert. Im Verlauf seiner erfolgreichen Münchener Ausstellung hatte er im Sommer 1890 der bayerischen Kulturprominenz – darunter Hermann Levi, der Verleger Georg Hirth und Alfred Pringsheim (der das «mit einem reichen dekorativen Rahmen versehene Gemälde ‹Das Paradies› erwarb») – «mindestens 8 Bilder» verkauft.

Die Wahl gerade dieses Künstlers erinnert an Rudolf Pringsheims Vorliebe für Anton von Werner zwanzig Jahre zuvor, wie denn überhaupt die Verwandtschaft der Pringsheim'schen Wohnhäuser in Berlin und München unübersehbar ist, nicht nur was den Baustil der Neo-Renaissance, sondern auch die Situierung und den Zuschnitt der Repräsentationsräume betrifft. Mit vierzig Jahren hat sich der Sohn die Residenz seiner in der Reichshauptstadt etablierten Eltern nachgebaut, die Manifestation eines gesellschaftlichen Aufstiegs, wenngleich mit durchaus eigener Note. Was in Berlin der ‹Tanzsaal› war, wird nun der 65 Quadratmeter große Musiksaal, der, wie in der Wilhelmstraße mittels breiter Schiebetüren, die zu den Wohn- bzw. «Damen»-Zimmern führten, in einen Mehrzwecksaal zu verwandeln war.

Der Musiksaal in der Arcisstraße mit seinem von allen Besuchern erwähnten Thoma-Fries bildete das gesellige, aber auch das private Zentrum des familiären Lebens im Hause Pringsheim: Hier empfingen die Kinder, am Boden oder auf den mit «delikaten Atlaskissen» bedeckten Seitenbänken kauernd, ihre ersten musikalischen Eindrücke. Sie hörten zu, wenn der Vater mit seinen so unterschiedlichen männlichen und weiblichen Bekannten konzertierte.

Wie einst bei den musikalischen Soireen in der Sophienstraße trafen sich Nachbarn und Freunde, um – gelegentlich nach einem Diner im majolikageschmückten Speisesaal, meist aber nur zu Tee und Gebäck – berühmten Sängern, Ensembles und Instrumentalisten zu lauschen. Sie wussten die Qualität der beiden Konzertflügel und die Musik Richard Wagners zu schätzen. Der Hausherr hatte alle Opern des verehrten Meisters für vierhändiges Klavierspiel und die bekanntesten Gesangs- und Orchesterstücke für verschieden zu besetzende Kammermusiken oder als klavierbegleitete Arien bearbeitet. – Bei großen Gesellschaften bot der Saal – bei offenen Schiebetüren – sogar Raum für bis zu 150 Besucher.

Doch bei aller Freude an der Geselligkeit – in erster Linie musste das Münchener Palais der *einen* großen Passion des Hausherrn genügen: seiner Lust, Kunstschätze zu sammeln – und diese auch adäquat auszustellen. So dienten Wohn- und Arbeitszimmer, vor allem aber der auf der anderen Seite des großzügigen Entrees gelegene Speisesaal neben ihren eigentlichen Zwecken auch als Galerie des *pater familias*, der ein hoch angesehener Kenner des Kunsthandwerks der Renaissance war. Als Mitglied einer Spezialkommission des Bayerischen Nationalmuseums hatte er jahrzehntelang über den Ankauf teurer Stücke mit zu entscheiden. Er kannte den Markt. Seine eigene Kollektion von ausgesuchten Stücken vorwiegend italienischer Keramik galt im ersten Dezennium des 20. Jahrhunderts als die auf diesem Gebiet bedeutendste Privatsammlung der Welt.

Die Majoliken auf den Borden des Speisezimmers waren

aber keineswegs der einzige nun in der Arcisstraße beheimatete Kunstschatz. Alfred Pringsheim liebte auch deutsche Gold- und Silberschmiedearbeiten – ebenfalls vorwiegend aus dem 15. Jahrhundert. Ein Freund der Kinder, der als Heranwachsender im Haus verkehrte, der Maler Hermann Ebers, erinnerte sich in seinen Memoiren «all der herrlichen Töpfe, Schüsseln und Teller aus Urbino und Faczenza» sowie der «besonders köstlichen rubinglänzenden Stücke aus Derutta», deren Anblick ins Märchenhafte gesteigert worden sei, wenn der Besitzer «die Füllungen der schweren Renaissance-Vertäfelung des Speisesaals» geöffnet habe, wo «in Vertiefungen, die mit altem Samt ausgeschlagen und elektrisch beleuchtet waren, seine Sammlung von Silberarbeiten aufgestellt war».

Und damit nicht genug. Ebers berichtet noch über eine weitere, im Wohnzimmer befindliche Kollektion «erlesener» Kleinplastiken, in der sich «alle Gestalten der antiken Sagenwelt, im edlen Metall bräunlich schimmernder Bronze geformt, ein Stelldichein zu geben» schienen. Der Glanz «juwelenfarben leuchtender Schmelzarbeiten aus den berühmten Werkstätten von Limoges», die – wiederum auf altem Samt montiert – «in den Fensterleibungen des an das Wohnzimmer anschließenden Arbeitszimmers» aufgestellt waren, verstärkte den fast mythischen Eindruck. Dieser dem Hausherrn vorbehaltene Raum ging «durch zwei Stockwerke» und wurde durch eine «mit einem vergoldeten, kunstvollen Schmiedegitter» verzierte Galerie, «hinter der bis an die hohe Decke hinaus Bücher in schönen Einbänden aufgestellt waren», abgeschlossen.

Das Arcisstraßen-Domizil war ein Haus der Kunst und ein Wunder der Technik zugleich. Es gab sogar Zentralheizung: 1890 eine Rarität in München! Für ihren Betrieb wurde in einer Ecke des Gartens ein kleines Maschinenhaus errichtet. Vor allem aber war der Pringsheim-Bau ein Palais der Kinder: Eine rückwärtige Treppe führte zum «musterhaft eingerichteten Quartier» im ersten Stock, der außer einem «großen Schlafzimmer für die vier Buben und einem zweiten für Katia und ihre Bonne» einen «geräumigen Wohnraum» beherbergte. Er war, so erinnerte sich Ebers, «mit Schränken und Regalen voll der herrlichsten Spielsachen» ausgestattet. Nach hinten, «auf den Garten schauend», gab es noch «ein Studierzimmer mit Bücherborden, Schreibpulten für jedes Kind und einem kleinen Flügel zum Üben für die beiden jüngsten Buben, die das musikalische Talent des Vaters geerbt hatten».

Eine fürstliche Ausstattung, in der Tat – und doch bleibt die Aufteilung des Kinderstockwerks aus heutiger Sicht verwunderlich: Nicht jedem Kind sein eigenes Reich, sondern *ein* gemeinsames Schlafzimmer für alle Buben; das einzige Mädchen, Katia, musste, obwohl schon sieben Jahre alt, mit einer Bonne das Zimmer teilen. (Nicht minder erstaunlich ist freilich, dass selbst in einem so sozial eingestellten Haus wie dem der Pringsheims die «Bonne» offenbar über keine eigenen vier Wände verfügte.) Auch fürs häusliche Arbeiten gab's lediglich *einen* Raum, den sich die fünf Kinder teilen mussten. Man saß wie in der Schule, jeder an seinem Pult. Und Schule war das Studierzimmer wirklich, zumindest für die Tochter des Hauses, die hier als Privatschülerin von den Lehrern des Wilhelms-Gymnasiums, das ihre Brüder besuchten, auf das Abitur vorbereitet wurde.

Vermutlich hat Katia auch an dem kleinen Flügel geübt. Jedenfalls wird sie später einmal, als verheiratete Frau, in der Lage sein, die Gesangsübungen ihrer eigenen Kinder zu begleiten und deren pianistische Versuche zu unterstützen. In erster Linie aber dürfte der Flügel zum Üben für Heinz und Klaus gedacht gewesen sein, die beide die Musik zu ihrem

Beruf machen sollten: Heinz als gelegentlich auch komponierender Kritiker und Musikschriftsteller, Klaus als Komponist und Dirigent, zunächst in Wien und Berlin, später dann – für den Rest des Lebens – in Japan, das er mit Gustav Mahler, Richard Strauss und, vor allem, Richard Wagner vertraut machte. Die heutige Wagner-Begeisterung im fernöstlichen Kaiserreich hat ihren Ursprung in den Tokioter Wagner-Dirigaten von Klaus Pringsheim.

Kurzum, in der Arcisstraße reiften die Talente. Platz für die Erwachsenen gab es freilich auch. Die Eltern hatten in der *Beletage* ihre Schlaf- und Ankleideräume. An Platz mangelte es nicht: Großzügigkeit, einmal mehr, als Lebensprogramm. Rund 500 Quadratmeter hatte jedes der drei Stockwerke, was manchen architektonischen Kunstgriff ermöglichte. Auf der Familienetage befanden sich, in einem separaten Flügel, auch die Vorratsräume und die Küche. Sie lag genau über dem Speisesaal, mit dem sie über einen Aufzug verbunden war – noch so ein Wunderwerk der Technik, an dem der Sohn des Eisenbahn-Tüftlers aus Oels Gefallen fand.

Einige Treppen höher, im Dachgeschoss, lagen – außer der Waschküche – die drei Mädchen- sowie das Bügelzimmer und die beiden geräumigen Gästequartiere, von denen die Sängerin Hanna Borchers-von Bruckmann erzählt hat. Das Auffallendste in dem Etablissement sei ein frei im Raum stehendes «riesenlanges, breites, damals schon altmodisches Bett» gewesen, das sich durch eine tiefe Kuhle in seiner Mitte recht wenig als Ruhestätte für zwei Personen geeignet habe. Nähere Nachforschungen hätten den Anfangsverdacht, dass dieses Bett irgendwann einer «sehr gewichtigen Persönlichkeit» als Lager gedient haben müsse, bestätigt: Keinem Geringeren als Otto von Bismarck nämlich sei dies «tiefe Tal in der Matratze» zu verdanken gewesen. Und das kam so: Der Maler Franz von Lenbach, «der den Reichskanzler schon öfter portraitiert hatte», habe ihn – im ersten Jahr nach der Entlassung, im Frühjahr 1892, eingeladen – auf einer Reise nach Wien in seinem Hause Station zu machen. Bismarck sagte zu – und die Familie Lenbach stand plötzlich vor einem Problem: «Im ganzen Palais war nämlich keine Ruhestatt vorhanden, die lang und breit genug war, um den großen Mann bequem darin zu lagern. Was also unternehmen? Lenbach ging zum Freund Pringsheim, um sich Rat zu erbitten – und so kam das alte breite Bett wieder zu Ehren. Es wurde von der nahen Arcisstraße hinüber in das Lenbach-Haus transportiert und soll dann die zwei Nächte den berühmten Gast gut beherbergt haben.»

Hanna von Bruckmann hat übrigens nicht nur von der Gastfreundschaft der Pringsheims berichtet. Sie war auch Zeugin eines der großen Ereignisse, dem das Haus seinen Ruf verdankte, ein gesellschaftliches Zentrum der Kulturstadt München zu sein mit ebenso geistreich-originellen wie – zumindest was die Hausherrin betraf – charmanten und gewandten Gastgebern. Zu den schönsten Jugenderinnerungen der Chronistin gehörten die Karnevalsveranstaltungen, die nicht nur in den Theatern und den vielen Künstlervereinigungen stattfanden. Auch privat wurde gelacht und gefeiert. Die Feste standen zumeist unter einem bestimmten Motto, sei es *Der Festzug Karl V.* oder *In Arkadien*, dem die Ausstattung und Ausführung der eigens für den einen Abend verfassten szenischen Darbietungen und, natürlich, die Kostümierung der Besucher zu folgen hatten. Wer dazugehören wollte, machte mit. Bei den Pringsheims freilich wurde die unverzichtbare theatralische Einlage den besonderen Talenten des Hausherrn angepasst, auch an jenem 11. März 1894, als ein Hauch von Travestie über der ehrwürdigen Arcisstraße lag: *Théatre Variété Dansant* war auf dem Programmzettel zu lesen.

Alfred Pringsheim hatte für dieses Ereignis höchstselbst eine Operette «komponiert», die «lauter Melodien aus bekannten Opern aneinanderreihte». Auf einem vornehm gedruckten Programmzettel wurden «die Namen der singenden oder darstellenden Künstler» «den in München bekannten Persönlichkeiten» und den beschränkten Möglichkeiten angepasst. Kein Philharmonisches Orchester, sondern ein Ensemble mit einem kuriosen Namen: die «Philharmonischen Sezessionisten», will heißen, einzelne Künstler des Opernensembles brachten an diesem Abend die «Phantasie aus der unbekannten Oper Incognito des Komponisten Richard Wagner» zur Aufführung. Die folgenden Tanz-, Wort- und Musikbeiträge boten jugendlichen Debütanten eine Chance, sich in der Münchner Gesellschaft zu präsentieren. Auch die eigenen Kinder wurden – wie stets – in diese Vergnügungen eingebunden.

Die Hauptattraktion des Abends war jedoch die Aufführung der Oper *Der Bajazzo* in der Version des Hausherrn, der unter dem Namen «Infamogalli» gleich auch noch die Titelrolle in einer Inszenierung übernahm, die, folgt man der Beschreibung Hanna von Bruckmanns, recht «frei» mit dem Original umging. Bei den Vorbereitungen war allerdings geflissentlich übersehen worden, dass der Hausherr zwar sehr musikalisch, aber eben kein Sänger war. «Den ersten Ton, der ohne Klavier- sprich Orchesterbegleitung anzustimmen war, konnte und konnte er nicht finden.» Erst als Colombine, wie Venus im *Tannhäuser* auf einem Ruhebett liegend, ihm seine Anfangsphrase in dem erforderlichen Ton vorgesungen habe, sei Bajazzo – alias Alfred Pringsheim – in der Lage gewesen, wenigstens melodiegerecht zu replizieren, wenn auch seine Stimme keinem Vergleich mit den starken opernhausbewährten Wagner- und Verdi-Baritonisten standhalten konnte.

Immerhin, das Finale muss eindrucksvoll gewesen sein, denn im «großen, wunderschönen Musiksaal des Hauses» boten das Podium, «auf dem zwei Konzertflügel gut Platz hatten», und der hydraulische Aufzug für die hölzerne Wand, mit der das Riesenfenster des Erkers abends geschlossen wurde, dem Gastgeber Gelegenheit, «eine Versenkung einrichten zu lassen, auf der am Schluß der Vorstellung die drei Harlekine, nämlich seine jüngsten Buben Peter, Heinz und Klaus von der Bildfläche verschwanden». Die Vorliebe des Hausherrn für technisches Raffinement machte einmal mehr Eindruck.

Ja, Alfred und Hedwig Pringsheim galten etwas in der bayerischen Metropole. Ihre in relativ jungen Jahren vollbrachten Anstrengungen, Anschluss an die kulturell führenden Kreise zu finden, hatten Erfolg gehabt. Und das lag nicht allein am ererbten Reichtum, der ihnen die Großzügigkeit der Lebensführung leicht machte. Es waren Esprit und Urbanität des kunstbeflissenen Professors und ebenso die Schönheit, Klugheit und, vor allem, das Konversationstalent seiner Frau, die Münchens erste Kreise ins Arcisstraßen-Palais zogen. Die unterschiedlichen Temperamente des Paares, die sich – in den Augen der Gäste zumindest – in bestimmten Situationen offenbar geradezu ideal ergänzten, sind oft beschrieben worden. Alfred: «ein kleiner, stets unscheinbar gekleideter Mann, dem ein scharfer Geist aus den kleinen, lebhaften Augen sprach, gab das Salz in die Unterhaltung mit witzigen, zum Teil auch witzelnden Bemerkungen, dabei stets ein wenig nervös eine Zigarette an der anderen rauchend.» Enkel Klaus Mann wird einmal seine unvergleichbar krächzende, knarrende Stimme und die «exemplarische Kahlheit» seines «bedeutend gewölbten Schädels» in Erinnerung bleiben.

Seine Großmutter hat Klaus als «eine verführerische Mischung aus venezianischer Schönheit à la Tizian und problematischer *grande dame* à la Hendrik Ibsen» beschrieben: Sie «beherrschte die in unserem Jahrhundert so seltene Kunst vollendeter Konversation, wobei sie ihre geübte Beredsamkeit gerne mit Kaskaden perlenden Gelächters begleitete. Sie wußte immer amüsant und originell zu sein, – ob sie nun über Schopenhauer oder Dostojewski plauderte oder über die letzte Soiree im Hause der Kronprinzessin.»

Hedwig Pringsheim hatte im Elternhaus gelernt, sich ohne große materielle Ressourcen, allein durch Esprit, Schönheit und Gewandtheit ein interessantes Leben zu schaffen. Das kam ihr jetzt, unter den äußerlich so viel günstigeren Voraussetzungen in München, zugute.

Um sich heimisch zu fühlen, brauchte sie Begegnungen mit interessanten Persönlichkeiten, den Austausch der Meinungen im – gern auch kontrovers geführten – Gespräch. Die Aufzeichnungen in den wenigen erhaltenen Notiz-Tagebüchern zeigen, dass ihr bei Einladungen in fremde Häuser allein ein kluger, redegewandter Tischherr den «Erfolg» des Abends garantierte.

Ihr Ehrgeiz galt nicht großen Gesellschaften, der Ausrichtung pompöser Bälle, doch das Zusammentreffen mit berühmten und interessanten Zeitgenossen hat sie stets sorgfältig protokolliert. Hedwig Pringsheim wusste genau, was zur Aufrechterhaltung des öffentlichen Ansehens erforderlich war, und kannte Mittel und Wege, um die Attraktivität ihres Hauses zu fördern. So profitierten nicht wenige der bei ihr ein und aus gehenden Künstler von den Aufträgen des als Mäzen sehr großzügigen Ehepaars, dem sie die Hilfe durch ihre Freundschaft und gelegentliche Besuche der allwöchentlichen Tee-Nachmittage dankten.

Der in München bald berühmte *jour fix*, der sich bis in den Abend hinziehen konnte, war die eigentliche Domäne der Hedwig Pringsheim. In diesem Zirkel trafen sich durchreisende Bekannte, Kollegen des Hausherrn, Freunde der heranwachsenden Kinder, Künstler und Nachbarn. Der Teetisch war stets gedeckt. «Ihm präsidierte die ebenso anmutige wie kluge Hausfrau mit einer körperlichen und geistigen Grazie ohnegleichen», erinnerte sich der Maler Hermann Ebers. «Nie habe ich die ‹Dame des Hauses› mit solch liebenswürdiger Leichtigkeit die kleine Zeremonie des Tee-Einschenkens und Kuchen-Anbietens zelebrieren sehen wie Frau Hedwig Pringsheim. Sie zu betrachten, wie sie, stets in einem wallenden ‹Teagown› aus chinesischem oder indischem Seidenstoff gekleidet, mit den schweren Silberkannen hantierte und die schönen Schüsseln, Schalen und Schälchen mit Kuchen und Backwerk in Umlauf setzte, war ein Genuß. Daß sie für jeden der vielen Gäste, die an allen Sonntagen sich zum Tee einfanden, ein persönliches, teils freundliches, teils heiter-witziges Wort fand, manchmal gleitend, dann wieder, wo es das Gewicht der angesprochenen Persönlichkeit verlangte, verweilend, ließ auch die Gäste, die weniger mit Glücksgütern gesegnet waren als sie, die große Aufmachung des Hauses nie als drückend empfinden.»

Gewiss, Hedwig Pringsheim konnte arrogant und in ihrer Ironie gelegentlich verletzend sein, aber gegenüber sozial Schwächeren verbot sich jede Form von hochmütiger Herablassung. Das war sie ihrer Herkunft, ihrer Erziehung, ihren Lebensprinzipien schuldig. Schwerer dürfte es ihr gefallen sein, auch in prekären Situationen jene Souveränität und Lebensklugheit zu beweisen, die ihr das Interesse ihres Mannes für «kleine» Sängerinnen und Tänzerinnen gelegentlich abverlangte.

Vielleicht war das Verhalten ihrer sehr geliebten Mutter in ähnlichen Lagen hilfreich. Außerdem brauchte sie nur die Augen aufzumachen und dem Stadtklatsch zu lauschen, um zu wissen, dass es in anderen Ehen – auch renommierten Künstlerverbindungen – Vergleichbares gab, was dort gelegentlich sogar zu offiziellen Trennungen führte.

Hedwig Pringsheim aber scheint an Scheidung nie gedacht zu haben – auch nicht angesichts des stadtbekannten Dauerverhältnisses ihres Mannes mit der Sängerin Milka Ternina. Im Gegenteil: Sie band die Nebenfrau ein in den Alltag der Arcisstraße. Milka, die berühmte Wagner-Interpretin, war nicht nur häufig Gast an ihrem Teetisch, sondern auch eine von den Kindern akzeptierte Freundin des Hauses. In der Familie, so scheint es, wurde freimütig über die illegitime Verbindung diskutiert. Der Vater mache «der Milkatz» zu sehr den Hof, befand die siebenjährige Katia, er werde sie wohl heiraten wollen – «auf ein Jahr jedenfalls, bis sie ein Kind» habe. Und dann werde er zurückkommen und mit dem Kind protzen, «als wenn es gescheidter wäre als wir fünf». In diesem Fall aber – doch nur in diesem! – würde man Milka und das Kind fortjagen. Auf die Rückfrage des Vaters, in welcher Weise er denn der «Milkatz» den Hof mache, zeigte die Tochter, dass sie durchaus im Bilde war: «Du gehst halt immer Theetrinken zu ihr, und gibst ihr den Arm und applaudirst ihr im Theater. Du bist wie ein Witwer, der eine andere will.»

Dennoch: Als die Sängerin nach langer Krankheitspause wieder die Bühne betrat, beschlossen die Pringsheim-Sprösslinge, dieses Ereignis durch Überreichung eines Lorbeerkranzes zu feiern. Und Hedwig Pringsheim hat die Familien-Freundschaft ein Leben lang aufrechterhalten. Spätere Verhältnisse ihres Mannes maß sie stets an «der Diva»; sie hatten für sie keinerlei Größe: «Ein netter armer Kerl», die Kleine, heißt es einmal in einem Brief an Harden, «nichts von Milkas stattlicher Pracht. Ein lieb Mädchen, und mir sehr ergeben. Ich protegiere die Schwärmerei.» Milka aber besuchte sie, gemeinsam mit ihrem Mann, sogar auf einem Schloss bei Salzburg. Man reiste zusammen. Die Frauen blieben einander verbunden: «Ich stand bis zuletzt immer in freundschaftlichem Briefwechsel mit ihr, während dein Vater, nach Männerart, nach Verblassen der erotischen Beziehungen doch von ihr abgerückt war», steht in einem recht bitteren Brief, in dem Hedwig Pringsheim ihrer Tochter Katia in Princeton 1940 vom Tod der Sängerin berichtet. Milka Ternina, die langjährige Geliebte, hat, so paradox das klingen mag, den Alltag der Familie bereichert.

Wenn Hedwig Pringsheim eines hasste, dann war es Eintönigkeit. So scheute das Ehepaar auch keine Mühe und, in vernünftigem Rahmen, auch keine Kosten, um ihre Kinder in die Welt einzuführen und ihnen einen Begriff dessen zu vermitteln, was ihnen selbst wichtig und bereichernd war. Schon früh durften Erik, Peter und Heinz Amsterdam, Paris, Venedig oder London besuchen, wo die Buben nicht nur die klassischen Kunstwerke Europas in den großen Museen bestaunten, sondern auch das Theater anderer Länder erlebten.

Am aufregendsten aber dürften für die Heranwachsenden die großen Radtouren gewesen sein, die Alfred und Hedwig Pringsheim mit ihren drei Ältesten unternahmen. Um mitradeln zu können, musste die *mater familias* allerdings erst einmal eine offizielle Genehmigung einholen. Und das war, folgt man einem Feuilleton, das sie fast vierzig Jahre später für die *Vossische Zeitung* schrieb, «Ende der achtziger Jahre noch gar nicht so einfach». Erst nachdem die ambitionierte Radlerin mit «der Erlaubnis ihres Ehemanns und Gebieters» und unter Hinterlegung beglaubigter Daten über eigenes Alter und eigene Konfession sowie von Namen, Stand und Glaubensbekenntnis ihrer Eltern (zu einem Zeitpunkt, da die Bittstellerin selbst um die 35 Jahre alt war!) die Zulassung zur offiziellen Prüfung erhalten und «alle Kurven und hinterlistigen Schikanen» mit Bravour bewältigt hatte, war sie berechtigt, ein Veloziped durch den Münchener Verkehr zu lenken.

Doch auch eine staatlich geprüfte Radlerin hatte es – vor allem hinsichtlich der Reaktionen anderer Verkehrsteilnehmer – um 1890 nicht leicht. Fuhrwerksbesitzer fürchteten um ihre scheuenden Pferde, und auch sonst war ein «Frauenzimmer in Hosen» für die Mehrzahl der Männer ein Ärgernis. «Steig ab, du Sau», sei eine noch freundliche Aufforderung gewesen. Die Irritation im Straßenverkehr war jedenfalls groß: «Fräulein, Ihre Waden erregen allgemeines Aufsehen und Bewunderung.» Von Mann zu Mann klang es drastischer: «Gelt, Spezi, das san a paar Waderln!» – eine Bemerkung, der sich Hedwig Pringsheim aus dem Abstand von fast vierzig Jahren mit koketter Nostalgie erinnerte: «Ja, das war eine schöne Zeit, als man noch Waderln tragen durfte! Heute muß man sie abhungern im Schweiße seines Angesichts.» Auch wenn sie die Mutter in Berlin besuchte, gab sich die frisch examinierte Fahrradfahrerin ihrer neuen Passion hin. Die verblüfften, aber nicht immer unschmeichelhaften Kommentare der Passanten waren ihr auch nach Jahrzehnten noch gegenwärtig. Sie gipfelten in dem Urteil eines «galanten Maurers» im Berliner Osten: «Mann, det wär wat for meinen Jaumen.»

Nachdem die Novizin gelernt hatte, den Verkehr der deutschen Großstädte unfallfrei zu meistern, tourten die Eltern mit ihren drei Ältesten in den nächsten «zehn und mehr» Jahren während der Sommerferien per Rad «durch halb Europa». Hedwig Pringsheim wusste: «Auf keine andere Weise konnte man Land und Leute so intim kennenlernen wie auf diesen natürlich strapaziösen und schweißtreibenden Fahrten. Wir haben zweimal die Schweiz, zweimal Norwegen von der Ost- bis zur Westküste durchquert, sind von Bozen nach Nizza gefahren, den Rhein entlang nach Holland, durch Nordfrankreich, Normandie und Bretagne, durch Südengland bis Landsend und hinauf durch Cornwall nach Wales: kurz wir haben ein schönes Stück Welt gesehen und erlebt.»

Auf amüsante Weise fasste die Chronistin in ihrem Feuilleton noch einmal das Charakteristische der einzelnen Reisen zusammen. In Frankreich das Missverständnis, dass man die Familie wegen ihres Knickerbocker-Outfits zunächst für Engländer hielt. In der Erinnerung an den Burenkrieg flackerten da auf einmal alte, seit Jahrhunderten schwelende Animositäten auf. Erst der Hinweis, sie seien Deutsche, besänftigte die Gemüter. Die recht derben Sottisen wurden mit einem Ausdruck des Bedauerns zurückgenommen. Als allerdings das unverhoffte Wohlwollen in einem Hymnus auf den deutschen Kaiser zu enden drohte, suchte die Familie das Weite: «Mir wurde ganz schlecht. Mein Gott, ich hätte ihn ihnen billig abgetreten.» – Dafür attestierte man dem Ehepaar «in einem kleinen, nie von Ausländern berührten englischen Landstädtchen», es habe seine Söhne so wohl erzogen, dass man sie fast für Engländer halten könne.

Besonderen Eindruck hinterließen – zumindest bei Hedwig Pringsheim – die beiden Fahrten nach Norwegen, wo man dem langjährigen Freund der Familien Dohm und Pringsheim, dem Romancier und Nobelpreisträger Björnstjerne Björnson, dessen Tochter Dagny mit dem Münchener Verleger Albert Langen verheiratet war, einen Besuch abstattete. «Es war eine ziemlich anstrengende Fahrt auf diesen schmalen Straßen mitten durchs Gebirge.» Alfred Pringsheim, in den Anblick der Landschaft versunken – vielleicht aber auch, wie seine Frau argwöhnte, mit der Lösung mathematischer Probleme beschäftigt – stürzte an einem «jäh abfallenden Abgrund mit schäumendem Gebirgswasser in die Tiefe»: «Ich konnte nur aufschreien und mir die Augen zuhalten, denn ich wollte das Gräßliche nicht ansehen.» Sie habe sich bereits als trauernde Witwe gefühlt. Aber «Mathematiker und Kinder scheinen einen eigenen Schutzengel zu haben, denn als ich die Augen wieder öffnete, lag mein Mathematiker nicht zerschmettert im Abgrund, sondern etwas erschrocken, aber heil und gesund zwischen zwei Prellsteinen, die uns vor dem sicheren Tod gerettet hatten.»

Trotzdem erinnerte sich Hedwig Pringsheim noch viele Jahre später gern an die familiären Norwegen-Exkursionen und die Tage bei dem «alten Patriarchen» in Aulestad, «wo sogar die Pferde Abraham und Jakob hießen». Gewiss, der Empfang der erschöpften und etwas abgerissenen Radler im Hotel ließ anfangs zu wünschen übrig – «Wir wurden wie untergeordnete Reisende behandelt» –, aber ein Anruf aus Aulestad veränderte die Situation von Grund auf: Als die Pringsheims von einem Spaziergang zurückkamen, wurden sie «katzbuckelnd und mit geradezu kriecherischer Höflichkeit» empfangen; man erwies ihnen «fast göttliche Ehren», und auch bessere Zimmer standen plötzlich zur Verfügung. Das Fazit: «Schön ist's in Norwegen. Die zwei Tage, die wir bei Björnsons in Aulestad verbrachten, sind mir unvergeßlich. In seinem gastlichen Haus wirkte er nicht wie ein König, sondern wie ein ehrfurchtgebietender, von Familie und Bevölkerung abgöttisch geliebter alter Patriarch; sein Haus nichts weniger als ein Palais, mehr ein geräumiges, sehr behagliches Bauerngehöft mit landwirtschaftlichem Zubehör, alles gediegen, altväterisch, norwegisch.»

Die meisten Briefe, die Hedwig Pringsheim von diesen Reisen an den großen Kreis ihrer Bekannten schrieb, sind verloren. Den wenigen erhaltenen Zeugnissen ist aber zu entnehmen, dass die familiären Radtouren für die Eltern keineswegs die einzige Form des Reisens waren. Kongresse, Sommer- und Wintererholungen, Treffen mit Kollegen, später Besuche der in alle Winde verstreuten herangewachsenen Kinder, aber auch regelmäßige Visiten bei den vielen Berliner Verwandten und Freunden zäsurierten das Jahr. Kein Zweifel, die Pringsheims gehörten zu jener internationalen Gesellschaft des alten Vorkriegseuropa, deren Mitglieder sich mit größter Selbstverständlichkeit in Konstantinopel so gut wie in Athen, Rom, Florenz, Wien, Budapest, London, Paris, Berlin, Sils Maria oder Bayreuth trafen, um dort das im Vor- oder Vorvorjahr begonnene Gespräch über die Eröffnung des Suezkanals, Bismarcks Entlassung, den Skandal um Gerhart Hauptmanns Drama *Vor Sonnenaufgang* oder Wagners *Parsifal* wieder aufzunehmen.

Hedwig Pringsheim hat den Ablauf so eines Rituals, die verwegene Mischung aus Klatsch und Kultur, gelegentlich plastisch beschrieben: «Wir waren Freitag zum *Parsifal* in Bayreuth. Es regnete in Strömen; kein interessantes, internationales Leben in den Zwischenakten, nur Regenmäntel, Schirme, Drängen und Stoßen in den Corridoren und im übervollen Restaurant. Siegfried in grauem Schlapphut als einzige ‹Persönlichkeit›. Sah weder Schwenningers noch Frau Mary Boelling, verwittwete Levi, verwittwete Fiedler, née Mayer. Auf der Treppe stießen wir mit Prinz Eitel Friedrichs zusammen, die in unser Haus einzogen, als wir auszogen. Die Begegnung war aber zu kurz, als daß ich ihn hätte fragen können, ob er bisexuell sei. Was die Aufführung betrifft, so sah ich schon bessere. Immerhin wars schön genug, und so lange der *Parsifal* Bayreuther Waare bleibt, so lange wird auch der Zulauf wären, der dieses Jar ganz ungeheuer ist. Man bekommt positiv kein Billet. Übrigens in München auch nicht. Künstlertheater, Mozartspiele, Wagner-Festspiele: alles bis auf den letzten Platz ausverkauft. Samstag gibt man im Künstlertheater des ollen Kotzebue *Kleinbürger* in der Ausstattung von Th. Heine – das wird gewiß fein. Seien Sie leichtblütig, telegraphieren Sie mir um ein Billet, und kommen Sie Freitag auf 3 Tage nach München.»

Hedwig Pringsheim nahm gern an diesem Leben teil, doch sie achtete darauf, dass die *événements* nach Möglichkeit mit einem Wiedersehen ihr wirklich nahe stehender Menschen zu verbinden waren. Als ihr Mann, Oktober 1905, an einem Kongress in Meran teilnahm, fuhr sie nicht zuletzt deshalb mit ihm, um in Anschluss an diese offizielle Veranstaltung acht Tage mit ihrer Mutter verbringen zu können, die in einem nahe gelegenen Diakonissenheim Ferien machte: «Ich habe meinen Alfred zum Naturforscher-Kongress nach Meran begleitet, und bin dann nach dessen Abreise noch auf 8 Tage nach Obermais zu Mimchen heraufgezogen. Welch ein Abstand! Unten in Meran nichts wie Juden, ganz Israel in der Form von Ärzten und Naturforschern vereinigt. Und ach, wie abscheulich sind doch Juden en masse.»

‹Wie abscheulich sind doch Juden en masse›: So schreibt Hedwig Pringsheim an Maximilian Harden, so schreibt eine Jüdin an einen Juden. Das klingt, zumal aus heutiger Sicht, befremdlich. Oder gar antisemitisch? Doch Vorsicht! Die Briefschreiberin hat ihr eigenes Judentum niemals verleugnet. Aber das *typisch Jüdische*, das Verhalten der orthodoxen Ostjuden vor allem, blieb ihr fremd. So ging es Vielen im Bürgertum des ausgehenden 19. und beginnenden 20. Jahrhunderts, Juden und Nichtjuden gleichermaßen. Hedwig Pringsheim war also durchaus eine genuine Vertreterin ihres Standes, eine Weltbürgerin, die sich für Dogmen nicht sonderlich interessierte. Sie urteilte nach ästhetischen Kategorien, auch, als ihr 1905 in den italienischen Bergen «die strenge protestantische, puritanische Einfachheit» begegnete.

«Liebe, einfache, natürliche Menschen, und so angenehm

1 Hedwig Pringsheim

2 Der Vater:
Ernst Dohm

3 Die Mutter:
Hedwig Dohm, geb. Schleh

4 Der «Kladderadatsch», das von Ernst Dohm redigierte Satireblatt

№ 2. Sonntag, den 14. Mai 1848.

Kladderadatsch.

Wochenkalender.

Montag den 15. Mai.
Schießübungen in der Hasenhaide. Resultat: Zwei Verwundete.

Dienstag den 16. Mai.
Ein Rentier unter den Linden sagt mehre Male des [illegible]: die verdammten Taugenichtse wollen nicht arbeiten.

Mittwoch den 17. Mai.
Im Königstädtischen Theater zum letzten Male: Die Danen in Holstein. — Das Publikum, aus zwei Gensd'armen und vier leichtsinnigen Logenschließern bestehend, muß geduldig bis 9 Uhr Abends dem Treiben der Danen ohne Widerstand zu leisten, zusehen.

Wochenkalender.

Donnerstag den 18. Mai.
Die vereinigten Holzhauer tragen darauf an, daß den Berliner Bürgern auch im Sommer eingeheizt werde.

Freitag den 19. Mai.
Mehrere hochgestellte Personen gewöhnen sich die Redensart an: Mon Dieu, wie wird das noch werden.

Sonnabend den 20. Mai.
Gegen Abend erscheint Kladderadatsch Nr. 3 mit dem Namen des Redakteurs. Allgemeine Enttüstung.

Organ für und von Bummler.

Dieses Blatt erscheint täglich mit Ausnahme der Wochentage für den Preis von 1¼ Sgr. Es kann jeden Sonnabend von fünf Uhr ab aus sämmtlichen Buchhandlungen abgeholt werden. Abonnements für 13 Nummern vierteljährlich werden mit 17½ Sgr. in allen Buchhandlungen und bei den Königl. Postämtern angenommen. **(Für die Monate Mai, Juni wird das Blatt mit 13½ Sgr. für 9 Nummern von den Königl. Postämtern geliefert.** — Beiträge erbittet unter Adresse der Verlagshandlung

Die Redaktion.

5 bis 8 Hedwig Dohm, spätere Pringsheim, als junges Mädchen

9 Meiningen nach dem großen Brand vom September 1874. Drei Monate später kam die junge Elevin Hedwig Dohm in die Stadt.

10 Brief Herzog Georgs II. von Meiningen an den Regisseur Ludwig Chronegk, 30. April 1876, mit einem gezeichneten Entwurf für Hedwig Dohms Engelskostüm: «Möge die Dohm als Engel sich engelhaft benehmen, das Silberkleid *recht anliegend* am Körper, so daß sie ganz schmal aussehe.»

Herzogliches Hoftheater in Meiningen.

III. Abonnement.  Vorstellung 4.

Dinstag, den 5. Januar 1875.

Kabale und Liebe.

Ein bürgerliches Trauerspiel in 5 Akten von Fr. v. Schiller.

Personen:

Präsident v. Walter	Herr Hellmuth-Bräm.
Ferdinand, sein Sohn, Major	Herr Rinald.
Hofmarschall v. Kalb	Herr Chronegk.
Lady Milford, Favoritin des Fürsten	Fr. v. Moser-Sperner.
Wurm, Haussecretair des Präsidenten	Herr Teller.
Miller, Stadtmusikant	Herr Hassel.
Dessen Frau	Frl. Schmidt.
Louise, dessen Tochter	* * *
Sophie, Kammerjungfer der Lady	Frl. Bredow.
Ein Kammerdiener des Fürsten	Herr Denkhausen.
Ein Kammerdiener der Lady	Herr Löffel.
Ein Kammerdiener des Präsidenten	Herr Müller.

Gerichtsdiener. Dienerschaft.

* * * Louise: Frl. Dohm aus Berlin als erster theatralischer Versuch.

Preise der Plätze:

Fremdenloge	2 Mark — Pf.		Stehparquet	— Mark 70 Pf.
Erster Rang, erste Reihe	2 „ 20 „		Sitzparterre	— „ 90 „
Erster Rang, zweite Reihe	2 „ — „		Stehparterre	— „ 50 „
Sperrsitz	2 „ — „		Amphitheater	— „ 70 „
Parquet	1 „ 20 „		Galerie	— „ 40 „
Zweiter Rang, erste Reihe	1 „ — „		Kinderbillet	— „ 40 „
Zweiter Rang, zweite Reihe	— „ 90 „			

Der Billetverkauf findet den Tag über bei Herrn Hoflieferant Helbig und Abends an der Herzoglichen Hoftheaterkasse statt.

Die Abonnements-Billette und Freikarten sind bei jeder Vorstellung vorzuzeigen.

Kasseöffnung 5½ Uhr. Anfang 6½ Uhr. Ende gegen 10 Uhr.

Donnerstag, den 7. Januar: Wilhelm Tell. Schauspiel in 5 Akten von Schiller.

11 Theaterzettel des Herzoglichen Hoftheaters in Meiningen, mit der Ankündigung: «Frl. Dohm aus Berlin als erster theatralischer Versuch»

12 Rollenfoto der jungen Hedwig Dohm

13 Alfred Pringsheim

14 Paula Pringsheim, Alfred Pringsheims Mutter

15 Rudolf Pringsheim, Alfred Pringsheims Vater

16 Die fünf Kinder von Alfred und Hedwig Pringsheim: Katia und ihr Zwillingsbruder Klaus, daneben Peter, Heinz und Erik (v. l.)

unelegant, so sympathisch anungslos dem Luxus und der Verfeinerung unseres raffinierten Daseins gegenüber. Dies Diakonissenheim, wundervoll still und hoch gelegen, einfach, aber sauber und ganz bürgerlich gefürt, ist nicht ein Kranken-, sondern mehr ein Erholungshaus für protestantische Leidende. Neben mir sitzt ein sehr armes, dafür aber sehr geschwätziges Stiftsfräulein aus Braunschweig, neben Mimchen eine alte Majorswittwe; mir gegenüber die Volksschülerin aus Köpenik, dann drei Herren, die so dumm aussehen, daß man nur staunen muß, daß der liebe Gott das vermochte, u.s.w. Nicht zu vergessen die 4 oder 5 ‹Schwestern› in ihrer nonnenhaften Tracht. Vor- und nachtisch wird gebetet, und auf dem Tisch steht eine Sparbüchse in Form eines Schweins (Mimchen hält es für einen Bären), in den jeder, der einen Klex aufs Tischtuch (das eine Woche liegt) macht, eine Münze werfen muß. Die arme uralte Malerin ruiniert sich in Klexen, und noch dazu ist's meistens Spinat oder rote Rüben. Aber abends, lieber Freund, da sollten Sie uns mal sehen. Nach dem Essen werden Gesangbücher verteilt, und die ‹Andacht› beginnt. Erst singen wir 2 Gesangbuchverse, so ziemlich falsch, und dann liest Schwester Maria ein Kapitel aus der Bibel vor – so schlecht, daß ich ihr immer das heilige Buch entreißen möchte, um ihr zu zeigen, was eine Harke ist. – Dann spricht sie das Vaterunser und den Abendsegen, wir singen noch einen Vers, und um ½ 9 gehen die meisten ins Bett.»

Ein Meisterstück anschaulicher Epistolographie, kein Zweifel. Bis ins hohe Alter war Hedwig Pringsheim eine ebenso leidenschaftliche wie begnadete Briefschreiberin, die anschaulich, witzig, mit viel Selbstironie und in höchst eigenwilliger Orthographie niederschrieb, was sie sah, dachte, hörte, fürchtete oder hoffte. Die Formulierung des Erlebten war ihr wichtig, um im Konkreten das Allgemeine sichtbar zu machen. Davon zeugen neben den Briefen auch die wenigen erhaltenen Notizbücher, die gerade wegen der Kürze der Eintragungen ein eindrucksvoller Beweis schriftstellerischer Qualität sind. Freudige wie schmerzliche Erfahrungen verstand sie mit der gleichen Präzision festzuhalten.

Das gilt auch für die Krankheiten von Alfred, der an einem immer wiederkehrenden und schwer zu kurierenden Magenleiden laborierte, was bei einem Kettenraucher nicht verwunderlich, aber eben doch ernst zu nehmen war. «Wir sind jetzt seit einer Woche wieder daheim und herzlich froh, diese garstigen Kissinger Tage hinter uns zu haben», berichtete Hedwig Pringsheim dem alten Freund und Lehrer ihres Mannes, Geheimrat Ludwig Darmstaedter. «Mein Mann hat sich, nachdem er volle sechs Wochen reglos im Bette hatte liegen müssen, in der 7. so schnell erholt, daß nun, trotz ärztlichem Widerraten, kein Haltens mehr war. Er sieht gut aus, ist auch ziemlich hergestellt, aber doch eben nur ‹ziemlich›; jede Anstrengung hat eine starke Ermattung im Gefolge, die Diät ist streng geregelt und – was das unangenehmste ist – die Schmerzen sind keineswegs verschwunden. Nur so lange er im Bett lag und nichts zu essen bekam, war er völlig schmerzfrei, aber nun melden sie sich wieder recht deutlich, und es wäre wol wichtig, zu wissen, ob es *noch* Schmerzen von der Wunde oder *wieder* neue alte Schmerzen sind.»

Es ging auf und ab, der Patient bewies eine erstaunliche Schmerztoleranz, aber um eine «Krankheit zum Tode» handelte es sich offensichtlich nicht. Doch das immer wiederkehrende Leiden des *pater familias* warf auf das von außen her gesehen so glänzende Leben im Palais einen Schatten.

Es sollte nicht der einzige bleiben. Der Skandal, den Hedwig Dohms Roman *Sibilla Dalmar* im Winter 1896/97 entfachte, erschütterte nicht nur das gesellschaftliche Renommee des Ehepaars Pringsheim. Er bedrohte auch das Ansehen vieler ihrer prominenten Gäste. Was war geschehen?

«Das Mimchen» hatte in ihrer Geschichte der Sibilla Dalmar ausführlich von den vielen Briefen Gebrauch gemacht, in denen Tochter Hedwig der Mutter, über Jahrzehnte hin, mehrmals wöchentlich von nahezu allen Vorkommnissen in ihrem Lebenskreis erzählte. Bei der witzig-süffisanten Prägnanz, mit der sie ihre Beobachtungen und Gefühle artikulierte, sind die verheerenden Folgen einer – wenn auch romanesk verfremdeten – Publikation dieser intimen Berichte leicht vorstellbar: «Tout München schrie ‹Skandal› und ‹Tempelschändung›», wie eine zeitgenössische Kritik bemerkte. Natürlich sei das Buch ein «Schlüsselroman»; der «sprudelnde und elegante», mehr geplauderte als geschriebene Ton des Buches aber, «die Ausdrucksweise seiner gewitzten Heldin» lohne die Lektüre.

Es war kein Zufall, dass Hedwig Dohm *Sibilla Dalmar* über weite Passagen hin als Briefroman angelegt hatte, denn diese Form bot der Autorin Gelegenheit, die töchterlichen Episteln ohne große Retuschen, in der authentischen Ich-Form und oftmals, wie es scheint, unter bloßer Veränderung der Namen zu benutzen.

Natürlich *ist* die «Heldin», Sibilla Dalmar, nicht Hedwig Pringsheim, so wenig wie Sibillas Eltern schlicht Ernst und Hedwig Dohm *sind*. Und doch bleiben die biographischen und charakterlichen Ähnlichkeiten unübersehbar: Sibilla Dalmars Eisenacher und Weimarer Erlebnisse zum Beispiel, die Begegnung mit Franz Liszt, die Charakteristik ihres Vaters, des lebensfreudigen und bis zur Genusssucht leichtsinnigen Musikers Franz, der in jeder Gesellschaft durch seine geistreichen Causerien brilliert, sind reale Fakten aus dem Leben von Vater und Tochter Dohm; und zumindest die Umstände, unter denen Franz Dalmar Sibillas etwas farbloser

Mutter auf einer Reise begegnet und sie «beim Duft der Linden» lieben lernt, erinnern an Episoden aus dem Leben der Autorin selbst. Erst recht das vorwurfsvolle Fazit, dass der Mann die Frau geheiratet habe, «unbekümmert darum, ob sie zueinander paßten, und ob er die Mittel zur Erhaltung einer Familie erschwingen würde».

Unschwer waren auch, erst recht für die Münchner Insider, in der Charakterisierung von Benno Raphalo, Sibillas Ehemann, Eigenheiten von Alfred Pringsheim zu erkennen: ein Kettenraucher, Bowlenbrauer, Skatspieler und Fremdgänger, der «plötzlich ein Federmesser aus der Tasche zieht und sich damit die Nägel reinigt» oder «jemanden beiseite zieht, um ihm eine seiner Anekdoten ‹für Herren› zu versetzen». Wie Alfred schenkt auch Raphalo seiner Sibilla zunächst «eine hübsche Wohnung elegant und nicht ohne Geschmack» sowie, sieben Jahre später, als er sich zu den reichsten Leuten Münchens zählen durfte, ein «wundervolles Haus mit einem großen Garten, eine Art Palast». Dort avanciert Sibilla zur *grande dame* der Gesellschaft mit eigenem prominent besuchtem *jour*: Wer denkt hier nicht an die viel gerühmten Tee-Stunden von Hedwig Pringsheim?

Diese leicht erkennbare Ähnlichkeit der romanesken *événements* und Figuren mit den realen Vorgängen und Personen war Anlass zu dem stadterschütternden Skandal: Welcher arglose Besucher sah sich schon gern als Angehöriger jener sich anspruchsvoll «Gesellschaft» nennenden «eleganten und tonangebenden Kreise Münchens» karikiert, in denen man weniger gutes Deutsch als mittelmäßiges Französisch spreche und in deren Salons sich – im Gegensatz zu den entsprechenden *réunions* in Sibillas Heimat Berlin – selten «hervorragende Wissenschaftler und Politiker» verirrten? Dafür gäbe es dort aber desto mehr «Maler und Barone», die oft ein und dieselbe Person und nicht alle «so aristokratisch» seien, «als man denken sollte»: «Es giebt auch recht plebejische und unpräsentable darunter, aber es macht sich beim Vorstellen immer gut.» Die geadelten Künstler Münchens, von Lenbach, von Stuck, von Defregger, von Possart, von Seidl und wie sie alle hießen, werden solche Satire nicht gern gelesen haben.

Für zusätzlichen Aufruhr dürften die Charakterzeichnungen der Salonbesucher gesorgt haben. Die Hamburgerin Frau Bürgens zum Beispiel, «reich von Hause aus und Gattin eines sehr reichen Fabrikanten», die «von Eleganz und Einbildung» strotzt und «ein beneidenswertes Phantasieleben» führt, indem sie das immense «Glück der Dummen, sich für klug zu halten, genießt». Oder die Skizze von «einer der imtimsten» Freundinnen der Hausherrin, der «kleinen, originellen Traute Riedling», die aussieht «wie ein Kind der Liebe, das Lucifer mit einem Erzengel gezeugt» hat, und eigentlich «die Geliebte eines Byron oder Heine» hätte werden müssen – und nicht die Ehefrau eines Malers. Dieser «Maler-Gatte» «hat so viele gewaltige Ideen und ist – in seiner Meinung – unter den Lebenden der einzige, der das Zeug hat, sie auszuführen. Besonders häufig kommt der Geist des Rubens über ihn. Nur findet er keine Modelle zu seinen rubensschen Ideen.» Das nennt man Schmäh.

Auch die im Pringsheim'schen Haus verkehrenden Gelehrten dürften nicht sonderlich erbaut gewesen sein von dem Porträt eines der Ihren: des «Waldmenschen», mit dem «Zylinder eines Possenreißers und den Manieren eines von der Kultur noch unbeleckten Wilden», der es der Dame des Hauses angetan hatte, auch wenn er sich unmöglich benahm. «Seinen Tee pflegt er in die Untertasse zu gießen und dann hörbar auszuschlürfen.» Dennoch sei er «eigentlich sehr interessant, aber nur zu genießen, wenn man allein mit ihm ist», aber «dann bringt er einen um».

Spitzen, wo man hinschaut: Der *jour* von Sibillas Konkurrentin, die, um ihren Salon zu füllen, «Leute» aufnimmt, «*où elle les trouve*» – unmöglich! «Putzbaroninnen, auch eine gewaltige *ci-devant*-Schönheit, schlechter Ruf, kein Geld, gemalt, gefärbt, obgleich alt und auf ‹Figur› gekleidet. Soll aber amüsant sein und wird wohl unanständige Geschichten erzählen, denn das ist ja für die *monde* immer amüsant.»

Schade, daß sich nie ein Kenner der Münchner Gesellschaft darangemacht hat, die «echten» Personen und Ensembles zu entschlüsseln, die all den hinreißenden Boshaftigkeiten als Vorlage dienten. Mag sein, Hedwig Dohm hat, um ihr emanzipatorisches Anliegen zu verdeutlichen, in erster Linie jene Passagen aus den Briefen ihrer Tochter ausgewählt, in denen von der luxusgetarnten Misere der Frauen die Rede war. Frauen, denen noch immer eine berufsqualifizierende Ausbildung und jeder Zugang zu sinnvoller Tätigkeit außerhalb der Familie versagt wurde. Vielleicht hat die Mutter auch die eine oder andere Zeile zugespitzt. Aber der Grundtenor der Beschreibungen, die Charakterisierungen, die stilistischen Finessen sind Originalton Hedwig Pringsheim.

Sogar die von Katia Mann in ihren *Memoiren* in Abrede gestellte, nach den Harden-Briefen aber eher wahrscheinliche Affäre der Mutter mit einem Baron wird vor der schon damals klatschversessenen Münchner Öffentlichkeit ausgebreitet. Aus Hedwig Pringsheims Zuneigung zu ihrem «Ast-Aff» dem Baron Astaf von Transche mit dem «himmlischen baltischen Accent, der mir mein Herz gestolen hat», wird bei Hedwig Dohm Sibillas Liebe zu Hely von Hellström und dem Grafen Planer, die beide das arme Bürgermädchen nicht heiraten dürfen. Als Sibilla ihrer neuen großen Liebe begegnet, ist sie längst Ehefrau ihres jahrelangen «Brackenburgs», wie die Autorin Benno Raphalo, den Mann ihrer Tochter, nennt – frei nach Goethes *Egmont.* Doch die Ehe hindert Sibilla nicht, der Mutter im Verlaufe des Romans gleich mehrfach ihre wahren Gefühle zu gestehen: «Ich bin verliebt! Verliebt! Verliebt! In Deiner Überschätzung meiner wirst Du mindestens annehmen, daß ich es unter einem Ibsenschen Adelsmenschen oder einem Nietzscheschen Übermenschen nicht täte. Weit vom Schuß! Er ist schön und er liebt mich. Voila tout. [...] Er ist ein Vulkan. Und wie ein Vulkan liebt, kannst Du dir denken. Und schön ist er, wie ein junger Gott.»

Nicht nur die Freunde des Hauses, auch Tochter und Schwiegersohn der Autorin sahen sich düpiert, obwohl Hedwig Dohm in dem Roman eigentlich nur ihre Thesen zur Frauenemanzipation illustrieren wollte.

Leider sind nur wenige Dokumente erhalten, die über das Ausmaß des Münchner Skandals Auskunft geben. Aber Hedwig Pringsheim wird sich noch zwanzig Jahre später in einem Brief an den alten Freund Harden erinnern, wie «damals bei Mimchens Buch die Meute gegen mich hetzte». Der Mathematiker Oskar Perron, der noble Schüler und treue Freund Alfred Pringsheims, ging sogar noch einen Schritt weiter: Das gesellschaftliche Renommee der Familie habe sich nie wieder ganz von den Auswirkungen des Skandals erholt.

Nun, ganz so schlimm kann es nicht gewesen sein. Selbst wenn sich einige «Freunde» und auf ihre Stellung bedachte Universitätskollegen für einige Zeit zurückzogen, gab es doch immer noch genügend Zeitgenossen, die der Frau des Hauses die vertraulichen Indiskretionen verziehen oder sich durch den Skandal so wenig irritieren ließen, wie es Richard Strauss tat, der in einem überaus herzlichen, mit den «schönsten Grüßen von Haus zu Haus» schließenden Brief im Dezember 1898 seiner Trauer darüber Ausdruck gab, dass er die seiner Oper *Guntram* geltenden «freundlichen

Complimente» der Arcisstraßen-Herrin nicht persönlich habe entgegennehmen können.

Vor allem aber darf man vermuten, dass Thomas Mann sich wohl kaum so intensiv darum bemüht hätte, bei den Pringsheims «eingeführt» zu werden, wenn das gesellschaftliche Ansehen der Familie durch die «Affaire» nachhaltig beschädigt worden wäre. Es ist hinlänglich bekannt, welche Mühen der an der Schwelle einer Lebensentscheidung stehende Poet darauf verwandte, sich «eine Verfassung» zu geben. Dabei waren ihm der öffentliche Ruf und das gesellschaftliche Ansehen der Familie von größter Wichtigkeit. Mit wie viel Stolz hat er von seinem ersten Besuch in der Arcisstraße geschrieben! «Pringsheims sind ein Erlebnis. Tiergarten mit echter Kultur. Der Vater Universitätsprofessor mit goldener Cigarettendose, die Mutter eine Lenbach-Schönheit. Eines Tages fand ich mich in dem italienischen Renaissance-Salon mit den Gobelins, den Lenbachs, der Thürumrahmung aus giallo antico und nahm eine Einladung zum großen Hausball entgegen. Er war am nächsten Abend. 150 Leute, Literatur und Kunst. Im Tanzsaal ein unsäglich schöner Fries von Hans Thoma.»

Die Einführung bei den Pringsheims als Gipfel aller schriftstellerischen und ökonomischen Erfolge: So steht es in einem Brief Thomas Manns an seinen Bruder Heinrich vom März 1904, in dem der Jüngere dem Älteren auch über die Strategien berichtet, die er im Hinblick auf eine engere Verbindung mit der Tochter des Hauses entwickelt habe: «An diesem Abend lernte ich die Tochter des Hauses kennen, nachdem ich sie früher nur gesehen, oft, lange und unersättlich gesehen und sie einmal bei der Antrittsvisite flüchtig begrüßt hatte.» Acht Tage später habe er sich zum Tee der Hausfrau eingestellt, offiziell, um ein geliehenes Buch zurückzubringen, eigentlich aber in der Hoffnung, bei der Gelegenheit die Tochter sehen zu können, eine Absicht, die Hedwig Pringsheim sofort durchschaut und auf die sie positiv reagiert habe: «Sie rief Katja herunter, und wir plauderten zu dritt eine Stunde. Ich durfte noch einmal in Ruhe den Thoma'schen Fries betrachten. Eine Einladung zum Mittagessen wurde in Aussicht gestellt.»

Ein Sieg also auf der ganzen Linie? Das vielleicht noch nicht, aber immerhin durfte sich der junge Dichter ermutigt fühlen: «Hatte ich mich getäuscht, wenn ich ein Entgegenkommen gespürt hatte? Nein! Zwei Tage darauf saß der jüngste Sohn bei mir, Klaus, der Musiker, in Erwiderung meines Besuchs. Er überbrachte mir eine Karte seines Vaters, der leider zu beschäftigt sei, um mich aufzusuchen.»

Kein Zweifel: Die Sache entwickelte sich – auch was den gesellschaftlichen Wert der angestrebten Liaison anging – recht zufrieden stellend. Katias Zwillingsbruder erschien dem werbenden Poeten als «ein höchst erfreulicher junger Mensch, soignirt, unterrichtet, liebenswürdig, mit norddeutschen Formen»: kurz: als einer, mit dem es sich in angenehmster Weise über Kunst und Kultur und ebenso ungezwungen über Musik und die Schwester plaudern ließ: «Kein Gedanke an Judenthum kommt auf, diesen Leuten gegenüber; man spürt nichts als Kultur.»

Es scheint, als seien mit dieser Erkenntnis auch die letzten antisemitischen Skrupel beseitigt worden, die den aufstrebenden Poeten – «*Buddenbrooks* haben das 18te Tausend, und auch die Novellen stehen vor dem 3ten» – im Hinblick auf die erwünschte Verbindung irritiert hatten. Die neue Rolle «als berühmter Mann» stärkte das Selbstbewusstsein und machte es ihm leicht, die eigenen Vorzüge ins Spiel zu bringen: Ich habe «den Eindruck, daß ich der Familie willkommen wäre. Ich bin Christ, aus guter Familie, habe Verdienste, die gerade diese Leute zu würdigen wissen.»

Nun, zumindest was die Frau des Hauses Pringsheim betraf, irrte sich Thomas Mann nicht. Die «schöne Lenbach-Mama» hatte das wachsende literarische Ansehen des Bewerbers sehr wohl zur Kenntnis genommen und durchaus nichts dagegen, dass der junge Mann schon bald begann, sich über die allzu strenge Befolgung gesellschaftlicher Spielregeln hinwegzusetzen und – statt vom «Fräulein Tochter» oder jedenfalls von «Fräulein Katja» zu reden – einfach von «Katja» sprach; auch der Wunsch des Strategen, seine kranke Schöne mit einem Blumenstrauß zu beglücken, fand ihren Beifall. Nicht nur die Briefe an Heinrich, sondern auch die spätere Novelle *Beim Propheten* betonen das «ermutigende Lächeln», mit dem die Mutter die verschiedenen Aufmerksamkeitsbezeugungen quittiert habe.

Wenn es um Katia ging, vergaß Hedwig Pringsheim die Maximen ihrer Mutter, die ein Leben lang für eine berufliche Ausbildung der Frauen gekämpft hatte. Bei aller Liberalität im Denken: Das Wohl ihrer Tochter konnte sich Hedwig Pringsheim letztlich doch nur an der Seite eines interessanten Mannes vorstellen. Wozu brauchte Katia jetzt noch einen Beruf? Der künftigen Brautmutter schienen die achtzehn *Buddenbrooks*-Auflagen und das Wohlwollen des renommierten Verlegers Samuel Fischer für seinen absatzfördernden Autor zunächst mehr Eindruck zu machen als ihrer Tochter Katia. Die jedenfalls zeigte nach eigenem Bekunden erst einmal wenig Interesse für den stürmischen Bewerber: «Ich war zwanzig und fühlte mich sehr wohl und lustig in meiner Haut, auch mit dem Studium, mit den Brüdern, dem Tennisclub und mit allem.» Dass sie ihre Meinung so bald änderte, ist sicherlich in erster Linie den schönen Briefen des jungen Poeten, aber zu einem gut Teil vermutlich auch dem Wohlwollen zuzuschreiben, das ihre Mutter der möglichen Verbindung gegenüber an den Tag legte.

«*Sie* haben ihn gewollt», stellte Julia Mann in einem Brief an ihren ältesten Sohn Heinrich klar, nachdem «die Sache» entschieden und Sohn Thomas seit dem 3. Oktober 1904 mit Katia Pringsheim verlobt war. «Gerade die Mutter hat Tommy stark herangezogen.»

Ohne Zweifel hat Hedwig Pringsheim Thomas Manns Bemühungen um ihre Tochter nachdrücklich unterstützt. Umso anrührender ist die Trauer über den Verlust ihres Kindes, die sie dem alten Freund Harden wenige Tage nach der Hochzeit im Februar 1905 anvertraute: «Ich bedarf jetzt doppelt herzlicher Teilnahme und treuer Anhänglichkeit, denn ich habe viel verloren und bin furchtbar betrübt. Stellen Sie sich vor, Ihre Tochter ginge mit einem fremden Mann, den sie vor Jaresfrist noch nicht gekannt, auf und davon und säße nun mutterseelenallein mit ihm im Baur au Lac in Zürich und schriebe Ihnen noch dazu sehnsüchtige und wehmutsvolle Briefe.»

Sehnsüchtige Briefe? Entsprach der mütterliche Bericht wirklich den Tatsachen? Oder aber griff die alte Meiningerin noch einmal in ihren Requisitenkasten, um sich und der Mitwelt zu suggerieren, dass die Tochter zumindest ähnlich empfand wie sie, die allein gelassene Mutter? Hedwig Pringsheims Gedanken standen in auffälligem Gegensatz zu den Gesten, mit denen sie den jungen Bewerber ermuntert hatte. Hat sie womöglich erst angesichts des leeren Kinderzimmers die Konsequenzen dieser Heirat begriffen? Es sind bewegende Zeilen, die sie in diesen Tagen an Harden schreibt: «Das leere Zimmer, das noch alle Spuren seiner kleinen lieblichen Bewonerin trägt, nach ihr riecht und förmlich nach ihr schreit … da sitze ich nun immer mit zugeschnürter Kehle drin, weil ich doch weiß, was war, kommt nie wieder. Von der Leere, und auch von der wüsten Unordnung, dem wirren Durcheinander in meinem Herzen gibt

Katjas's Mädchenzimmer so recht ein Bild. Ein freier Mensch soll ich werden? Ach Gott, ich fürchte, ein immer gebundener. Wenn Kleinchen nicht glücklich wird – und Talent zum Glück hat sie so wenig wie ihre Mutter – so wird sich das wie Bleigewicht an meine arme Seele hängen: und wäre frei mit beschwerter Seele?»

Verlassen, wie sie sich fühlt, macht sie noch einen kleinen Zusatz: «Wer wäre frei mit beschwerter Seele, und onehin mit einem kranken Mann?» Sie wähnt sich eingeengt, in ihrer Bewegungsmöglichkeit beschnitten: «Ich wollte mit Dr. Heinz nach Griechenland. Ja, Kuchen. Alfred macht sauere Gesichter, und es geht ihm so wenig gut, daß ich auf sauere Gesichter süß reagieren muß. Weiß noch nicht einmal, ob Mimose zu Mimchen darf, denn nun muß sie arbeiten im Schweiße ihres Angesichts, um das sogenannte Nest der jungen Leute zu ordnen und zu schmücken, und dem Kind beizustehen in seinen ersten Haushaltssorgen.»

Das Mimchen hätte sich die Haare gerauft ob dieses Vorhabens ihrer Tochter. Als emanzipierte Frau war Hedwig Dohm der Meinung, Mütter und Schwiegermütter kompensierten mit so intensiver Fürsorge höchstens ihre eigene Leere. Aber das konnte man von Katias Mutter aller gelegentlichen Vereinsamungsangst zum Trotz nun wirklich nicht sagen.

«Langeweile kenne ich nicht», hat sie mehr als einmal an ihren Freund Harden geschrieben, der über Jahrzehnte hinweg ihr enger Vertrauter war. Und in der Tat zeugen die wenigen aus diesen Jahren erhaltenen Briefe von intensiver Übersetzertätigkeit und gründlicher Beschäftigung mit klassischer und moderner Belletristik, aber auch mit historischer, philosophischer und biographischer Literatur – vom genauen Studium der Harden'schen Zeitschrift *Die Zukunft* ganz zu schweigen.

Daneben hatte sie begonnen, an der Universität Vorlesungen von Dozenten zu besuchen, deren Ansichten in der Stadt für Diskussionen sorgten. «Ich weiß nicht, ob ich Ihnen schrieb, daß ich diesen Sommer bei Lipps» – gemeint ist der Philosoph Theodor Lipps, «‹Ethik› höre», heißt es in einem Brief an Maximilian Harden vom Juli 1903, «und da staune ich denn wirklich über die Kühnheit, mit der mein verehrter Lehrer über die vom Staat und der Gesellschaft sanktionierten Dinge wie Eid, Ehrenwort, den lieben Gott, das Duell u.s.w. urteilt. Ein Professor, der vom Katheder herab den Meineid, Ehebruch und den Bruch des Ehrenworts als unter Umständen sittliche Tat, das Gegenteil als eventuell unsittlich proklamiert: dazu gehört viel Tapferkeit und eine schöne sittliche Größe. Übrigens bereitete mir auch die männliche Jugend eine angenehme Überraschung: nie erhob sich zum Schluß ein tosenderes Beifallsgetrampel, als da Lipps mit schärfsten Worten gegen das Duell oder für das Recht auf Meineid u.s.w. gesprochen hatte.»

In solchen Momenten fühlte sich Hedwig Pringsheim frei von Resignation und dem Druck häuslicher Belastungen. Vielleicht erinnerten sie die Lipps'schen Thesen an die Montagabend-Diskussionen in ihrem Elternhaus; auf jeden Fall aber gaben sie ihr das Gefühl, mit ihren von Mann, Kindern und angehendem Schwiegersohn häufig geschmähten liberalen politischen Ansichten nicht allein zu stehen, selbst dann nicht, wenn es um die Vorbereitungen für den Besuch des Kaisers und die Diskussionen um den angemessenen Empfang Seiner Majestät ging. Die «byzantinischen Lobhudeleien» machten sie krank, gestand sie Maximilian Harden. «So lange Völker noch *so* sind, haben auch Erscheinungen wie Wilhelm II. volle Existenzberechtigung.» Da waren Männer wie Theodor Lipps, die *ex cathedra* auszusprechen wagten, was sie dachte, eine große Hilfe: «Lipps hatte die

Klarheit, in seiner Vorlesung zu sagen: ‹in den nächsten Tagen wird in München viel Hurrah gerufen werden, stimmen Sie nicht mit ein in das blöde Geschrei der Menge: und wenn Sie es tun, so vergessen Sie nicht, dass es außer Glanz, Macht und Pracht auch noch Würde, Ehrlichkeit und Warheit gibt›: so, dem Sinne nach, hat er gesprochen, und nicht endenwollendes, minutenlanges Beifallgetrampel lonte ihn. Es war in der Vorlesung über Ethik. Lipps ist ein tapferer und ehrlicher Mann. Die meisten anderen sind Pfui Deibel!»

Dergleichen geistige Anregungen brauchte sie. Wenn es darum ging, zu lernen, sich weiterzubilden, für Diskussionen zu rüsten, war Hedwig Pringsheim ganz Tochter ihrer Mutter. Und doch gab es immer wieder Zeiten, in denen sie das Gefühl hatte, «zurückgezogen wie ein Bär in seiner schön tapezierten Höle» zu leben. Mit Katias Heirat hatte das letzte Kind das Elternhaus verlassen. Dabei wog der Abschied von der einzigen Tochter offenbar schwerer als die Tatsache, dass die vier studierenden Söhne schon längst nur noch in den Semesterferien nach München zurückkehrten. Während Katia aber – auch als Frau Thomas Mann – für die Mutter jederzeit erreichbar blieb, gingen die Jungen mehr und mehr ihre eigenen Wege, die in den Augen der Eltern freilich gelegentlich Umwege waren.

Zwar beendete Peter sein Studium der Physik ohne größere Probleme, aber Heinz hatte kurz vor dem archäologischen Examen beschlossen, in die Musikwissenschaft zu wechseln, und Klaus, der angehende Dirigent, dessen Debüt als Repetitor unter Gustav Mahler in Wien durchaus zufriedenstellend verlaufen war, hatte plötzlich entschieden, dass er doch lieber Regie führen als Orchester dirigieren wollte – ein Entschluss, der die Mutter nicht nur erfreute: «In Prag besuchten wir Klaus, der mit der Inscenierung von *Schmuck der Madonna* wolverdiente Triumphe feierte», heißt es in einem Brief aus dem Jahr 1912. «Er ist indertat ein sehr guter Regisseur, und ist es mit Leib und Seele. Reibt auch Leib und Seele dabei auf. Mir wäre er lieber als guter Kapellmeister. Hoffentlich findet er den Weg zurück, denn er ist ja doch ein tüchtiger Musiker.»

Die größte Sorge der Mutter aber galt dem Ältesten, Erik, der sein Jurastudium in Cambridge mehr und mehr verbummelte. Immer wieder hatten ihm die Eltern aus der Klemme geholfen, aber als sich die Schulden im Sommersemester 1905 in astronomischen Höhen bewegten, machte der Vater kurzen Prozess. Er stattete den Sohn noch einmal aus und verbannte ihn – einem verbreiteten Brauch der Zeit folgend – weit, weit weg, nach Übersee.

Was diese Strafaktion für die Mutter bedeutete, spiegelt sich in ihren Briefen an Maximilian Harden: «Lieber Freund, was soll ich Ihnen sagen?», schrieb sie im Juni 1905. «Das Ende ist, daß Erik am 9. Juli nach Buenos Ayres abgeht, und wer weiß, ob, wie und wann ich ihn je wiedersehen werde! Und Sie wissen, daß er mein eigentliches Kind war mit all seinen von mir nur zu gut erkannten Fehlern, Schwächen und schlimmen Taten. Sein Leichtsinn im Schuldenmachen, die Form, in der er es betrieb, seine ganze Existenz hat nun die Grenzen des Möglichen überschritten, und er muß fort.» Der Vater habe sich «außerordentlich schön und großmütig benommen», indem er den Sohn noch einmal «völlig reguliert» und ihm damit ermöglicht habe, nach einer gewissen Zeit als Ehrenmann wieder in eine ihm auf drei Jahre offen gehaltene Staatsstellung zurückzukehren. Doch sei es schwer, an eine Wendung zum Guten zu glauben, denn: «Hier handelt es sich ja nicht um gewönlichen Leichtsinn und verschwenderischen Lebenswandel eines jungen Mannes aus sogenannt reichem Haus. Das liegt ja bei Erik viel tiefer, seine ganze Art ist nicht die eines Verbrechers, sondern eines partiell – nur partiell – Irrsinnigen, und er gehört vor den Psychiater. Bei dem ich übrigens auch war.»

Der Mutter gelang es noch, den Sohn aufs Schiff zu begleiten, nachdem sie zuvor mit ihm in Berlin war, um ihn einem Herrn vorzustellen, der seit mehreren Jahrzehnten in Argentinien ein gut gehendes Handelsgeschäft betrieb. Mehr aber konnte sie nicht für ihn tun. Darunter litt sie vermutlich am meisten: «Unfroh fließt mein Leben dahin. Es scheint, dass mir die Fähigkeit der Freude, ja, die Möglichkeit des Interesses am Leben auf unbegreifliche Weise abhanden gekommen ist. Ich bin stumpfsinnig. Ich esse, schlafe, gehe spazieren, lese, besorge meine Wirtschaft, aber ich bin ein Automat, den all das, was er da treibt, nichts angeht. Ich glaube, es ist irgendwo in meinem Organismus eine Feder gesprungen, und nun bin ich kaputt. Vielleicht kann ein geschickter Mechaniker den Schaden noch einmal repariren. Vielleicht aber ist dazu das Urwerk doch schon zu abgenutzt. Vedremo.»

Es fiel Hedwig Pringsheim schwer, die Leere zu überwinden, die Eriks Verbannung in ihrem Leben hinterließ. Das Gefühl zunehmender Vereinsamung, unter dem sie seit dem Weggang ihrer Kinder litt, drohte jetzt jeden Elan zu ersticken: «Ich habe keine Freuden, keine Freunde. Das Leben wird so heruntergespult, im Kreis umhergetrieben, ‹bis es am Abend niederfällt und stirbt›.»

Es war Tochter Katia, der es gelang, der Mutter wieder Lebensmut zu geben und sie zu ihren alltäglichen Pflichten zurückzuführen. Katia bedurfte der Fürsorge. Sie war schwanger und erwartete im November 1905 ihr erstes Kind. Es sollte Erik oder Erika heißen.

KAPITEL 5

Familienszenen

Erika Mann kam am 9. November 1905 auf die Welt. Die Geburt war schwer, Hedwig Pringsheim stand ihrer Tochter nach Kräften bei. Schon am übernächsten Tag konnte der Vater seiner alten Gönnerin Ida Boy-Ed nach Lübeck vermelden, dass «nun alles Idyll und Frieden» sei und der Anblick des Säuglings an der Brust der Mutter «die Foltergreuel der Geburt» nachträglich verkläre.

«Bei Tommy's ist alles in Ordnung. Erika gedeiht an der Mutterbrust», erfuhr, wenngleich erst ein Vierteljahr später, auch Maximilian Harden. Von dem Namenspatron des kleinen Mädchens kamen jedoch nur spärliche, «den Umständen angemessene Nachrichten», die aber wenig dazu angetan waren, die Mutter zu beruhigen: «Erik bleibt eine offene Wunde.» Dennoch bemühte sich Hedwig Pringsheim, den täglichen Anforderungen gerecht zu werden: «Als Pflaster versuche ich's mit Arbeit, helfe meiner Schwester Miez Forgarosso's *Il Santo* zu übersetzen, den ich langweilig und unbedeutend finde, und lerne ein bischen spanisch. Gebe auch kleine Diners – Sonntag kommen Stucks, Uhde, Bernsteins etc – und lasse die Jugend tanzen.»

Nun, derlei Ablenkungen mochten helfen. Weniger leicht fiel es der Arcisstraßen-Herrin, den häuslichen Alltag zu organisieren. In diesem Bereich war, wie sie nicht ohne Selbstironie und Witz notierte, die jahrelange selbstverständliche Souveränität einem eher lethargischen *laissez faire* gewichen: «Eben, lieber Harden, passirt mir etwas direkt Beschämendes. Ich suche eine neue Jungfer, es stellt sich ein niedliches Mädchen mit abominablen Zeugnissen vor, ich bin zu bequem zum Weitersuchen – außerdem ist man ja doch auch hier immer allzusehr in Gottes Hand – niedlich ist sie auch: ich mach ihr also einige Vorhaltungen und erkläre dann großmütig, daß ich sie trotz alledem engagiere. Und die Niedliche: sagt, sie wird sichs bis morgen überlegen, ob ihr die Stelle paßt, und ob sie nichts besseres findet, und mir dann Bescheid sagen. Und das beste ist, wenn sie morgen will, nehme ich sie, weil ich bequem bin und sie so niedlich ist. Aber ich bin doch in meinem Größenwan etwas erschüttert.» – Der Ausgang dieser Geschichte ist nicht überliefert; meist blieben die «Mädchen» des Hauses Pringsheim ihrer Arbeitgeberin sehr lange treu. Dienstbotenprobleme, wie sie sich im Hause Mann fast monatlich, manchmal sogar noch häufiger einstellten, gab es im Hause von Hedwig Dohms Tochter höchst selten.

Nach Eriks Verbannung und Katias Auszug fühlte sich Hedwig Pringsheim zunehmend allein in ihrem großen Palais, und es gab Wintertage, an denen sie trotz ihres riesigen Bekanntenkreises das Gefühl hatte, in Monotonie zu ersticken: «Das Haus ist schrecklich einsam. Klaus in Wien, von Erik keine Nachricht, Peter im Theater und Alfred, der Ärmste, im Bett. Sozusagen doppelt im Bett. Nämlich mit operiertem Fuß und einer Liege-Hunger-Diätkur. Aber der ökonomische Professor wollte gleich zwei Dinge mit einer Klappe schlagen, und das erzwungene Liegen mit der schon lange über ihm schwebenden Magenkur verbinden. Nun bekommt er also, zur Erheiterung für seinen schmerzenden Fuß, täglich 4 Tassen mit nicht sehr ermunternden Flüssigkeiten als einzige Narung, und auf dem Magen liegt der Eisbeutel.»

Auch vom berühmten Schwiegersohn gab es wenig Erfreuliches. Er sorgte für Ärger durch einen in Münchner Zeitschriften ausgetragenen Streit mit dem Publizisten Theodor Lessing, der im Hause Pringsheim gut bekannt war: Katias «Tommy-Männchen fährt fort, eine Ungeschicklichkeit nach der anderen zu begehen, und sein Leben mit Beleidigungen und Widerrufen zu fristen». Vor allem aber kursierte im München des Spätsommers 1906 Thomas Manns «*Wälsungen*-Geschichte». Dabei war es Alfred Pringsheim ein Jahr zuvor gelungen, die Publikation jener Erzählung zu verhindern, die eine inzestuöse Beziehung unter Zwillingen aus reichem jüdischen Haus beschrieb und in einem Milieu spielte, das bis in sehr viele Einzelheiten hinein dem Haus Pringsheim nachgebildet war. Nun aber hatte sich ein findiger Buchhändlerlehrling darangemacht, den Text aus den Druckfahnen wieder zusammenzusetzen, die vom S. Fischer Verlag leichtfertig als Einwickelpapier verwendet worden waren. Doch obwohl «das Gerücht hübsch langsam und sicher seinen Weg in die weitesten Kreise» machte, hielt sich der Skandal diesmal in Grenzen, und Hedwig Pringsheim konnte im Herbst des Jahres 1906 erleichtert notieren: «Wir sind endgültig fertig mit der Affaire.»

Langsam nahm sich die Welt ein wenig freundlicher aus. Alfred war genesen; man konnte endlich reisen. In Wien, wo Gustav Mahler sich dankenswerterweise für Sohn Klaus «interessierte», sah das Ehepaar eine «wirklich charmante *Figaro*-Aufführung», in Nürnberg «Straußens *Salomé*», die indes nicht gefiel: «Mir hat sie keinen Eindruck gemacht.» Die alte Meiningerin fand «Wilde's [*Salomé*] mit der Eysold viel, viel beduselnder, und Alfred war über die Musik, die garkeine Musik mehr sei, ganz außer sich vor Entrüstung, wärend Heinz, der ja der jungen Generation angehört, von reger Begeisterung erfüllt war». Auch Klaus habe man gesehen: «Er ist mit Wien sehr zufrieden, hat sich aber einen kleinen Schnurbart zugelegt, in dem er unsagbar scheußlich aussieht, wirklich wie ein ganz gewönlicher Jud – ich hätte ihm beim ersten Anblick um keinen Preis einen Kuß geben können.»

Leider war die Erholungszeit bemessen: Alfreds Vater, Rudolf Pringsheim, hatte in seinem Sommerwohnsitz in Wannsee einen Herzanfall erlitten, und sein Zustand gab Anlass zur Sorge: «Der alte Schwiegervater ist recht unwohl, und wenn im 86sten Jar so eine Herzschwäche auftritt, weiß man natürlich nie, wohin sie fürt.» Nun, einmal noch ging alles gut, und am 8. Oktober 1906 konnte Schwiegertochter Hedwig in einem Brief an Harden resümieren: «Vor großer Aufregung wurden wir in Wannsee bewart; es war nur ein im ganzen so sehr unerquicklicher Aufenthalt. Jetzt erholt sich der beinahe 86-järige wieder, und wir konnten doch ziemlich beruhigt abreisen.» Aber es war nur eine Besserung auf Zeit. Vierzehn Tage später wurde Alfred Pringsheim erneut telegraphisch nach Berlin gerufen. Ein Schlaganfall hatte die Situation dramatisch verschärft. Hedwig Pringsheim machte sich keine Illusionen: «Mein Koffer steht parat.»

Mehr als das Ende des alten Mannes fürchtete sie die unwägbaren Nebenumstände, sprich: die Frage, wie die Schwiegermutter mit ihrer Einsamkeit zurechtkommen würde. «Die fast 80-jährige Frau, die in 56 Jaren keinen Augenblick ihres Lebens one den Mann verbrachte, ist nun schwachsinnig geworden – für diesen Fall – man fült sich beinahe versucht, zu sagen ‹leider› – nicht schwachsinnig genug. Und so lieblos und liebeleer, daß auf der weiten Welt niemand, aber auch niemand ist, mit dem man sie zusammentun könnte.»

Rudolf Pringsheim starb am 19. Oktober 1906. Über das Begräbnis gibt es keine Zeugnisse. Wir wissen nur, dass Alfred nach dem Tod des Vaters monatelang zwischen München und Berlin pendelte und stets «sehr spitz und angegriffen vom Besuch seiner wirklich beklagenswerten alten Mutter» heimkehrte. Wenn ihn Vorlesungen und sonstige Geschäfte in München hielten, fuhr Hedwig «als Ablösung» in «das reiche Haus». Auch wenn sie es nach Möglichkeit vermied, in der Wilhelmstraße zu wohnen, sah sie sich doch gezwungen, auf die ihr so lieben Treffen mit Freunden und Verwandten verzichten und den größten Teil des Tages «der armen, einsamen Frau» zu widmen, «der ich ja nun alles, was sie mir je angetan, vergessen muß».

Besonders herzlich scheint das Verhältnis von Hedwig Pringsheim zu ihrer Schwiegermutter nicht gewesen zu sein. Die Besuche seien «das enervirendste, was auszudenken ist». Es habe, klagte sie nach einer Visite im September 1907, «keine Möglichkeit gegeben», der alten Frau auch nur «auf ein paar Stunden zu entkommen», und selbst nach einem Besuch von Hedwig Dohm in der Wilhelmstraße sei es nur «unter Anwendung teuflischer Listen» gelungen, «das Mimchen in der Galakutsche derer von Pringsheim» wieder nach Hause zu bringen: «Doch mußte ich mich eidlich verpflichten, umgehend wieder heimzufahren.»

Nein, so gern Hedwig Pringsheim von Zeit zu Zeit dem Münchner Dasein entfloh – im Berliner «Goldhaus» hat sie sich niemals wohl gefühlt. Da war ihr jeder familiäre Trubel lieber. Und so nahm sie es hin, dass ihr auch diesmal wenig Zeit blieb, ihr Schicksal zu beklagen.

In der Franz-Joseph-Straße stand Katia kurz vor ihrer zweiten Entbindung. Fast auf den Tag genau ein Jahr nach Erika – am 18. November 1906 – kam Klaus Heinrich Thomas Mann auf die Welt. Die Großmutter hatte alle Hände voll zu tun, um nicht nur das Gedeihen des Säuglings und die Rekonvalenszenz der Tochter zu überwachen, sondern auch zwei Haushaltungen zu führen. Zweimal täglich war sie bei der Tochter. «Zwischendurch» hütete sie die einjährige Erika, die bei ihr wohnte und «als echtes Schriftstellerkind» täglich «die sämmtlichen Bücher» ihrer Großmutter herausriss und sich nur in «Bergen von gedrucktem Papier» wohl zu fühlen schien.

Daneben war eine «rasende Familienkorrespondenz mit all diesen auswärtigen Kindern und Müttern und Schwiegermüttern» zu bewältigen. Doch auch wenn sie sich gelegentlich über die Ansprüche beschwerte, die ihre Sprößlinge mit der größten Selbstverständlichkeit an das Elternhaus stellten, im Grunde war Hedwig Pringsheim dankbar, wenn sie spürte, gebraucht zu werden. «Hier habe ich mein Haus voll: Alle Söne (außer dem einen, den ich meine,) dazu Tommy's mit Kindern und Kinderfrau, die den Umzug vom Lande in Mutterns Behaglichkeit von ihren Mädchen besorgen lassen. Aber von heute an bröckelt die Familie hübsch nach und nach ab. Klaus reist nach Genf, um seine Stellung als zweiter Kapellmeister anzutreten. Nächste Woche geht Peter nach Cambridge, Heinz nach Pergamon; und Manns Mädchen werden mit dem ‹Großreinemachen› ja auch demnächst fertig werden. Nachher sind wir wieder ganz allein; bis Alfred, so um den 12. November, noch alleiner sein wird.»

‹Noch alleiner›: Hedwig Pringsheim hatte ihrem Mann nach langem Kampf die Erlaubnis abgetrotzt, «den einen» in seiner Verbannung zu besuchen. Monatelang hatte sie – mit Hilfe jenes Herrn, dem sie Erik vor seiner Abreise in Berlin vorgestellt hatte – auf diese Reise hingearbeitet: «Ich plane, mit diesem Herrn Funke, der seit 30 Jahren drüben lebt und ein reicher und angesehener Mann ist, im November hinüber zu faren», hatte sie Maximilian Harden Ende Juli anvertraut. «Aber dieser olle Spießbürger von Alfred wirds ja nie erlauben. Und mitfaren? Da ist erstens der Beruf; und dann ist er so wasserscheu. Sie sollen sehen, er erklärt mich schlankweg für verrückt, wenn ich ernsthaft mit meiner Idee herausrücke.» Nun, ganz so war es nicht. Der *pater familias* erwies sich als ebenso tolerant wie großzügig, und seine Frau tat alles, um sich zu revanchieren: «Ich habe viel zu tun mit meinen Reisevorbereitungen. Das Haus muß bestellt werden, sodaß Alfred kein Unbehagen spürt, und Schneiderin und Modistin halten mich für leicht verrückt, weil ich Sommerkleider und Strohhüte verlange.»

Ende November 1907 bestieg sie den Postdampfer *Cap Arcona* der Hamburg-Südamerikanischen Dampfschifffahrts-Gesellschaft. «Wochenlang nur Wasser und Himmel», schwärmte sie in einem Brief an Freund Harden; einzig das turbulente Treiben auf dem «schwimmenden Riesenhotel» und das unaufhörliche Geschrei der argentinischen Kinder hätten «die Poesie der Elemente, den Taumel der Unendlichkeit» empfindlich gestört. Insgesamt aber sei die Reise «sehr gut» gewesen. «Unsere *Cap Arcona* ist ein schönes, sehr komfortables Schiff», das Leben an Bord angenehm, trotz der «endlosen Malzeiten und dem scheußlich vielen Essen, das das wesentliche Interesse der Reisenden ausmacht. Die Gesellschaft selbst besteht zum größten Teil aus argentinischen Familien, die kleinere Hälfte bilden die Deutschen, fast ausschließlich Kaufleute. Es sind sehr nette Männer darunter (ich sitze mit 8 Herren an einem Tisch, am Ehrenplatz neben dem ‹Kaptein›), aber sie sind nicht Blut von meinem Blut, und ich lerne mit Interesse und Staunen eine ganz neue, fremde Welt kennen.»

Sie reiste allein, als sei das für eine Frau zu Anfang des 20. Jahrhunderts eine Selbstverständlichkeit. Das trug ihr den Respekt ihrer Mitreisenden ein: «Ich werde sehr gut behandelt und genieße die besondere Protektion meines dicken Kapitäns.» Rüpel gäbe es zwar, wie überall, auch hier: «Gestern wurde ich beleidigt, indem ein jüngerer Argentinier mir zweimal ganz brutal sagte: ‹clothe your mouth.› Aber dem habe ichs gegeben, denn, oho, ich stehe meinen Mann.»

Die Dreiundfünfzigjährige genoss ihre Rolle auf dem Ozeandampfer und war dennoch froh, als das Schiff die Äquatorzone passiert hatte. Es sei «blödsinnig heiß» gewesen, und ungefähr eine Woche lang habe sie «wie in einem Sudatorium» gelebt. Doch das sei, gottlob, vorbei. Dafür müsse man, so kurz vor dem Ziel, vielleicht noch einen Wetterumschwung befürchten: «Das Meer, das so ganz unglaublich tiefblaue Färbung hatte, sieht grau und trübe aus, und lange Dünungen heben das Schiff auf und nieder. Aber ich bin nun schon ein ganz ausgepichter Seebär, füle kaum ein Unbehagen, wärend mirs die ersten Tage schon recht weh und übel zumute war. Hoffentlich kommts nicht noch die letzten Tage. Für mich ist übergeben schlimmer als Zanarzt.»

Wie auch immer: In den ersten Dezembertagen erreichte die *Cap Arcona* den Hafen von Buenos Aires. Der Sohn stand am Kai. «Wir haben beide glückselig geweint.» Aber dann «kamen gleich die kummervollen Eindrücke»: «Der Bub», klagte die Mutter, «ist eben völlig, völlig unverändert geblieben, im guten wie im schlimmen.» Zunächst habe sie ihn «mit einer nicht unerheblichen Summe» aus seiner bisherigen «wirklich scheußlichen Wonung» auslösen müssen, damit er zu ihr ins Hotel habe ziehen können. Die Vorstellung quälte sie, dass Erik in diesem «menschenunwürdigen Dasein» seit fast vier Monaten «tatenlos und immer abwartend, mit unsagbar trivialen Stammtischgenossen, nicht etwa besonders liderlich, aber doch weit über seine allerdings bescheidenen Verhältnisse» gelebt habe.

Und dann die Stadt! «Welche Enttäuschung!» «Stinkfad» und «wahnsinnig heiß»: «Man denkt sich doch: Buenos Aires, Südamerika, wie interessant, wie fremdartig, wie anders! Aber garnicht. Wie uninteressant, wie europäisch; eine moderne Großstadt, vollständig regelmäßig, quadratisch angelegt, mit lauter ganz gleichen Straßen, in denen ein unglaublich geräuschvoller Tramban- und Wagenverkehr unausgesetzt tobt. Sehr staubig, sehr heiß, sehr laut. Einheimische Damen sieht man nie auf der Straße, und ich habe mich auch schon so weit ‹verhiesigt›, daß ich in irgendeinem Schlumps den ganzen Tag in meinem Zimmer sitze und erst gegen Abend nach ‹Palermo› fare. Das ist der Tiergarten von Buenos Aires; nicht annähernd so schön, wie man hier glaubt, aber immerhin eine köstliche Oase in dieser sterilen Wüste. Dort trifft sich dann die ganze beau monde, vier und fünf Wagenreihen faren langsam nebeneinander, man hält an, steigt aus, besucht sich und zeigt die neuen Pariser Toiletten. Denn absolut pariserisch ist die Aufmachung; und wenn man sehr dunkle, an die indianische Abstammung gemanende Gesichter sieht ... das ganze Treiben wirkt doch unoriginell europäisch. Nur daß die große breite Avenida eben eine prächtige Palmen-Allee ist, an deren Ende der meeresbreite La Plata schäumt. Aber so weit geht man nie, von wegen der Mosquitos unten am Wasser.»

Die ersten Wochen in Buenos Aires müssen für Hedwig Pringsheim eine Tortur gewesen sein: «Wir sitzen, warten und schwitzen, und es hat sich an der Situation nichts verändert. Auch mein Eindruck von Buenos Aires kaum modificirt. Die Menschen arbeiten und essen und trinken. Lebensgenuß im feurigen Sinne scheint unbekannt. Es gibt kein Museum. Keine Kunst, keine Litteratur, keine Kirchen, keine Sehenswürdigkeit.» Sie war enttäuscht. Nichts, was sie hätte anregen können. Und dann der halb verkommene Sohn: «Über Erik bin ich täglich deprimirter, kann ihm aber nicht ernstlich böse sein, denn er ist wie die Kinder, die nicht wissen, was sie tun.» Es war nahezu aussichtslos, für ihn eine

Hazienda zu kaufen, wenn es denn überhaupt zu verantworten war, dem Jungen eine Farm anzuvertrauen. «Wie soll ich Alfred gegenüber die Verantwortung tragen, wenn es schlecht ausgeht?»

Die Mutter wird sich vor ihrer Abreise wenig Illusionen gemacht haben – aber *so* deprimierend hatte sie sich die Situation nicht vorgestellt. Selbst das Briefschreiben war da kein Trost: «Ich bin bereits in vollendetem Idiotismus versunken! Ich, die ich mit der Feder im Allgemeinen flinker bin als mit dem Mund, kaue verzweiflungsvoll an ihrem elfenbeinernen Ende und schreibe, wie die Zwillinge dunnemals bei ihren Volksschulaufsätzen, ‹nackte dürre Sätze›.»

Nein, in Buenos Aires konnte sie nicht bleiben: «Ich flüchte irgendwohin aufs Land, ans Meer – es wird doch in diesem Land einen ruhigen, kühleren Winkel geben.» Das Dorado fand sich. Rodolfo Funke lud Mutter und Sohn ein, die Weihnachtstage gemeinsam mit ihm auf seiner Estancia zu verbringen: «800 km hinter aller Civilisation, wo vor 20 Jaren noch die Indianer hausten. Da sieht man keine Zeitungen, da hört man keinen Menschen, da ist man allein mit Gott, der Pampa und sehr vielen Kühen, Schafen und Pferden.» Am Weihnachtsabend zündete der Gastgeber – «obgleich der nicht an Sentimentalität leidet» – ein kleines «als Tannenbaum verkleidetes hiesiges Sträuchlein» an. Hedwig Pringsheim genoss «nach dem schrecklichen Buenos Aires» die «absolute Weltabgeschiedenheit» von Herrn Rodolfos Farm: «Das ebenerdige Haus, das ferne, ferne von menschlichen Wonsitzen liegt, ist bequem und luftig; wir haben deutsches Personal, essen gut, und die Herren trinken noch besser und mehr, denn Rodolfo Funke ist ein trinkfester Teutscher. Abwechslung gibt's nicht. Vormittags lese und schreibe ich und laufe ein wenig in der Quinta umeinand, dem frischgepflanzten Garten, der der Stolz und das Schoßkind jedes Estanciero ist; denn im ganzen Land wächst außer diesen dürftigen Anpflanzungen kein Baum und kein Strauch, nachmittags faren wir spazieren, auf schlechten oder auch garkeinen Straßen, über Stock und Stein durch Flüsse und Stoppelfelder immer mitten durch; und abends sind wir sehr müde.»

Thomas Mann hätte seine Freude an diesen Brief-Berichten gehabt. Er plante, im zweiten Band des Hochstapler-Romans *Felix Krull* seinen Helden nach Argentinien zu schicken, und hoffte, die Reiseaufzeichnungen der Schwiegermutter würden ihm helfen, die südamerikanischen Abenteuer seines Helden atmosphärisch auszuschmücken. In der Tat ist Hedwig Pringsheims Tagebuch eine faszinierende Lektüre. Das Diarium wird freilich von den – leider nur wenigen – Briefen an Maximilian Harden übertroffen. In ihnen wird ein Rodolfo Funke lebendig, dessen Kreise Felix Krull mit Gewißheit tangiert hätte – wenn denn die Roman-Fortsetzung geschrieben worden wäre.

Für Mutter und Sohn Pringsheim währte das Glück in Funkes paradiesischem Garten gerade einmal zwei Wochen. Dann ging es zurück, fünfzehn Stunden mit der Eisenbahn von Pueblo nach Buenos Aires, wo Hedwig einen Schiffsplatz für die Rückreise, «circa 15. Februar», reservierte. Ihr Entschluss stand fest: «Bietet sich für Erik, der immer sucht und nicht findet, in den nächsten Tagen noch keine Aussicht, die seine Gegenwart nötig macht, so fare ich mit ihm auf 2 Wochen über die Cordilleren nach Chile. Das soll sehr interessant und lonend, wenn auch ein wenig strapaziös sein.»

Strapaziös war die Reise in der Tat. Vier Tage und drei Nächte waren die beiden unterwegs. Heimgesucht von Hitze und Staub, dem Ersticken oft nah, fuhren sie durch die Pampa. Hinter Mendoza kamen endlich die Berge: «Es wird, trotz absoluter Kalheit, landschaftlich interessant, die Felsen weisen bizarre Formationen auf, unten wälzt sich die Mendoza mit schmutzig gelben Fluten. Brücken füren über das Wasser, weiße Schneewiesen tauchen im Hintergrund auf. Die alte Maschine will nicht recht arbeiten, alle halbe Stunde steht der Zug. Wenn in dem engen Felsental, in ödester Wildnis, der Zug auf der Strecke hält, die Reisenden herunterklettern und sich auf Steinen, am Geröllhang, malerisch gruppieren, so sieht es recht aus wie auf einem unwarscheinlichen Kinematographenbild.»

Kurz vor der Passhöhe endeten die Schienen; Maultiere und klapprige, leinwandbespannte «coches» übernahmen Gepäck und Passagiere. Einige Herren ritten, und Hedwig Pringsheim übte sich als Reiseschriftstellerin. «Die Straße ist durch eine Geröllhalde gefürt, über Stock und Stein färt in raschem Tempo – selbst bergauf – der holprige Wagen und schüttelt einem Leib und Seele durcheinander. Der Staub hört selbst nicht auf, als der Schnee wie eine Mauer sich zu beiden Seiten der Straße türmt.» Als es Nacht wird, pfercht man die Gäste in ein winziges ebenerdiges «Unterkunftshaus». Die Dreiundfünfzigjährige teilt sich einen Vier-Betten-Raum mit fünf Damen und einem Säugling. Und am nächsten Tag setzten sich die Strapazen fort. Wohl dem, der seinen Koffer wiederfand! «In dem engen Felstälchen drängen sich die Wagen auf einen Haufen, die Gepäcktiere ruhen dazwischen, die Treiber schreien, die Reisenden tun desgleichen in 10 lebenden Sprachen, keiner findet seine Sachen aus diesem sich türmenden Gepäckhaufen.»

Doch entschädigte der Rest der Reise für die Entbehrungen der vorhergehenden Tage: «Die Fart von Funcal bis Los Andos auf der chilenisch transandinischen Ban ist wunderschön. So öde und steril es auf der argentinischen Seite ausschaut, so landschaftlich schön und reizvoll ists auf der chilenischen.» Valparaiso gefiel ihr: die terrassenförmig aufsteigende Stadt und die hohen Berge ringsum. Sie musste wundervoll gewesen sein vor dem Erdbeben, das zwei Jahren zuvor «ganze Straßenzüge in Schutt und Trümmer» legte.

Mit bewundernswerter Energie hat Hedwig Pringsheim gegen Resignation und Verzweiflung angekämpft. Aller Bestürzung über die dramatische Lebenssituation ihres Lieblingssohnes zum Trotz gelang es ihr, der oft traurigen Reise Positives abzugewinnen. Dabei blieb sie empfindlich gegenüber dem Leid anderer. Noch im entlegensten Winkel der Pampa verfolgte sie die Verleumdungs-Prozesse, die von der kaiserlichen Kamarilla in Deutschland gegen ihren Freund Maximilian Harden angestrengt worden waren: «Ich zitterte für Sie. Und gestern erfur ich nun hier in meiner weltabgeschiedenen Einsamkeit, daß ich nicht umsonst gezittert. O, mein lieber, guter Harden: es ist infam! Infam! Ich bebe vor Zorn und ich leide mit Ihnen. Glauben Sie, mein Freund, daß im hintersten Argentinien ein Herz schlägt, das für Sie klopft, Augen sind, die um Sie weinen und hübsche, weiße Zäne, die Ihretwegen knirschen.»

Der ‹Zorn bebt› und die ‹Zähne knirschen›: Nein, Schwierigkeiten, ihren Gefühlen Ausdruck zu geben, hatte die alte Meiningerin nicht. Aber sie kannte sehr wohl die Grenzen, die sie bei ihren oft recht pathetischen Exklamationen beachten musste, wenn ihre Sympathiebezeugungen dem Adressaten nicht peinlich werden sollten. So folgte hohem Pathos zumeist die Antiklimax, die dem allzu Gewagten durch Witz und Souveränität Glaubwürdigkeit zurückgab und den Empfänger der warmherzigen Anteilnahme der Schreiberin versicherte.

«Soll man's glauben» – heißt es in einem Brief anlässlich der Wiederaufnahme der Harden-Prozesse im Oktober 1908 – «Ich schäume, Alfred schäumt, Peter schäumt, Katja schäumt, Tommy schäumt – wir alle schäumen. Ich wüßte warhaftig nicht, was Klaus in Plauen anders tun sollte als schäumen. Selbst Heinz in Athen. Höchstens Erik in Argentinien nicht, denn der legt sich überhaupt eben selber eine Schweinezucht zu. Ja, was tun wir denn nur da! Das ganze ist ja doch eine solche Schmach, daß man wirklich nicht in Deutschland wonen bleiben kann. Wollen wir nach Bulgarien auswandern?» Doch dann folgt das Fazit, und die Schreiberin machte Ernst: «Ich habe die Empfindung, angesichts dieser ungeheuerlichen, empörenden, unfaßbaren Rechtsbeugung müßte die öffentliche Meinung aufstehen, wie ein Mann müßten sie alle aufstehen, die eine Stimme haben, und laut müßten sie rufen: nein, bis hierher und nicht weiter.»

Sie hatte den Wunsch, die Dinge nicht im nur Negativen zu belassen; sie wollte helfen, selbst wenn die Lage aussichtslos schien: «Könnte, o könnte ich doch etwas für Sie und zu Ihrer Erheiterung tun! Ich hätte ja mancherlei drolliges, und interessantes auch, zu erzählen, aber ich fürchte, der Moment ist nicht gut gewält. – Was hätten Sie gesagt, wenn in Chile der Erdboden mich verschlungen hätte? Denn ein bischen gebibbert hat's gerade wieder wärend unserer Anwesenheit in Valparaiso, diesem armen, kläglichen Trümmerhaufen einer einst blühenden Stadt. Und hier stehen wir am Vorabend eines Revolutiönchens, die Truppen sind konsigniert, der Belagerungszustand soll proklamiert werden, und man weiß nicht, was noch werden mag.

Nun folge ich diesem Brief auf dem Fuß. Erik will nicht mit, und eine passende Estancia für ihn hat sich auch nicht gefunden; sorgenvoll und schweren Herzens, wie ich kam, gehe ich auch wieder.»

Der Sohn hatte die Mutter nach Montevideo begleitet. Zweieinhalb Monate hatte sie mit ihm gelebt. Was blieb, war die Erinnerung an großartige Natureindrücke, glorreich überstandene Strapazen und fremd gebliebene Menschen, aber auch das Wissen um die «kleinliche, stumpfsinnige Misere», in der sie Erik zurückließ.

Über ihre Gefühle während der langen Passage wissen wir wenig. Das Leben auf der *Avon* – einem großen, bequemen Handelsdampfer mit kleinen, sehr dürftigen «Kabinchen» – war ganz anders als auf der eleganten *Cap Arcona*: «Geringere Passagier-Zal, weniger Geselligkeit, weniger Deckpromenade, mehr Lektüre, jeder mehr für sich. Sehr still, sehr englisch reserviert, beitisch nur flüsternde Konversation. Die Malzeiten spielen nicht annähernd die Rolle, man speist rasch, spricht nie vom Essen, sitzt nicht länger als ½ Stunde beitisch; an unserem Tisch trinken 6 Menschen nichts, der siebente Gingerbeer.»

Anfang März 1908 war Hedwig Pringsheim wieder in München. Doch kaum angekommen, schmiedete sie neue Reisepläne. «Ende des Monats», schrieb sie an Harden, werde sie «den durch Automobile erheblich verstänkerten Heimatstaub» wieder von ihren Füßen schütteln, um «auf drei Wochen nach Italien, Florenz, Rom, Neapel» zu reisen: «diesmal aber ganz gesittet und matronenhaft mit Alfred und Peter, meinen zwei schönbeplatzten Männern.»

‹Schönbeplatzte Männer›: Die Epistolographin liebte derlei Wendungen – zumal zur Charakterisierung familiärer Konstellationen: «Welch ein Jammer, daß die goldenen Kinder so rasch, wie meine Schwiegermutter es nannte, ‹eingehoste Jungen› werden. Mein kleiner goldiger Lockenkopf Erik sitzt nun schon als recht übel eingehoster Mann seit 1½ Jaren in den argentinischen Pampas. Klaus wird am Theater korumpiert, Peter spielt in Göttingen die Rolle des Dandy aus der Residenz, und Heinz hat sich beinahe zu einem netten Hausson entwickelt.»

Ja, die Briefe aus der Zeit der Heimkehr klingen gelöst und sind nicht selten von geistreich-boshafter Präzision, wenn es darum geht, den Bekanntenkreis zu charakterisieren: «Hier war Lily Lehmann: fabelhaft schön in rotem Sammt mit Spitzen und Brillanten; und sie sang erstaunlich, denn Alfred behauptet, sie sei nicht 60 sondern 62.» Kein Zweifel, Hedwig Pringsheim hätte, weit mehr als ihre Mutter, das Zeug zu einer Schriftstellerin gehabt, zu einer Meisterin des intelligenten Klatsches, die selbst vor ihren Kindern nicht Halt machte. «Gescheidt» sei Sohn Peter, aber «ein häßlicher Knabe. Hat er nicht eine zu klobige Nase und einen zu aufgeworfenen Mund, mein Peter? Er sieht Walter Rathenau ähnlich, Typus Neger. Schön angezogen ist er, mein Peter, wunderbare Westen und Kravatten, alles äußerst elegant. Aber Reichskanzler, wie Walter, könnte er nie werden.» Im Übrigen verlobe sich der Sohn «seit sechs Jahren» «im Munde der Leute» mit demselben schönen Mädchen, sodass man annehmen müsse, dass daraus nie etwas werde.

Da war es beruhigend, dass jedenfalls das Eheleben von Katia und Tommy in gut bürgerlichen Bahnen verlief: «die Manns haben sich in Tölz angekauft» und verbringen, «wie es sich für eine ordentliche bourgeoise Familie» geziemt, den Sommer in ihrem neuen Domizil: «Das junge Volk ist leichtsinnig. Ich glaube, der Ehrgeiz plagt sie und sie bereitet wieder ein neues Kind.»

Diese Vorstellung allerdings gefiel der Mutter wenig. Gewiss, Katia sei mit ihren beiden Kindern «absolut glücklich»; gut schaue sie aus, man könne gar den Eindruck gewinnen, «das Mütterliche» sei überhaupt «ihr recht eigentliches Gebiet», aber deswegen müsse man ja nicht gleich eine Großfamilie gründen. Sie hatte Angst um die Gesundheit der Tochter und war der Meinung, die zwei bereits vorhandenen lebhaften Kleinen seien anstrengend genug.

Vielleicht aber projizierte die Mutter dabei auch eigene Gefühle auf die Tochter, denn ihr selbst fiel es, wie sie ihrer Freundin Dagny gestand, nicht immer leicht, den Enkeln zu genügen. So richtig habe sie sich die beiden noch nicht «angewöhnt»: «Es kann aber sein, daß ich auch für die eine Art Schwäche bekomme. Klaus Thomas, den ich sehr sinnig ‹Kluto› nenne, ist natürlich noch zu dumm, zu klein, zu blond, zu windelnässend, als daß ich mich für ihn interessiren könnte. Aber Erika ist pikant, amüsant, drollig – bis jetzt nicht hübsch; und daß sie bei meinem Anblick unentwegt in wansinniges Gebrüll ausbricht, ist amende ein Zeichen von Charakter. Wenn ich ihr nicht gefalle, braucht sie mich doch nicht zu lieben, blos weil ich ihr O'Fink bin.» O'Fink, später dann auch kurz «Offi» – das war der Name, mit dem Hedwig Pringsheim Briefe an besonders gute Freunde unterschrieb. «Hedwig» klang irgendwie förmlich. Dann schon lieber «Fink», der Artist unter den Vögeln. Jedenfalls ein begnadeter Sänger, einer nach dem Geschmack der Musenfamilie Dohm.

Ja, 1908 war ein glückliches Jahr: Katias Zwilling Klaus dirigierte in Plauen den «Walzertraum» und hatte, da «die in Plauen alles geben: Operetten, Lohengrin, Mozart, Trompeter, Fidelio», «riesig viel zu arbeiten». Und schließlich kamen selbst von Erik «leidlich gute Nachrichten!». Er hatte – Monate nach dem Besuch der Mutter – doch noch eine Farm gefunden, die er zusammen mit einer Frau bewirtschaftete. «Der Gute gebiert – gebärt (wie sagt man? Ich konnte es blos tun) Kälber, schlachtet Schweine und verkauft Mais. Die Frau schreibt einfach, natürlich, klug und vertrauenerwekkend.» Dennoch blieb die Mutter skeptisch: «Erik, der arme gute Dumme, hat sich ‹drüben› verheiratet; ich fürchte, auch wieder nicht sehr klug.»

Der Januar 1909 setzte diesen freundlich-beschaulichen

Familienszenen ein jähes Ende. Ein Telegramm aus Argentinien meldete in wenigen Worten den Tod des ältesten Sohnes. Ursache unklar. Nachfragen schwer möglich. Ein Unglücksfall, hieß es zunächst, dann wurde von einem Hitzschlag gemunkelt. Doch zumindest für die Mutter stand bald fest, dass Schlimmeres passiert war und Erik von dem Liebhaber seiner Frau aus dem Weg geräumt worden war.

Wie Hedwig Pringsheim diese Schreckensnachricht aufnahm, weiß niemand mehr. Es scheint, als sei sie zusammengebrochen. Erst vier Monate später, am 11. Mai 1909, versuchte sie in einem Brief an Maximilian Harden das Geschehene in Worte zu fassen: «Ich komme wie aus einer Gruft und bin dem Leben ganz fremd geworden. Es sind beinahe 4 Monate ins Land gegangen seit Eriks Tod, und ich habe mit niemandem gesprochen und ich habe an niemanden geschrieben. Zuerst hatte ich vier Wochen – volle vier Wochen! – gewartet und gewartet auf den Brief der Frau, der mir sagen sollte, wie und warum Erik starb; dann habe ich auf die Ankunft der Frau gewartet, in banger Sehnsucht; dann auf ihre Abreise – fast noch ungeduldiger; dann auf die Ankunft von Eriks Leiche. Und letzten Donnerstag haben wir, was noch übrig war von ihm, in Ulm verbrannt.»

Sie hatte durchgesetzt, dass die Einäscherung ohne die Frau stattfand, deren Namen sie niemals nannte. Ein letztes Mal wollte sie ihren Jungen für sich allein haben. Den Aussagen der Schwiegertochter, Erik habe sich vergiftet, konnte sie nicht glauben. «Jedes Wort eine Lüge!» Der Brief eines Bekannten, der in Buenos Aires zufällig mit der jungen Frau die Tage vor ihrer Überfahrt nach Europa im gleichen Hotel verbracht hatte, schien all ihre Schreckensphantasien zu bestätigen. «In dem Brief stand, daß man sie, deren recht kluge, recht sympathische eigene Briefe sie als schmerzgebeugte, elende, kranke, totunglückliche Frau darstellten, im Hôtel ‹die lustige Witwe› heiße.»

Von Schmerz und Angst gepeinigt, bestand Hedwig Pringsheim hinter dem Rücken der Schwiegertochter auf einer Obduktion des Leichnams, aber «es fand sich nicht das leiseste Anzeichen von Gift!» Das Ergebnis konnte die Mutter nicht besänftigen. Ihre Schuldzuweisung war eindeutig: Auch wenn sie ihn «nicht direkt gemordet, sie hat ihn in den Tod getrieben. Nach meiner Überzeugung: absichtlich in den Tod getrieben. Sie hat ihn aus Speculation geheiratet, eingefangen; die Speculation ist misglückt und sie mußte ihn loswerden. Da hat sie ihn denn hineingehetzt – Eifersucht, berechtigte Eifersucht, muß auch mitgespielt haben – da ist ein Engländer, der verhängnisvoll war. Ihre Briefe an uns waren klug ersonnen, gut durchgefürt; sie selbst ist in aller Raffiniertheit dumm, oberflächlich, nicht fähig, eine Rolle durchzufüren. Nach einer Stunde hatten wir sie durchschaut. Eine Kokotte, die möglichst viel Geld von uns ‹herauszuschlagen› hoffte.»

Gab es tatsächlich Beweise? Oder hat die verzweifelte Mutter nach einer Erklärung für den unfassbaren Tod gesucht? Kam ihr die Theorie von der mörderischen Schwiegertochter gar gelegen? Da gab es nun eine Frau, auf die sich alle Verantwortung abwälzen ließ, die vergessen machen konnte, dass Erik Pringsheim ja nicht freiwillig nach Argentinien ausgereist war. Es scheint, als hätten die hemmungslosen Schuldzuweisungen den Schmerz der Mutter zumindest augenblicksweise zu betäuben vermocht: «Ich werde nie erfaren, wie und warum Erik starb. Aber ich weiß so oder so, daß die Frau seine Mörderin ist.»

Und doch gab es Augenblicke, in denen Hedwig Pringsheim, bei allem Zorn, auch ihrer Trauer Ausdruck geben konnte: «Eben habe ich den Schlosser kommen lassen, um

Eriks Schreibtisch zu öffnen; und da habe ich wieder ein paar Tage zu ordnen und zu fülen. Solche dummen kleinen Sachen hat mein armer kleiner Junge aufgehoben – es ist ein so wehmütiges Geschäft! Aber ich tue es gern, da kann man von Zeit zu Zeit ein bischen weinen.» – Doch dann hieß es wieder tapfer zu sein, die Schublade zu schließen, Contenance zu bewahren und das Nachleben des Erik Pringsheim zu organisieren: «Für die vielen, die es nichts angeht, starb Erik an einem Hitzschlag. So wars vereinbart; er hatte ‹um einen leidlichen Abgang› gebeten, und so steht's im ärztlichen Totenzeugnis.»

Hedwig Pringsheim hat den Tod ihres Lieblingssohnes wohl niemals verwunden. Aber wenn sie von sich und ihrer Mitwelt eines verlangte, dann war es die Rückkehr zur Normalität: «Ich weiß doch, daß die Welt nicht stehen bleibt, weil einer Mutter Son starb. Es geht alles seinen gewonten Gang weiter, und man muß, wenn man nicht definitiv ein Ende machen will (und das will und darf man ja nicht), versuchen, sich wieder einzureihen. Aber da es so schwer, maßlos schwer ist, müssen die anderen einem helfen.»

Dennoch bekannte sie später, dass ihr im Grunde kein Mensch habe helfen können. Sie hat sich, so, wie sie es in ihrem Brief verlangte, wieder «eingereiht»; aber so einsam wie in diesen Monaten hat sie sich wohl nie zuvor gefühlt: «Niemand konnte mir etwas sein: auf Gottes weiter Welt niemand. Nicht einmal Mimchen, an der ich doch mit jeder Faser meines Seins in Liebe hänge. Nicht mein Mann: denn er war der ungute Vater meines Toten gewesen. Nicht meine übriggebliebenen Söne, die ich wochenlang nicht sehen wollte und nicht sah. Allenfalls Katja, weil sie stillverstehend mir täglich zur Seite stand.»

Tochter Katia war wieder schwanger, als die Todesnachricht eintraf. Im März 1909 wurde ihr drittes Kind geboren, ein Bub, «der zu aller Entsetzen ‹Angelus›» heiße: Angelus Gottfried Thomas, aus dem über «Gelus» schließlich «Golo» wurde. Die Sorge um die Tochter hat, so scheint es, die Mutter ins Leben zurückgeführt. In der Franz-Joseph-Straße warteten angesichts eines ganz mit seiner schriftstellerischen Arbeit beschäftigten Schwiegersohnes und einer recht konstanten Dienstbotenmisere Aufgaben in reicher Menge. Sie fand sogar wieder Spaß an pointierten Formulierungen. «Katja närt den jungen Mann mit dem seltsamen Namen noch selbst, während Tommy in Zürich bei Bircher-Benner Erholung sucht von den Strapazen der Entbindung – von seinem Roman.»

In Berichten und Briefen ist gelegentlich zu lesen, Thomas Mann habe seine Schwiegermutter nicht eben geschätzt, die beiden hätten ein recht gespanntes Verhältnis gehabt. Von Hedwig Pringsheim selbst ist über ernsthafte Konflikte weder in den für die Jahre 1910–1916 erhaltenen Notizbüchern noch in ihren Briefen etwas zu erfahren. Die Dokumente zeigen lediglich, dass die Schreiberin die Tätigkeiten ihres berühmten Schwiegersohns mit dem gleichen treffsicheren Witz protokollierte wie die anderer Menschen ihres Kreises. Ironisch oder gar maliziös wurde sie vor allem dann, wenn sich der Ehemann – ihrer Meinung nach – allzu sehr auf Kosten der Tochter seinen eigenen Interessen und Bedürfnissen hingab. Sonst aber mühte sie sich um eine wohlwollende Beurteilung seines Verhaltens, auch dann, wenn es ihr *contre cœur* ging, und erst recht dann, wenn sie ihn zu Unrecht angegriffen oder getadelt wähnte.

Niemals hat Hedwig Pringsheim Zweifel an Katias Wahl formuliert. Bei aller Sorge um die Tochter, bei allem Eingreifen in die organisatorischen Probleme der jungen Familie hat sie sich stets bemüht, die Autonomie der Mann'schen Entschlüsse zu respektieren. Allerdings versuchte sie gelegentlich, ihr unabdingbar erscheinende Notwendigkeiten bereits zu einem Zeitpunkt in ihrem Sinne zu entscheiden, da sie den Betroffenen selbst noch gar nicht recht bewusst geworden waren. Aber gewiss: Sie war allgegenwärtig. Mutter und Tochter sahen sich auch nach Katias Heirat – mit Ausnahme der Reisezeiten – nahezu täglich. Die Notizbücher bezeugen: Hedwig Pringsheim half beim Aussuchen der Wohnungen, sie engagierte das Personal, sie übernahm, wenn Bedarf war, tagelang die Kinder, sie bestellte die Ärzte und betreute die Tochter während der Geburten und verlegte, wenn's sein musste, zur Schonung der Wöchnerin schon mal den gesamten Haushaltsbetrieb in die Arcisstraße. Mag sein, sie hat's gelegentlich ein klein wenig übertrieben; dennoch: Der Mann'sche Haushalt hätte ohne Hedwig Pringsheim kaum funktionieren können.

Hedwig Dohm, *little Grandma*, hatte in ihren Schriften energisch gefordert, dass Frauen nicht zuletzt deshalb ein Recht auf Bildung und Ausbildung beanspruchen sollten, damit sie später einmal nicht der Versuchung erlägen, die eigene Unausgefülltheit durch Dreinreden in den töchterlichen oder schwiegertöchterlichen Haushalt zu kompensieren. Hedwig Pringsheim hat die Maxime der eigenen Mutter gewiss nicht zur Gänze befolgt. Ihrer Tochter «dreingeredet» hat sie sicherlich nicht, sehr wohl aber durch ihre Hilfe und auch durch ihren nicht selten sehr entschiedenen Rat der jungen Frau das Hineinwachsen in das neue Leben erleichtert. Katia bemühte sich, es der Mutter durch ihren «stillverstehenden» Beistand in allem, was Erik betraf, zu vergelten. Noch jahrelang begleitete sie die Mutter am Geburts- und am Todestag des Bruders auf den Waldfriedhof, wenn Hedwig Pringsheim ihrem Jungen «Blumen», «Blüten» oder «Kränze» brachte.

Nur langsam kehrte das Leben in der Arcisstraße zum gewohnten Rhythmus zurück. Die Hausfrau nahm ihren regelmäßigen Turn- und Reitunterricht wieder auf und ließ die Freunde wissen, dass sie zur gewohnten Teestunde daheim sein würde. Die Rückkehr in die Gesellschaft erleichterten einige Ehrungen, die das Ansehen der Ihren steigerten: Peter war in Berlin zum «besoldeten Universitätsassistenten» avanciert, und Alfred hatte als Dekan in München das Recht, sich ein Jahr lang als «Spectabilität» anreden zu lassen.

Nur die abendliche Einsamkeit in dem «großen, öden Haus», wenn Alfred in Fakultätsgeschäften unterwegs war, Sängerinnen in die Oper begleitete oder Künstlerfreunde traf, machte ihr mehr als früher zu schaffen. Die Mitgliedschaft des *pater familias* in der ursprünglich nur Malern vorbehaltenen Gemeinschaft «Allotria» trug zwar zur Erweiterung des gesellschaftlichen Umkreises der Pringsheims bei, aber die Club-Abende blieben selbstverständlich eine Domäne der Männer. Gerecht fand Hedwig Pringsheim das nicht. «Mein Professor hat sich mit der Zeit eine ganze Masse Vereine und Sitzungen angewönt, und ich, die ich nie ausgehe, werde ein völliger Einsiedler und verblöde zusehends.»

Eigentlich liebte sie die Stunden, in denen sie sich ungestört der Lektüre oder ihrer umfassenden Korrespondenz hingeben konnte. In den Monaten nach Eriks Tod aber war sie froh, wenn sich irgendetwas Lebendiges in ihrer Nähe regte. «Ganz allein bin ich, ganz allein», bekannte sie Maximilian Harden, «denn die Leute sind ja in einem anderen Flügel. Und wenn mein guter treuer Plisch» – Eriks alter Hund – «nicht zu meinen Füßen läge und vor Greisenhaftigkeit ein bischen schnarchte, könnte ich mich beinahe fürchten.

Alfred ist gestern für ein paar Tage nach Berlin gefaren und gleichzeitig mußte ich die 3 Mann-Kinder, die ich

4 Wochen zu hüten hatte, wieder in die heimische Franz-Joseph-Straße liefern, da die lieben Eltern heute früh von ihrer Italienfart heimkehrten. So wurde mit einem Schlag das durch Kindergezwitscher wochenlang recht lieblich belebte Haus stumm und still und öde. Mein Schlafzimmer ist so sehr weit ab von der menschlichen Gesellschaft. Die kleine Erika, hatte ich mir gedacht, sollte wärend Alfreds Abwesenheit bei mir schlafen. Das ist solche ein liebliches und reizendes Kindchen, obgleich's eine Knubbelnase hat. Aber nun kamen eben im unrechten Augenblick die Eltern, denen ich sie nicht vorenthalten wollte. Katja, die sich von ihrer Sommererholung an der Riviera erholen sollte, bedarf nun sehr der Erholung von der Riviera, so grünlich und mager wie sie ausschaut. Ich fürchte, No. 4 ist unterwegs.»

Die Mutter irrte nicht: Monika Mann wurde am 7. Juni 1910 geboren. Nach der Geburtstagsfeier für den Schwiegersohn am 6. Juni hatte Hedwig Pringsheim die drei «großen» Mann-Kinder bei sich behalten, weil der Arzt am folgenden Tag die Geburt einleiten wollte, die dann aber in der Nacht spontan und ohne Komplikationen erfolgte. Auch das Wochenbett verlief – wenn man nach den im Notizbuch vermerkten Epitheta urteilt – trotz einer kurzen Fieberattacke «brillant» oder zumindest doch «normal». Die Großmutter hatte, so scheint es, den inneren Widerstand gegen die rapide Familienvergrößerung aufgegeben. Die Taufe durch einen «ungewönlich netten, sympathischen jungen» Tölzer Pfarrer, vier Monate später, markierte einen Höhepunkt des seit Eriks Tod offenbar noch intensiver als früher geführten Familienlebens.

Theater-, Opern- oder Konzertbesuche werden zunehmend in wechselnden familiären Konstellationen, oft sogar mehrfach in einer Woche, absolviert. Ob Wedekind, Hofmannsthal, Fulda oder die europäischen Klassiker: Wo sich die Münchner *Society* versammelte, war auch Hedwig Pringsheim zu finden. Sie wusste, dass gesellschaftliche Zugehörigkeit gepflegt sein wollte.

«Abends Première *Orestie,* kein voller Erfolg, vor dem glänzendsten *tout Munic* und ausverkauftem Haus. Die einzelnen, außer Moissi, unzulänglich, die Frauenchöre schrill und unverständlich, der letzte Act unmöglich. Daneben ganz große Wirkungen. Nachher angeregtes Familienleben bis gegen 2.»

Auch «leichte Kost» wird nicht gemieden: «Abends mit Tommys und Heinz im Künstlertheater. Reinhardt-Insenierung *Schöne Helena.* Außerordentlich lustig, amusant, reizend. O, dieser Pallenberg-Menelaus! Rauschender Beifall von *tout Munich.* Erst ½ 12 daheim. Noch langes Familienleben.»

Der Kunstgenuss *en famille* verlief indes nicht immer harmonisch. An einer Aufführung der Wagner'schen *Götterdämmerung* im Prinzregententheater etwa schieden sich die Geister. Bereits nach dem ersten Akt war die Stimmung gedämpft: «Wenig schöne Auffassung, unelegantes Publikum, garkeine Bekannte.» Im «Zwischenakt» aber gab es eine wirkliche «Verstimmung» mit dem Schwiegersohn, der, wie Familie Pringsheim befand, immer mehr «Antiwagnerianer» wurde, und beim häuslichen Nachtessen auf der Veranda des heimatlichen Palais kam es zum «scharfen Zusammenprall zwischen Alfred und Tommy, der Wagners Kunst ein trauriges Denkmal fand, dem nur Halb-Barbaren Festspielhäuser bauen könnten, was Alfred sich mit Recht sehr leidenschaftlich verbat». Nachher habe man sich zwar wieder versöhnt, aber offensichtlich schwelte die Sache weiter, sodass die Ehefrauen der Kontrahenten selbst beim Geburtstagsbesuch an Eriks Grab in einem langen Gespräch über geeignete Formen der Konfliktlösung nachdachten. Während die Familie Mann nach Tölz reiste, besprachen die Pringsheims nach einer *Tristan*-Aufführung den «Fall» erneut. Eine Woche später notierte Hedwig Pringsheim einen «langen Brief von Tommy, den neulichen Wagner-Konflikt behandelnd; sehr anständig und gut». Man habe gleich geantwortet.

Damit schien die Sache endgültig aus der Welt; jedenfalls setzte man die gemeinsamen Theaterbesuche ebenso fort wie die gelegentlichen Vorlesungsabende, bei denen Thomas Mann vor wechselndem Publikum sowohl in der Arcis- als auch in der Mauerkircherstraße, dem neuen Domizil seiner sich so rasch vergrößernden Familie, aus seinen jeweils neuesten Werken vorlas: «Bei strömendem Regen zu Manns, wo Tommy das erste Kapitel seines Abenteuerromans zum besten gab, das sich aber meiner Beurteilung zunächst noch verschließt.»

Auch Alfred Pringsheims Musikabende pflegten, wie vor Eriks Tod, den Kontakt mit alten Freunden, Musikern und Kunstliebhabern, und Frau Hedwig traute sich wieder, große Gesellschaften zu geben, bei denen sie allerdings selten mehr als 24 Gäste versammelte: «Es war sehr animiert, recht glänzend, vorzügliches Essen. Tommy las *Das Wunderkind* mit viel Beifall. Ende nach 11.» Wenn's familiärer zugegangen war, ersetzte die Chronistin das Epitheton «glänzend» durch «elegant, gemütlich», und statt der Vorlesung gab es dann meistens nur «ein bischen Musik», an die sich «ein bischen Tanz» anschließen konnte, sodass sich das «animierte Treiben» schon mal «bis 1 Ur» nachts hinzog. Das stolze Fazit am Ende der Saison: «Animiert und gut wie immer.»

Wurde kein Besuch erwartet und stellte der Mann'sche Haushalt keine besonderen Anforderungen, widmete sich Hedwig Pringsheim wieder ihren spanischen Lektionen oder arbeitete – zur Unterstützung ihrer Schwester Marie

Galiardi – an ihren Übersetzungen spanischer Romane. Gelegentlich ging sie in Vorlesungen und Vorträge – teils, weil sie die Themen oder die Redner interessierten, teils, weil sie sich den Referenten verpflichtet fühlte: Die Ausführungen von Constanze Hallgarten oder Anita Augspurg über das Frauenstimmrecht zum Beispiel verfolgte sie nicht zuletzt der Mutter wegen – und weil ihr die Courage dieser Frauen imponierte. Wenn aber Maximilian Harden – meistens durch ihre Vermittlung – nach München kam, ließ sie den Gast kaum aus den Augen und hatte auch keine Bedenken, das anschließende Beisammensein bis zum letzten Augenblick mitzumachen. Sie wären regelrecht «versackt», bekannte sie im November 1911, um $^1/_2$4 Uhr morgens sei sie nachhaus gekommen, «wo Alfred in tausend Ängsten» ihrer geharrt habe. Doch kritiklos war sie deswegen noch lange nicht. Hardens Vortrag: Natürlich «glänzend, nur viel zu lang: geschlagene zwei Stunden!»

Hardens Besuche in München bedeuteten für die geborene Berlinerin die Begegnung mit einem Stückchen Heimat. Solange Hedwig Dohm lebte und Schwester Else Rosenberg, verheiratet mit einem Diplomaten, in der Tiergartenstraße ein großes Haus führte, in dem illustre Gäste aus Politik und Wirtschaft ein und aus gingen, hat es Hedwig Pringsheim immer wieder in die Reichshauptstadt gezogen. Das Tagebuch vermerkt auffallend viele Visiten bei der Mutter. Schon die Nachricht von einem harmlosen Schnupfen konnte «Offi» veranlassen, nach Berlin zu reisen, berichteten später die Mann-Kinder. Und in der Tat spricht vieles für die Annahme, dass Hedwig Pringsheim nach dem Tod ihres Ältesten häufig zu ihrer Mutter floh, wenn sie sich den Münchener Anforderungen nicht mehr gewachsen fühlte.

In Berlin genoss sie die Anregungen. Man ging *en famille* ins Deutsche Theater: Wo sie einst den Meininger *Caesar* bewundert hatte, sah sie jetzt die *Penthesilea* mit Gertrud Eysold, «die interessant und bedeutlich war, aber eigentlich unmöglich», während Moissi-Achilles, «liebreizend und gewinnend, ohne jegliches Heldische», einen nachhaltigen Eindruck hinterließ. Auch Abendeinladungen in größerem Kreise nahm sie gern an; bei dem Bankier Carl von Fürstenberg, der schon Gast im Hause Dohm gewesen war, oder bei Schwager Bondi, dem Verleger von Stefan George. Dort traf sie interessante Wissenschaftler aller Couleur, Schriftsteller und Diplomaten. «Ich zwischen Lechter und Dr. Wolters gut unterhalten, wärend Kerr meinen Abscheu erregte.»

Gelegentlich reiste das Ehepaar auch gemeinsam. Paula Pringsheim war im Juli 1909 gestorben, und die Ordnung des Nachlasses sowie die Abwicklung komplizierter, noch vom Vater inaugurierter Geschäfte erforderte Alfreds Anwesenheit, zumal sich der Verkauf des «Elefantenhauses» in der Wilhelmstraße als ausgesprochen mühsam erwies. An Geld dürfte es trotz aller Schwierigkeiten und der gelegentlichen Klagen über die schleppenden Geschäfte nicht gefehlt haben. Nach Ablauf des Trauerjahres 1909 jedenfalls annoncierte Hedwig Pringsheim ihrem Freund Harden, dass sie sich entschlossen hätte, nach Konstantinopel zu reisen: nicht aus Größenwahn oder weil sie sich für einen Balkankönig halte, sondern «blos so, auf drei Wochen, mit Alfred. Vielleicht wird nicht's draus.»

Nun, es wurde. Über Budapest ging es – in leider uninteressanter Gesellschaft – mit dem Orientexpress nach Konstantinopel, wo man sich eine Woche lang – gelegentlich in Begleitung wechselnder Reisebekanntschaften – alle Sehenswürdigkeiten der Stadt in stundenlangen Fußmärschen eroberte, Visitenkarten an empfohlenen Adressen hinterließ, Kontakte knüpfte und die Ufer des Bosperus erkundete: «Mit kleinem Dampfer nach Egub gefahren, den Friedhof hinaufgestiegen, der heute am Freitag Ziel einer Völkerwanderung und Schauplatz eines Volksfestes war. Man sah sogar ‹Familien, die Kaffee kochten›. Reiter sprengten im Galopp den steilen, steinigen Berg hinan, Familien lagerten um die Gräber, fliegende Händler verkauften Gebäck, Zuckerstangen, Limonaden. Kinder spielten um die Stelen – vom Schauer des Todes keine Spur».

Nachdem die offenbar unumgängliche Darminfektion absolviert war, ging es per Schiff an die kleinasiatische Küste, wo man sich in Smyrna ausbooten ließ, um die «prächtig gelegene, aber nicht sonderlich interessante Stadt» zu besichtigen. Am nächsten Morgen ging die Reise weiter.

In Piräus half der «guide» des Hotel Grand Bretagne beim Ausschiffen und brachte die Reisenden «in hübscher Fart» über Phaleion nach Athen, wo man es mit dem «ausgezeichneten Hotel, zwei bequemen Zimmern und ungewönlich guter Kost» angenehm getroffen hatte. Griechische Bekannte zeigten den Gästen drei Tage lang die Altertümer der Stadt, machten sie mit dem jungen Heinrich Schliemann bekannt und vermittelten einen Besuch der Benefiz-Vorstellung, die Frau Schliemann fürs Schwindsüchtigen-Heim arrangiert hatte. In großer Toilette, wie bei entsprechenden Veranstaltungen zuhause, traf sich unter der Akropolis das «recht elegante» *tout Athen* zu einem «ungewönlich gut gespielten» griechischen Stück. Auch an der Wiege der Antike wahrte die Schreiberin ihren ganz eigenen, deutsche, englische und französische Redewendungen wild durcheinander wirbelnden Stil. Ein «charmanter Cook-man» habe die Regie übernommen und die Reisenden über Korinth («unerhebliches Museum, alter plumper Apollo-Tempel»), Akro-Korinth («heiß, steil, sehr anstrengend, oben hochinteressant, wild, zweitausendjärig») nach Olympia und weiter nach Patras gebracht. Dort wurde bei strömendem Regen, aber in angenehmer Gesellschaft ein «kleines, nettes Schiff des oesterreichischen Lloyd» nach Triest bestiegen. «Sehr kultivierte Reisegefährten, Amerikaner und Berliner Juden», verkürzten die Reise, und Alfred gab gar auf dem «elenden Bord-Klavierchen some music» zum Besten.

Ein letztes Abenteuer galt es während der Fahrt mit der «neuen Tauern-Ban» nach Salzburg zu bestehen. Eine zerstörte Brücke über die Salzach zwang die Reisenden, «die gefärdete Stelle zufuß zu passiren», um dann, auf der anderen Seite des Flusses, «in einen neuen, im Höllenrachen eines durch Pechfackeln spärlich und unheimlich beleuchteten Tunnels stehenden Zug» wieder einzusteigen. Doch das war für die Kordilleren-Bezwingerin nur eine Art harmlosen Nachspiels. Sie fasste die ganze Unternehmung in vier knappen Worten des Dankes zusammen: «Herrgott, das war schön!»

Gewiss, Reisen dieses Ausmaßes blieben die Ausnahme, aber Besuche in Prag, Wien, Rom, Berlin, London oder Paris gehörten durchaus zu den normalen Abwechslungen dieser Jahre. Anlässe fanden sich immer: Besuche der über den Kontinent verstreuten Kinder, Kongresse, manchmal auch nur der Wunsch, eine alte Verbindung aufrechtzuerhalten oder die geliebte Kultur in einem anderen Ambiente zu genießen: «Paris war schön. Auch one die olle Bartel, die nicht spielte, und ohne Molière und Racine, die nicht auf den Brettern erschienen. *Was* dort erschien, war minderwertig, doch *wie* es erschien, war wundervoll.» Zudem hätten die Franzosen *eines* von den Deutschen gelernt: «Die Damen müssen die Hüte abnehmen. Vor 4 Jaren, als ich mit den Kindern dort war, rasten wir, weil die Riesenhüte im Parkett uns den Blick auf die Büne schlechthin versperrten; heute wippt nur dann und wann eine Reiherfeder vom hochfrisierten Haar, aber im allgemeinen sind die Köpfe klein, die scheußlichen

Lockenbaue verschwunden, und man sieht nicht mehr Hüte und falsche Haare, sondern wirklich die Büne.»

Fehlten derlei kulturelle Erlebnisse, war für Hedwig Pringsheim das Reisen freilich ein eher zweischneidiges Vergnügen. Bloßer Urlaub war ihr ein Gräuel. Dann zählte sie bereits nach einer Woche die Tage bis zur Abreise, auch wenn die Landschaft nicht reizvoller, die Unterkunft nicht komfortabler hätte sein können: «Ich bin ein für allemal für diese Hotel-Existenz verdorben, hasse die langen Malzeiten, die genau abgesteckten Stunden, und meine Füße tun mir vom vielen Laufen scheußlich weh. Ich kann auch diese sinnlosen Unterhaltungen, hier ein Bröckchen, da ein Bröckchen, nicht ausstehen – kurz ich bin unliebenswürdig. Mein Alfredchen, der Karten und Klavier spielt und kleine Gelegenheitsgedichte macht, ist weit mehr am Platz.»

Dabei war das Publikum der Etablissements, in denen sie abstiegen, im Allgemeinen – und das des «Waldhauses» zu Sils Maria auch im Besonderen – recht prominent. Aber bei anhaltend schlechtem Wetter gewährte selbst das keinen Trost: «Den ganzen Tag *Salambó* lesen, das kann ich nicht, obgleichs ein wunderbares Buch ist. Den ganzen Tag Bridge spielen, wie Familie Liebermann, allerdings noch weniger. Die sitzen unentwegt im Billardzimmer und spielen Bridge; aber abends sitzen sie schön geputzt in der Halle und spielen ‹Cooncan›.» Und was ihren Alfred angehe, so phantasiere der am Flügel im Salon ohne Unterlass Wagner, so dass fremde Gäste gegenüber Sohn Peter den Verdacht geäußert hätten, dieser Mann könne vermutlich nichts anderes.

Bei so viel *ennui* und Müßiggang ringsum war es tröstlich, dass jedenfalls der Reichskanzler Bethmann Hollweg in seinem Hotelzimmer saß und unbeirrt die Geschicke Preußens bestimmte. «Geheimrat Köbner aus Berlin sagt, daß er furchtbar viel zu regieren hat. Aber Frau Liebermann findet, er sähe so blühend aus, daß kein Grund vorliege, ihn auf Reiches, d. h. unsere Kosten in Sils Maria im teuersten Zimmer des teuren ‹Waldhaus› sich erholen zu lassen.» Leider aber hielte sich «der wirklich ungewönlich kräftige Mann» trotz seiner «in kurzen Kniehosen stolz zur Schau gestellten wundervollen Waden» – rechten «Säulen, auf denen ‹lieb Vaterland› ruhig sein» könne – gesellschaftlich ganz zurück und verkehrte nur mit den beiden Herren seines Gefolges, «einem Hamburgischen Herrn v. Bülow und einem jungen Adjutanten, die sich wie Lakaien immer in 2 Schritt Entfernung ehrfurchtvoll hinter ihm halten». Sie hätte Theobald von Bethmann Hollweg gern kennen gelernt, aber selbst die beiden anwesenden Exzellenzen, Binding aus Leipzig und Erb aus Heidelberg, waren ohne Chance, Gnade vor seinen Augen zu finden. Vielleicht aber gelänge es ja der reizenden Karla Liebermann, «die abwechselnd in einem grauen, einem schwarzen und einem weißen Abendkleid» erscheine («Ich finde das schwarze am schönsten»), ihn in den Park ihrer Anbeter zu ziehen. Zwei «ständige und unentwegte» habe sie ohnehin bereits, sodaß Sohn Peter zu stolz sei, um ihre Menagerie noch um einen «Elephanten» zu vergrößern.

Lange hielt es Hedwig Pringsheim in einer solchen Umgebung nicht aus, aller Gelegenheit zu maliziös-treffenden Formulierungen zum Trotz. So sehr sie das Reisen liebte, so begierig sie war, Neues zu sehen und Menschen zu finden, von denen sie Interessantes erfahren und mit denen sie reden konnte – an der *réunion* einer ferienmäßig gelangweilten *Society* verlor sie schnell das Interesse. Dann begann sie, sich nach München, zu ihrem Napoleon-Zimmer, ihrem Schreibtisch und ihren Büchern, vor allem aber in die Nähe von Tochter Katia zurückzusehnen, die seit Monikas Geburt und einem Abort wenige Monate später immer wieder an hochfiebrigen Bronchialinfekten litt.

17 Anton von Werner: Porträt der Familie Pringsheim in Kostümen der italienischen Renaissance. Wandbild im Herrenzimmer des Berliner Pringsheim-Palais, 1879

18 Das Haus Rudolf Pringsheims in Berlin, Wilhelmstraße 67

19 Anton von Werner: Porträt von Alfred Pringsheims Schwester Marta. Studie zum Familienbild, 1879

20 Anton von Werner: Ars. Farbskizze zum Mosaikfries am Hause Pringsheim, 1872

21 Anton von Werner: Exitium. Farbskizze zum Mosaikfries am Hause Pringsheim, 1872

22 Der Musiksaal im Münchner Palais Pringsheim, Arcisstraße 12

23 Gesellige Runde in der Arcisstraße, links (liegend) der Hausherr Alfred Pringsheim

24 Eine Teegesellschaft in der Arcisstraße. Am Tisch von links: Peter, Heinz und Hedwig Pringsheim, Milka Ternina und ihre Tante, im Hintergrund stehend: Alfred Pringsheim und Katia

25 Friedrich August Kaulbach: Kinderkarneval. Ölgemälde, 1888: Die fünf Pringsheim-Kinder in Pierrot-Kostümen, ganz links Katia

26 Die Pringsheim-Brüder Erik, Peter und Heinz

HEDWIG DOHM

Sibilla Dalmar

Roman aus dem Ende unseres Jahrhunderts

Berlin
S. Fischer, Verlag
1896.

27 Hedwig Dohms umstrittener Roman «Sibilla Dalmar»

28 Die Zwillinge Katia und Klaus

29 Björnstjerne Björnson

30 Maximilian Harden

31 Hans von Bülow

32 Hans Thoma

33 Straßenfront des Arcisstraßen-Palais. 1935 verschickte Alfred Pringsheim dieses Foto an Freunde und Verwandte: «Zur freundlichen Erinnerung an vergangene Zeiten».

Als sich die Krankheit allen Therapieversuchen der Münchener Koryphäen gegenüber resistent zeigte, bestand die Mutter auf einem Sanatoriumsaufenthalt in den Schweizer Bergen. Nach eingehendem Familienrat, der ihren Entschluss jedoch vermutlich kaum noch zu beeinflussen vermochte, begleitete sie Anfang März 1912 die Tochter nach Davos. Auf die Schwierigkeiten, mit denen sie dort konfrontiert wurde, war sie vermutlich nicht gefasst, sonst hätte sie von vornherein anders entschieden. Die Malaise begann mit der Nachricht, dass in dem empfohlenen Sanatorium von Professor Turban für die unangemeldete Patientin auf Wochen hinaus keine Unterkunftsmöglichkeit bestand. Auch in dem «hochherrlichen Waldsanatorium» war – jedenfalls für die nächsten vierzehn Tage – alles besetzt. Nach der Fürsprache einiger gerade anwesender Bekannter erklärte sich der Leiter des Hauses, Professor Jessen, jedoch bereit, die Patientin ambulant im Hotel zu behandeln, bis ein geeignetes Zimmer frei wurde. Die erste Diagnose des «ungewönlich angenehmen, sympathischen Herrn» ergab «geschlossene Tuberkulose in der Drüse und der Lunge» – kein schwerwiegender, aber doch ein langwieriger Fall, für dessen Heilung man voraussichtlich ein halbes Jahr zu veranschlagen habe.

Für Hedwig Pringsheim stand außer Frage: Sie würde so lange in Davos bleiben, bis Katia einen Sanatoriumsplatz erhalten hatte. Eine Pflegerin für die Tochter zu engagieren kam für die Mutter nicht in Frage, weil sie fühlte, wie sehr die junge Frau nach der Trennung von der Familie und der Aussicht auf ein ungewisses Kranken-Dasein ihres Trostes bedurfte. Außerdem verfügte Hedwig Pringsheim über eine gesunde Skepsis gegenüber ihr unbekannten Praktiken und Ritualen der Heilung, sodass es schon zu ihrer eigenen Beruhigung notwendig war, zumindest in den ersten Wochen nicht von der Seite der Tochter zu weichen.

Ob sie jemals ganz an die Wunderwirkung von Davos geglaubt hat? Als eine lebenskluge und pragmatisch denkende Frau wusste sie, dass der therapeutische Erfolg eines Sanatoriumsaufenthaltes nicht ausschließlich an den Fortschritten des physischen Heilungsprozesses zu messen war. Ebenso galt es, der Tochter durch zeitweilige Entfernung von Mann und Familie zu einer kleinen Atempause und psychischer Rekreation zu verhelfen. Hatte sich nicht auch Hedwig Pringsheim selbst mit ihren auffallend häufigen Berlin-Besuchen nach Eriks Tod eine ähnliche Therapie verordnet?

Nein, da war nicht nur eine angegriffene Lunge zu heilen. Katia Mann selbst hat später vermutet, dass ihre Davos-Kur vielleicht mehr einem in reichen Kreisen durchaus üblichen Brauch zuzuschreiben war, die jungen, durch rasch aufeinander folgende Geburten erschöpften Frauen für einige Zeit der häuslichen Fron zu entziehen. Wie auch immer, ein Gutes hatte der fast siebenmonatige Aufenthalt Katia Manns bei «denen da oben» gewiss: Er hat nicht nur den Autor des *Zauberberg*, sondern auch seine Schwiegermutter zu außerordentlich amüsanten Porträts des Milieus inspiriert.

Davos sei «ein Graus», eine «nasse Hölle», und «Himmel, Erde und Luft gleichmäßig und eintönig grau». Es regnete und regnete und regnete, Schuhe und Röcke wurden nie mehr trocken. Auch von dem gesundheitsfördernden Effekt des Klimas spürte Hedwig Pringsheim nur wenig, als sie im August 1912 ihre Tochter zum zweiten Mal in ihrer Weltabgeschiedenheit besuchte. «So sitze ich denn in einem abgelegten Kleid von Katja, von unten dringen die Klänge von Wagner-Musik, die Klaus dem Klavier entlockt, zu mir; auf dem Nebenbalkon links nimmt die hübsche lungenkranke Griechin italienische Stunde und auf dem Nebenbalkon rechts hustet der Regierungsrat aus Kassel. Abends unterhalten wir uns mit dem allerliebsten Fräulein aus Hamburg mit dem Blutsturz und dem vollbusigen Fräulein aus Köln, und alle machen sie Witze über ihre schreckliche Krankheit. Das Fräulein mit dem Pneumo-Thorax läßt ihn pfeifen und erzält, der Arzt habe ihr geraten, sie könne sich ja wärend der Zeit, da sie ihn ‹trägt›, als Orchester engagieren lassen (!); und man vergißt zeitweilig ganz und gar, daß man sich im Haus und im Tal der Totgeweihten befindet.»

«Seit 10 Tagen bin ich hier zum Besuch von Katja», heißt es in dem Brief an Maximilian Harden weiter. «Klaus verbringt seine Ferien, teils zu Katjas Erheiterung, teils aber auch zu der eigenen, dringend notwendigen Erholung hier im Sanatorium. Sie wollten ihm natürlich – wie jedem, der so unvorsichtig ist, sich hier in Davos untersuchen zu lassen – eine Tuberkulose in die Lunge schwätzen: aber, gottlob, die Röntgenphotographie ergab alsbald den Irrtum und man mußte ihn *contre cœur* für gesund erklären. Katja fand ich sehr gebessert, wettergebräunt und gut aussehend, stärker geworden und munter im Wesen. Auch sei der Befund wesentlich zurückgegangen, wenn sie auch leider keineswegs ganz ‹entgiftet› ist. Doch wird sie immerhin Ende September nachhaus gehen; ob geheilt? Ich bin skeptisch. Ich bin überhaupt skeptisch gegen Davos, wo sie jeden, der sich einmal in ihre Klauen begeben, mit eisernen Klammern festhalten.»

Ja, Hedwig Pringsheim hat sich pietätlos-genau umgeschaut an diesem teuren Ort des Leidens: «Die hübsche Griechin nebenan hat eine Schwester zum Besuch, ein blühendes strammes Frauenzimmer, hat eben maturirt, 20 Jare alt, rennt 8 Stunden am Tag, spielt Tennis, rudert und schwimmt, hat nie ‹Temperatur›, kurz: eine Bärengesundheit. Da sie für einige Wochen herkam, wurde sie gestern untersucht; natürlich: beginnende Tuberkulose. Liegen, nicht Tennis, nicht gehen, 8 Mal am Tage messen! Ja, wer davon nicht krank wird, der muß schon eine Riesenwiderstandskraft haben. Das hübsche, kraftvolle, lebenssprudelnde Mädel schaut heute trüb und finster, stiert vor sich hin, und die kranke Schwester ist außer sich. Unter uns, mein Freund: ich halte Davos für einen Schwindel. Selbstverständlich ist es gesund und bekömmlich, täglich 6 Stunden im Freien in der köstlichsten Luft auf einem Liegestul zu verbringen, 5 Malzeiten, viel Milch, keine Sorgen und Dienstmädchen, in absoluter Ruhe. Es braucht kein weiser Medizinmann vom Himmel zu steigen, um einem das zu sagen. Ich bin überzeugt, wenn Katja in ihrem Tölzer Landhaus one Tommy, one die 4 Bamsen und one dies abscheuliche Dienstbotengezücht 5 Monate so lebte wie hier, wäre sie grade so weit. Nur, daß sie das eben nicht kann. Ende September will sie unter allen Umständen fort, und ich kanns ihr nicht verdenken.»

Welch eine Beschreibung! Der Leser glaubt, vor Ort zu sein. Gewiss, Thomas Mann hat diesen Brief nicht gekannt. Aber man darf annehmen, dass ihm nicht nur die (inzwischen verlorenen) Beschreibungen seiner Frau, sondern auch die plastischen Erzählungen seiner Schwiegermutter lebhaft vor Augen standen, als er am *Zauberberg* arbeitete. Hedwig Pringsheim wusste sehr wohl, wie sehr sich darin Dichtung und Wahrheit mischten. «Ich könnte die herrlichsten Berichte über meinen Aufenthalt im Sanatorium schreiben», schloss sie ihren Brief, «aber ich will dem Schwiegertommy nicht ins Handwerk pfuschen, der ja auch 4 Wochen hier war, und der ja, sozusagen, nur ‹Material› lebt. Professor Jessen wird sich nächstens sein blaues Wunder erschauen!» In der Tat, ebendies dürfte der Professor erlebt haben, als er sich im Roman in Gestalt von Hofrat Behrens porträtiert sah.

Hedwig Pringsheim aber fühlte sich – auch nach der glücklichen Rückkehr ihrer Tochter im August 1912 – in ihren Vorbehalten gegenüber dem Davoser Missverhältnis von

Aufwand und Heilerfolg bestätigt. Zweimal noch musste Katia Mann ihre Familie verlassen, weil den Ärzten in München ein erneuter Sanatoriumsaufenthalt dringend geboten schien. Die Wahl fiel jetzt allerdings auf die bayerischen Alpen und, etwas später, auf Arosa. «Denen da droben [in Davos] können wir ja wohl kaum unter die Augen treten», schrieb die längst gesundete Frau Thomas Mann viele Jahre, nachdem *Der Zauberberg* erschienen war. Etwas Ähnliches dürfte ihre Mutter bereits in den Jahren 1913 und 1914 empfunden haben.

Am 12. Mai 1914 kehrte Katia von ihrer letzten Kur nach München heim: «braun wie ein Indianer, halb lachend, halb weinend», – glücklich, wieder bei ihrer Familie zu sein, die einen Tag nach ihrer Abreise, am 5. Januar 1914, in das neue – auf ihren Namen eingetragene – Haus am Herzogpark eingezogen war. Die Gründe für den überraschenden Umzugstermin kennen wir nicht – vermutlich sollte die Frau des Hauses wegen ihrer angegriffenen Gesundheit geschont werden. Das opulente Herrenessen, mit dem Thomas Mann die Villa am 18. Februar ohne seine Frau offiziell einweihte, erregte freilich den Unmut der Schwiegermutter, obwohl auch Klaus, Heinz und Alfred Pringsheim unter den Gästen waren.

Doch wenige Monate später, im August 1914, erschienen derartige Familienturbulenzen marginal. Es herrschte Krieg in Europa – eine große Zäsur auch für Hedwig Pringsheim. Heinz, der ohne den Segen der Eltern die russische Matisse-Schülerin Olga Meerson geheiratet hatte, erhielt schon in den ersten Kriegstagen seinen Gestellungsbefehl. Wie groß wird die Angst gewesen sein, nach Erik noch einen zweiten Sohn zu verlieren.

Die allgegenwärtige vaterländische Begeisterung war der Tochter von Ernst und Hedwig Dohm zuwider: «Dieses blödsinnige Verkennen der anderen Nationen, dieses pralende, stinkende Eigenlob ist doch kaum noch zu ertragen». Dennoch fügte sie sich klaglos in die ungezählten Verpflichtungen, die damals von den weiblichen Angehörigen der *Society* zu Gunsten «unserer Feldgrauen» erwartet wurden. «Ich stricke Strümpfe und lese Voltaire.» Wie Millionen anderer Frauen packte auch Hedwig Pringsheim Päckchen für unbekannte Soldaten, kümmerte sich in Wohltätigkeitsvereinen um mittellose Militärangehörige oder nahm an Benefiz-Veranstaltungen für die tapferen Vaterlandsverteidiger teil – von denen einer ihr eigener Sohn war. Vor allem aber hat sie gewartet – auf ein Lebenszeichen, eine Nachricht, einen günstigen Lagebericht von der Front. «Warten ist die Hauptbeschäftigung. Die Zwischenpausen werden mit Zeitungslesen und Häkeln ausgefüllt. Sie können sich garnicht denken, was für einen ungewönlich scheußlichen, großen grauen Wollenschal ich für Heinz häkele. Aber ich habe immer die Empfindung, so lange ich dran arbeite, kann doch dem Buben nichts passieren.»

Die Angst um das eigene Kind machte sie sensibel für die Angst anderer Frauen: «Wir Kavalleristenmütter sind sehr unruhig und sehr traurig.» Siege bedeuteten ihr – im Gegensatz zu ihrer Familie – nichts. Wie ihre Mutter empfand sie fast täglich «schaudernd den ganzen Wansinn dieses sinnlosen nie endenden Mordens». Sie sah keinen Unterschied zwischen «den unsrigen» und «den anderen, den Feinden». «Ist nicht jeder der Getöteten einer Mutter Son? Und wieviele Söne sind zwecklos, nutzlos bei Gallipoli geschlachtet? Und wieviele werden noch geschlachtet werden?»

Es ist bewegend zu sehen, wie Hedwig Pringsheim in ihren Briefen an den Vertrauten Harden mehr und mehr Kassandra-Sätze formulierte. Der Fanatismus ihrer Zeitgenossen ekelte sie an, und es schmerzte, dass selbst ihre Tochter dem Hurra-Patriotismus der Zeit verfallen war: «Sagen Sie, Harden: warum dieser Wust von Verlogenheit, von Schwindel, Böswilligkeit und Wan überall? Katja sagt: ‹nur bei uns herrscht der Geist der Warhaftigkeit›, sagt hönisch ‹die russischen Generalstabsberichte lese ich nicht, denn die lügen ja doch blos.› Ich sage: ‹lügen blos die? Wer sagt Dir, daß dort mehr gelogen wird als anderswo?› – dann erbittern wir uns und gehen innerlich gekränkt auseinander.»

Warum jubelte die Tochter mit? Was hatte die Mutter in der Erziehung versäumt? «Wenn mir das am grünen Holz geschieht (denn Katja ist grünes Holz, gescheidt, urteilsfähig, viel gebildeter als ich), gräme ich mich». Hedwig Pringsheims Leitbild waren die pazifistischen Maximen der eigenen Mutter, und gelegentlich verfiel sie sogar in den mütterlichen Stil, um das Entsetzen auszudrücken, das sie angesichts der zu Siegen umgedeuteten Metzelei überfiel: «Als ich vorhin las, daß wir nun heute den Hartmannsweiler Kopf unter gräßlichen Menschenopfern wiedergewonnen haben, nachdem er uns gestern unter ebenso gräßlichen entrissen wurde, empfand ich den ganzen Wan dieses zwecklosen, nie endenden Mordens schaudernd von neuem. Könnten Sie, lieber Freund, der so vieles weiß, mir nicht sagen, ob je wieder eine Zeit kommen wird, wo die Menschheit aus diesem Krampfe erwacht?»

Ihrem ältesten Enkelsohn, Klaus Mann, legte sie 1917 Bertha von Suttners Antikriegs-Roman *Die Waffen nieder!* unter den Tannenbaum – wohl wissend, dass dieses Geschenk nicht den Beifall der Eltern finden würde, zumal es das Exemplar war, das einst Hedwig Dohm ihrem Enkel Erik Pringsheim geschenkt hatte.

Klaus Mann hat dreißig Jahre später in seiner Autobiographie *Der Wendepunkt* dankbar des «starken und echten Pathos dieses innig empfundenen Appells» gedacht, das mächtig und nachhaltig auf den empfänglichen Geist des Elfjährigen gewirkt habe: Das Buch «überzeugte mich von der Abscheulichkeit und von der Vermeidbarkeit des organisierten Massenmordes. Mir wurde klar, daß die Katastrophe hätte verhindert werden können, wenn unser Kaiser etwas weniger schneidig und draufgängerisch gewesen wäre. Die Verantwortung lag also nicht ausschließlich bei unseren Feinden, wie man uns so oft versichert hatte. Vielleicht waren diese Feinde auch in anderer Hinsicht weniger schlimm, als die nationalistische Propaganda sie darstellte? Vielleicht waren sie in Wirklichkeit gar keine Bestien und Untermenschen, sondern einfach nur – Menschen?»

Hedwig Pringsheim wäre gewiss glücklich gewesen, wenn sie um die Langzeitwirkung ihres Geschenks gewusst hätte. Als Pazifistin in diesem Kriege zu leben, machte sie einsam. «Die Leute sind so unsinnig patriotisch, verachten und schmähen die ‹Feinde› alle so überheblich und kritiklos. Ich kann und kann da nicht mit, werde immer stummer und in mich zurückgezogener.»

Doch zuversichtlich, wie sie nun einmal war, vergaß sie keineswegs, auch die Ausnahmen dankbar zu erwähnen. Nicht alle Freunde hatten sich ins chauvinistische Lager verirrt: «Einen reizenden Brief hatte ich jüngst von dem so kolossal gescheidten Professor Hilbert aus Göttingen; und neulich ein ganz interessantes Gespräch – fern ab von jeder Politik – mit Jakob Wassermann, der einen tête-a-tête-Tee mit mir trank und mir von seiner entsetzlich armen, kleinjüdischen, entbehrungsreichen Jugend erzählte.»

Und dann gab es ja auch noch – jedenfalls während der Semestermonate – die Vorlesungen an der Universität, die Hedwig Pringsheim nach wie vor besuchte. Vor allem Heinrich Wölfflin, der jedes Chauvinismus unverdächtige Schweizer Kunsthistoriker, war ihr emotionaler und intellektueller Trost, Anregung und Vergewisserung. «Das ist ein prachtvoller Kerl, den ich beinahe lieben könnte: ungemein viel urwüchsige Kraft, eine ganz ungewöhnlich hinreißende, augenblicksgeborene, lebendige Sprache und solch eine himmlische schweizerische Derbheit!»

Doch die wenigen erfreulichen Begegnungen konnten nicht darüber hinwegtäuschen, dass der verhasste Krieg längst auch den Alltag in der Arcisstraße bestimmte. In den letzten vier Wochen, klagte Hedwig Pringsheim im April 1916, sei es mit den Vorräten so rapid abwärts und mit den Preisen so steil aufwärts gegangen, dass sie als «armes, ungebildetes Weib» sich nicht vorstellen könne, wie Deutschland es noch ein weiteres Jahr «dermachen» sollte: «Kein Zucker, keine Butter, kein Kaffee, kein Spiritus, keine Wurst (nur in Scheibchen aufgeschnitten) ebenso Schinken, keine Konserven! Heute hatten wir das samstägliche ‹Ochsenfleisch›: das kostete für uns beide und die drei Mädchen 7 Mark 50 und war ungenießbar: zäher, alter Kuhzadder.»

Wenig später wähnte sie sich bereits «ganz ernsthaft» «unterernärt» und «völlig blutleer im Gehirn». Es gäbe für ihren «blöden und unangenehmen Zustand» keine andere Erklärung. «Wir haben fast kein Fleisch und garkeine Butter; wenig anderes, was die Fleischnarung ersetzen könnte: keinen Reis, Gries, Gerste, Hülsenfrüchte etc. Spargel allein tun's nicht. Ich vermute, diese ganz fettlose Kost ist für Greise, wie ich einer bin, von Übel. Ich habe tatsächlich in vier Tagen 2 Pfund abgenommen.» Und so ging es fort: jeden Monat ein bisschen weniger, bis, im Januar 1918, der Markt nur noch «Eichhörnchen, Raben und Spatzen» hergab. «Dann doch lieber gleich Rattenersatz», kommentierte die geplagte Hausfrau, sich noch in der offenkundigen Not auf die alten Tugenden der theatralischen Überhöhung besinnend.

Doch sie wäre nicht Hedwig Pringsheim gewesen, wenn sie nicht auch in dieser Situation einen Ausweg gewusst hätte: «Wissen Sie, was wir jetzt jeden Sabbath tun? Wir gehen zum Juden, koscher essen. One Fleischmarken: Gänsebraten, gestopften Gänsehals (dafür schwärmt Frau Ganghofer) und änliche Delikatessen. Na, und *die* Gesellschaft, noch dazu am Schabbes! Alfred geht nur unter meiner christlichen Bedeckung hin, aber es schmeckt ihm.»

Selbst als Chronistin des Mangels bewies sie Witz, die Pointen blieben akkurat gesetzt. «Wir leben in abscheulichen Nöten: Kolennöten. Alle Säle gesperrt, und wenn geöffnet, anstatt Vergnügungslokal Eiskeller, Marteranstalten. Die beiden letzten Symphonie-Konzerte im *Odeon*, einem königlichen Gebäude, standen in diesem Zeichen. Man ging hin, weil man doch sein Abonnement bezalt hatte, und ich befand mich mit Pelzstola und Muff, darüber den Abendmantel und an den Füßen, was man in Berlin so sinnig ‹boots› nennt, garnicht einmal unbehaglich. Aber der elegante Saal mit all den Herren in plumpen Winterüberziehern und den pelzvermummten Damen bot schon einen komischen Anblick, und die armen Orchestermitglieder in bloßen Fräcken schepperten.»

Wenn es um die Beschaffung von Heizmaterialien ging, musste selbst die findige Kulturliebhaberin kapitulieren. «Nun, in Konzerte brauchte man nicht zu gehen; aber leben muß man. Und unser privates Leben steht im gleichen Zeichen unüberwindlicher Kolennot», notierte die enervierte Hausherrin. «Wir haben noch für knapp 14 Tage Koks, dann müssen wir die Bude zuschließen. Ich bin tagelang herumgelaufen, habe bei Kolenhändlern antichambrirt, habe mich gedemütigt und Bassessen begangen, um für hohe und höchste Preise hintenherum etwas zu ergattern – vergebens. Alfred wont auf der ‹Kolenstelle› in der Hoffnung, rechtmäßig wieder beliefert zu werden – vergebens. Nun, wir Ollen können allenfalls ins Hotel ziehen. Aber Katia mit vier Kindern und einem fünften in Sicht kanns nicht; und die Manns sind womöglich noch schlechter dran als wir.»

Allen politischen Meinungsverschiedenheiten zum Trotz fühlte sich Hedwig Pringsheim dem Haus Mann auch während des Krieges eng verbunden. Nach wie vor verfolgte sie die Aktivitäten des berühmten Schwiegersohnes mit einer Mischung aus Bewunderung und Kritik und teilte Katias Erleichterung, als die Musterung im November 1916 den Dichter nicht zu den Fahnen beorderte. Allenfalls dem Erscheinen der *Betrachtungen eines Unpolitischen* – eines Buches, das nach ihrer Ansicht so gar nicht *on his line* war – sah sie mit Bangen entgegen. Die sonstigen literarischen Tätigkeiten, einträglichen Auftritte, ja sogar die viel besprochenen politischen und persönlichen Fehden sah sie eher gelassen. «Tommy fur nach Berlin, um aus seinen Werken vorzulesen. Bruder Heinrich tat ja eben, wie ich lese, das gleiche. Die innere und äußere Gegnerschaft der beiden Brüder nimmt nachgerade einen pathologischen Charakter an. Als ob die Welt nicht wichtigere Probleme böte in diesem Augenblick.»

Nein, der Bruderzwist interessierte sie nur mäßig; schwerer wog schon, dass sie in der töchterlichen Familie keinen Gesprächspartner fand, der ihre Ansichten teilte. Zwar hatte sie mit Befriedigung registriert, dass im Laufe der Zeit auch «aus Tölz», dem Feriendomizil der Familie Mann, im Hinblick auf die deutschen Kriegserfolge skeptischere Töne zu hören waren, doch auf einer gemeinsamen Linie befand man sich nicht. «Ich bin voll Trauer und mag nicht denken, und zum Aussprechen habe ich niemanden. Alfred ist im ganzen sehr anständig, aber er ist überhaupt nicht geeignet zu Mitteilsamkeit.»

Und Katia? Die hatte der Krieg mit seinen Versorgungsengpässen zum völlig selbständigen «Wirtschaftsoberhaupt» der Familie gemacht, die des Rates der Mutter nur noch selten bedurfte. Die so lange Verwöhnte «wurde zu einer Art von Heldin», konstatierte Golo Mann; und Klaus ergänzte in seinem autobiographischen Rückblick: «Vier gierige Kinder und einen heiklen, delikaten Mann unter so abnormen Umständen durchzufüttern, war gewiß keine Kleinigkeit. Mielein machte ihre Sache vortrefflich, eine Leistung, die um so bewundernswerter erscheint, wenn man ihre Herkunft und Vergangenheit bedenkt. Die Märchenprinzessin mußte nun mit sehr harten, prosaischen Problemen fertig werden.» Der Sohn erinnerte sich genau, wie seine Mutter den Kindern einst den Verzicht auf die tägliche Nachspeise erklärt hatte: Man lebe im Augenblick zwar in großen, aber auch in schwierigen Zeiten. Zudem mache sich gerade «eine gewisse Knappheit an Bargeld» unangenehm bemerkbar, für die neben der heroisch-entbehrungsreichen Epoche «zwei mächtige Greise» verantwortlich gemacht wurden, von deren Zuwendungen die Familie in geheimnisvoller Weise abhängig war: Großvater Ofey und Thomas Manns Verleger Samuel Fischer. Den Vater habe die Misere freilich kaum berührt, die Mutter aber sei umso besorgter gewesen: «Sie entließ eines der Mädchen und das Kinderfräulein» und nahm die Geschicke des Hauses selbst in die Hand.

Hedwig Pringsheim blieb nichts anderes, als die veränderte Situation zu akzeptieren – was ihr umso leichter gefallen sein dürfte, als sich auch für sie – trotz der drei Mädchen und einer männlichen Hilfskraft – die Anforderungen vervielfacht hatten. Dennoch gab es Rituale, auf die sie auch unter den schweren Umständen des Krieges keinesfalls verzichten wollte. Zu ihnen gehörte neben der Teestunde das sonntägliche Mittagessen mit der Familie Mann, das nun freilich, wie Enkelsohn Klaus später im *Wendepunkt* schrieb, eher bescheiden ausfiel: «Das festliche Menü bestand nun meist aus einem ausgemergelten Vogel – einer Art Reiher von penetrant tranigem Geschmack – und einem scheußlichen rosa Ersatzpudding. Es war nur die gediegene Pracht des Speisesaales und Offis unverwüstliche Würde, welche diese Zusammenkünfte vor dem Abgleiten in völlige Armseligkeit bewahrten. Tatsächlich blieb die Haltung der Gastgeberin so majestätisch-nonchalant, daß die Gäste geneigt waren, den reduzierten Stil des Hausstandes als eine elegante Laune hinzunehmen. Die melancholische Tatsache, daß wir unser eigenes Brot mitbringen mußten, schien eine amüsante Komödie dank Offis heiter überlegener Haltung. Ihr Lachen perlte so herzlich wie eh und je, wenn wir dem alten Butler unsere bescheidenen Rationen, in Zeitungspapier verpackt, überreichten. ‹Wenn ich bloß von allen meinen Gästen verlangen könnte, daß sie sich ihre Stullen selber mitbringen!› scherzte sie und fügte nicht ohne Genugtuung hinzu, während sie den Tee in die zarten chinesischen Tassen goß: ‹Mit dem Tee wenigstens werde ich durchhalten. Schließlich kann der Krieg ja nicht ewig dauern …›»

Und doch, so sehr auch immer sie sich mühte, Fasson zu bewahren, das Durchhalten fiel schwer. «Es ist ja alles, alles so schauerlich, so höllenmäßig schlimm», schrieb sie an Harden im Juli 1916, «bei jedem Tagesbericht [der Heeresleitung] könnte ich laut aufheulen. Und wenn dann die um mich herum immer beruhigend und beruhigt urteilen: es steht ja gut, recht gut – dann möchte ich auf die Bäume klettern! Woran Alter, Würde, steife Beine und lange Röcke mich aber leider hindern. Aber zum Austoben zurückgehaltener innerer Kräfte, zur Entspannung, wäre es so übel nicht. Ich finde also, es steht garnicht gut, es steht sehr beängstigend, atembeklemmend gefärlich, und ich finde, es wäre ein Wunder, wenn's anders wäre. Wissen Sie, Harden, ich flenne nicht, weil ich keine Butter auf dem Brod, kein Hun im Topf, keinen Zucker im Tee (trinke ihn ohnehin bitter) und kein Ei zur Mehlspeis habe, bin auch noch allemal satt geworden – wenigstens so ziemlich. Aber daß wir 14 Tage nicht eine Kartoffel bekamen, war schon unangenehmer. Und die Unruhen am Marienplatz waren sehr viel ernster als uns Mutigen vorgetröstet und vorgelogen wurde, wie ich mich am Tage drauf durch einen Rundgang überzeugte, wo ich die zerschlagenen großen Schaufenster nicht zälen konnte, und wo mir die Stimmung der Bevölkerung denn doch recht bedenklich entgegenschlug. Die Wut und Empörung über die sich täglich mehrenden blödsinnigen Vorschriften sind ganz allgemein, selbst mein gesetzter, guter, kalköpfiger Apotheker hat mir gestern gesagt: ‹das nächste Mal schmeiß' ich mit d'Fenster ein.› Vielleicht, da ich schon nicht auf die Bäume klettern kann, schließe ich mich dem wackren Apotheker an und schmeiße mit.»

Nun, ganz so weit ist Hedwig Pringsheim dann doch nicht gegangen, obwohl es noch mehr als zwei Jahre dauerte, bis die allgemeine Wut und Empörung sich in großem Stil Luft machte und auch in München alles anders wurde.

KAPITEL 6

Republikanisches Zwischenspiel

Am 8. August 1918 wurden die wichtigsten deutschen Stellungen bei Amiens und St. Quentin von den Alliierten überrannt; vier Wochen später zogen sich die deutschen Armeen im Westen endgültig zurück. Das Kaiserreich brach zusammen. Die Hochseeflotten in Kiel und Wilhelmshafen meuterten; in den Großstädten bildeten sich revolutionäre Zellen. Deutschland war auf dem Weg zur Republik.

Die Ereignisse überschlugen sich; Hedwig Pringsheim zog in einem Brief an Maximilian Harden eine erste Bilanz: «Lieber Freund – was ist alles passirt, seitdem wir beim ‹Juden› unsre himmlische Gansleber verspeisten! Welten krachen zusammen, Reiche stürzen ein, Ludendorff ging, und Ihrem Ur- und Erzfeind [dem deutschen Kaiser] ruft – unkonfiscirt – die *Münchner Post* zu: ‹alle Welt hatte geglaubt, der Rücktritt Wilhelms II würde dem des Generals [Ludendorff] vorgehen oder mindestens mit ihm gleichzeitig erfolgen. Wenn Wilhelm II endlich allergnädigst geruht hätte, höchstselbst in den majestätischen Ruhestand zu gehen, dann hätte der in Gehorsam ersterbende Untertan Seiner Majestät den alleregebensten Dank zu Füßen zu legen gewagt; ja, der demütigste Untertan sieht heute schon den Rücktritt Wilhelms II als eine politische Notwendigkeit an.›» Müsse man sich angesichts solch freimütiger Verlautbarungen wundern, dass «in einer öffentlichen socialdemokratischen Wälerversammlung Herr Universitätsprofessor Jaffé» unwidersprochen den Thronverzicht nicht nur des Kaisers, sondern auch des Kronprinzen habe verlangen können?

Den Forderungen des Herrn Jaffé konnte Hedwig Pringsheim nur zustimmen. Sie war trotz ihrer preußischen Herkunft (und der sie als Kind so beeindruckenden Ungezwungenheit des damals sehr jungen hohen Herrn) nie eine Anhängerin Wilhelms II. gewesen – auch wenn sie die Besuche des Monarchen in der bayerischen Hauptstadt stets hautnah verfolgte. «Wir hatten ja den Kaiser hier, und er wurde aufrichtig bejubelt. Fur ganz langsam mit dem König im offenen Wagen durch die dichtgedrängte Menge – ich natürlich mitten mang –, und die feldgrauen Herrschaften mit ihren Suiten, die Helme grau überzogen one Prunk und Pracht, ganz eiserne Notwendigkeit, wirkten eigentlich recht monumental und historisch.»

Am 9. November, diesem deutschen Datum, war alles vorbei. Wilhelm II. musste abdanken. Hedwig Pringsheim kommentierte das historische Ereignis nicht ohne Sarkasmus: «Ludendorff in Schweden, Tirpitz in der Schweiz, die beiden Wilhelme in Holland – ein erhebender Anblick.»

In München hatte die bayerische Regierung Ludwigs III. derweil versucht, die Unruhen im kriegsmüden Volk durch gewisse Zugeständnisse zu besänftigen. Kurt Eisner, der seit dem Metallarbeiterstreik im Januar 1918 inhaftierte Vorsitzende der USPD, wurde aus dem Gefängnis entlassen, und am 2. November verkündete der Bayern-König, seine Minister seien in Zukunft dem Landtag verantwortlich. Doch die kleinen Demokratisierungsversuche kamen zu spät. Am Abend des 7. November gelang Eisner die Konstituierung der ersten Soldaten- und Arbeiterräte, aus denen – noch in der Nacht – das Revolutionsparlament hervorging. Am Morgen des 8. November wurde die Republik ausgerufen und Eisner zum Ministerpräsidenten ernannt.

Hedwig Pringsheim hatte das Ende des Krieges herbeigewünscht. Gleichwohl tat sie sich mit dem, was nun folgte, schwer. Nicht zuletzt die Oktrois der Siegermächte schienen ihr allzu hart: «Über die ‹Bedingungen› sind wir denn doch ‹ins Hirn gehauen›; das ist doch kaum zu machen!» Gewiss, die Deutschen hatten ihre Feinde oft auf brutale Weise bekämpft, aber nun hieß es: Wehe den Besiegten! Das Gefühl, den Siegern auf Gedeih und Verderb ausgeliefert zu sein, machte ihr Angst. Nur, mit wem sollte sie reden? In der eigenen Familie war sie politisch isoliert. Einzig Klaus erwies sich «in *der* Beziehung ganz als Mutters Sohn», während die Tochter ihr, wie sie meinte, «unter des unpolitischen Betrachters Einfluß leider entglitten» war. Da sehnte sie sich nach einem hilfreichen und «persönlich-menschlich warmem Wort» ihres alten Freundes und Mentors Maximilian Harden.

«Eine Welt ist zusammengekracht, eine neue will unter fürchterlichen Krämpfen und schmerzhaften Wehen geboren werden – und ‹Sie würdigen mir keinen Blick› (wie einst ein Betrunkener meinen Vater vorwurfsvoll haranquirte). Sehen Sie, ich bin gewiß nicht unbescheiden und erwarte in dieser Zeit, die all Ihr Denken und Fülen, Ihre ganze Kunst und Leidenschaft in Anspruch nimmt, selbstverständlich keine ausfürlichen Briefe. Aber eine kleine Zeile mit einem kleinen persönlichen Wort, das hätte ich wirklich erwartet. Wir haben doch alle so maßlos viel erlebt und durchgemacht in diesen Wochen, daß der Wunsch *serrez les rangs* [die Reihen enger zusammenzuschließen] wol in jedem mehr oder weniger erwacht.»

Die Verbundenheit der wenigen Vertrauten zu stärken, sich durch den Austausch mit Freunden eines Standpunktes gegenüber dem ringsum herrschenden Chaos zu versichern: das, in der Tat, war Hedwig Pringsheims dringendster Wunsch in diesen Tagen. Keine Frage: Sie hatte das Ende des

Krieges herbeigesehnt – auch um den Preis einer deutschen Niederlage. Sie hatte von Revolution gesprochen, ja, sie auch für notwendig erklärt, aber sie kannte – im Gegensatz zu ihrer Mutter, die als Kind die Straßenschlachten von 1848 miterlebt hatte – Freiheitskämpfe vorwiegend aus der Literatur. Dennoch stellte sie sich mit Geistesgegenwart und gewohnter Energie auf die neue Situation ein und suchte, auch im Privaten, dem Gebot der Stunde gerecht zu werden.

«Wie es äußerlich um uns steht, wissen Sie aus den Zeitungen», schrieb sie an Harden, unmittelbar nach der Ausrufung der Münchner Räterepublik durch Kurt Eisner. «Abgesehen von einigen wansinnig aufgeregten Tagen – auch Nächten – ist es uns persönlich ja nicht schlecht ergangen, wenn auch die Unsicherheit natürlich schwer auf uns lastet. Wir haben schon Einquartierung freiwillig aufgenommen, eine dreiköpfige Familie eines kriegsentlassenen kleinen Beamten, die im obersten Stockwerk auf unsern Köpfen trampelt. Angenehm ists nicht, auch wirds unsern guten Möbeln kaum gut bekommen. Aber das ist ja erst der Anfang, und wir werden uns in schlimmeres fügen müssen.»

Hedwig Pringsheim hatte keinen Zweifel, dass mit dem Zusammenbruch des Kaiserreichs auch die Welt, in der sie nahezu 65 Jahre recht unangefochten gelebt hatte, zusammenbrechen würde. Dennoch bemühte sie sich – anders als ihre meisten Freunde – um eine differenzierte Sicht der Ereignisse, ein abwägendes Urteil. Sie war ehrlich genug zuzugeben, dass sie und ihre Familie nichts Besonderes zu erdulden gehabt hatten in diesen Tagen des Umbruchs: «Wir sind nicht belästigt worden (wie viele), nicht geplündert» – die kostbaren Sammlungen ruhten immer noch, gut verpackt, im Keller des Bayerischen Nationalmuseums –, «wir wurden nicht nach Waffen durchsucht, und weder Alfred noch Tommy waren Geiseln.»

Ihr Blick war ebenso subjektiv wie unbestechlich; einmal mehr wusste sie das Geschehen mit viel Witz und ein wenig großbürgerlicher Arroganz zu beschreiben. «Auf dem Residenzschloß weht die riesengroße rote Fane der Revolution. Frau Eisner hat sich einen neuen Hut gekauft und wird als ‹Regierung› in ihrer kleinen Villenkolonie nicht respektiert, weil sie mit den Dienstmädchen beim Metzger um sehr kleine Stückchen Fleisch jarelang ‹gestanden› hat.»

Nein, identifizieren konnte sich Hedwig Pringsheim nicht mit den bürgerlichen Revolutionären. Sie war eine Frau der Aufklärung, eine Frau der Barrikaden war sie nicht. «Häßlich, häßlich ist alles, one Größe, one Schwung, einfach hundsgemein und hoffnungslos.» Aber sie konnte den Rebellen, von denen viele Nicht-Bayern waren, Respekt entgegenbringen. Nach Eisners Ermordung im Februar 1919 war die einstige Schauspielerin tief bewegt von den feudalen Ehren, die dem toten Revolutionär zuteil wurden. Wie einen König hatte das bayerische Volk seinen im preußischen Berlin geborenen Tribun begraben.

«Sie meinen, Eisner könne doch wol in Bajuwarien nicht Wurzel gefaßt haben. Doch vielleicht mehr, als man glaubte. Wärend bei der Nachricht von seiner Ermordung in den Gymnasien die Buben Freudentänze auffürten, die Studenten auf der Universität jubelten, strömten aus den Betrieben die Arbeiter *aller* Parteien wie ein Mann auf die Theresienwiese, mittags bereits war der Generalstreik durchgefürt, wir bekamen sofort Belagerungszustand, eine volle Woche mußten wir Punkt 7 zuhaus sein, alle Theater und Lustbarkeiten waren geschlossen. Am Beisetzungstage – der wider Erwarten absolut ruhig vorüberging – hatten sämmtliche Palais des Hochadels, auf Befehl, schwarze Trauerfanen halbmast gehißt, alle Kirchenglocken läuteten 5 Tage lang, wie sonst *nur* und ausschließlich bei regierenden Königen, mittags von 12 bis 1: für den Juden Kurt Eisner. Die Frommen rasten. Na, ich kann es ihnen nicht verdenken ... Im übrigen hat die Presse ihn gemordet mit gemeinen Lügen, Verleumdungen, und der blöde Junge, dieser minderwertige kleine Arco, hat eine der größten Niederträchtigkeiten und – was schlimmer ist – Dummheiten unserer Zeitgeschichte begangen. Ich bin sogar darüber mit einer meiner ältesten besten Freundinnen, der Frau Stadler, auseinander gekommen. Denn sie eilte zu mir, beglückt von der ‹herrlichen Heldentat›, selig, daß wir ‹diesen Menschen› endlich los wären! Und da ich erheblich anderer Meinung war, gabs einen Krach und einen Riß, der so leicht nicht wieder zu heilen sein wird. Gott, es ging mehr aus den Fugen als meine Beziehungen zur Stadlerin; mag sie faren dahin.»

Hedwig Pringsheims moralische Maßstäbe waren – das zeigen die Briefe an Maximilian Harden mit aller Deutlichkeit – auch in der Zeit des großen Werteverfalls niemals von der Meinung ihrer Standesgenossen abhängig. So überheblich sie gelegentlich erscheinen mochte, so überzeugend sie ihre Rolle als *grande dame* der Gesellschaft spielte, sie blieb stets eine Frau, die den Vorgängen um sie herum nicht nur Neugierde entgegenbrachte, sondern auch Anteil nahm und mitleiden konnte, selbst am Schicksal eines Mannes, dessen politische Überzeugung sie keinesfalls teilte.

«Ich begreife die Erschütterung, die der tragische, fürchterliche Tod Ihres Freundes Ihnen bereitete», kondolierte sie nach der Ermordung von Gustav Landauer, einem der brillantesten Köpfe der Räterepublik, dem Schriftsteller und Sprachphilosophen Fritz Mauthner. «Sein politisches Wirken hier war sicher unheilvoll, trotzdem haben alle Einsichtigen, nicht zuletzt ich selbst, seinen unverdienten Tod aufrichtig beklagt. Denn er war sicher ein ganz reiner, hoher Geist, der das Beste wollte; freilich mit falschen Mitteln. –

Ich las einen Artikel von Landauer, der ganz vorzüglich nach Inhalt und Form war, und den jeder nicht in verrottet bourgeoisen Anschauungen Befangene dreist unterschreiben konnte. Sein Tod gehört mit zu dem unendlich vielen Entsetzlichen, das die letzten Wochen über uns gebracht haben. Gewiß trifft auch ihn eine gewisse Schuld, aber: wer unter uns one Schuld ist, der werfe den ersten Stein auf ihn.»

Hedwig Pringsheim hat unter dem revolutionären Chaos in München gelitten, aber sie vermochte – im Gegensatz zu den meisten ihrer alten Freunde und trotz der immer wieder beklagten eigenen «Unwissendheit» in politischen Dingen – sehr wohl zu unterscheiden, was berechtigtes Anliegen eines jahrelang mit patriotischen Phrasen in den Krieg getriebenen Volkes war und was nicht legitimierte Machtausübung der alten Garde. Die Führer der ersten Räterepublik, die Schwabinger Literaten Ernst Toller, Gustav Landauer und Erich Mühsam, waren für sie «Narren», törichte, aber doch ehrenwerte Männer, im Gegensatz zu den «Verbrechern» der von Freischärlern und regierungstreuen Truppen gestützten Regierung Kahr, die seit dem Kapp-Putsch in München einen stramm konservativ-separatistischen Kurs verfolgte.

«Ich finde, das Maß des Erträglichen ist nun allmählich überschritten, und man muß nur staunen, daß alles ruhig so weiter geht. Wenn es möglich ist, die Berliner Regierung noch zu übertrumpfen, so geschieht es ja hier in München. Unser Allerhöchster Kahr und sein Polizeipräsident und Staatskommissar Pöhner wären selbst im heutigen Preußisch-Berlin nicht möglich. – Das will was sagen. Wir hier waten tief in Reaktion, Antisemitismus, Reichsmüdigkeit und ähnlichen Lastern. Universität und Schule allezeit voran.»

Was die Tochter von Ernst und Hedwig Dohm besonders empörte: Sogar der erste Mai wurde im Zuge der Konterrevolution nun «gänzlich unterdrückt»: «Nicht das leiseste

Anzeichen eines Weltfeiertags. Trambanen, Schulen, Arbeit: alles wie am ödesten Werkeltage. Aber die kleinen Gymnasiasten von 13–14 Jaren waren ‹in Bereitschaft› als Melderadler für Reichswehr und andere Schutzformationen, und zwar bis zum heutigen Morgen. Wissen Sie, es ist rein ekelhaft. Aber ich vermute, wir verdienen es nicht besser.»

Nein, wohl war ihr nicht. Das Leben drohte härter zu werden. Alfred Pringsheim hatte zu großzügig Kriegsanleihen gezeichnet. Und jetzt stiegen alle Preise inflationär an. Das Ehepaar – eher ahnungslos in finanziellen Dingen – musste empfindliche materielle Einbußen hinnehmen. Und doch: Hedwig Pringsheim klagte nicht. Sie war zu redlich, um die eigenen Schwierigkeiten zu verabsolutieren. Sie wusste: die Einschränkungen, die man in Kauf nehmen musste, waren eher unbedeutend verglichen mit dem, was ein normaler Bürger zu verkraften hatte: Immerhin gab es in der Arcisstraße Besitztümer genug, um ein Leben zu führen, das hinter dem gewohnten Standard nicht allzuweit zurückbleiben musste – aber eben nur, wenn man sich entschloss, zu verkaufen.

«Persönliches? Das gibt's garnicht mehr. Die Preise spotten jeder Beschreibung. Für ein Futter, das man früher schaudernd von sich gewiesen, vergeudet man sein Väterlichs und Mütterlichs. Wir natürlich, wie immer in Geschäften dumm bis dorthinaus, verkauften unsre prächtigen Tafelaufsätze aus der Alten-Pringsheim-Erbschaft zur Unzeit. Die pompösen Kandelaber viel zu früh, 3 Monate vor der Silber-Hausse; und die anderen Stücke jetzt, wo die Baisse eingesetzt hat. Aber wenn wir doch Geld brauchen! Die alten Herrschaften sel. würden sich im Grab umdrehen, wenn sie gottlob nicht verbrannt wären, wüßten sie, wie ihre Schätze nach und nach nicht versilbert, sondern verpapirt werden.»

Sie habe sich entschlossen, von der «Wand in den Mund»

zu leben, wird die Arcisstraßen-Herrin – im Hinblick auf einen Gemälde-Verkauf – später einmal schreiben. Doch so schmerzlich die ungewohnten Sorgen und Transaktionen auch waren – den Kern ihres Daseins tangierten sie kaum. Viel schwerer wog die Erkenntnis, dass Krieg und Nachkrieg Alfred und Hedwig Pringsheim unübersehbar aufs Altenteil versetzt hatten. Vor allem der Frau des Hauses fiel es nicht leicht zu akzeptieren, dass sich die Welt, in der sie weiterleben musste, ihrem Verständnis immer mehr entzog: «Sagen Sie nur: was hat's denn mit den Menschen? Sind wir denn wirklich nur wilde Bestien, mit einer kleinen oberflächlichen Tünche von sogenannter Civilisation? Und nun sehe man sich doch unsere Frauen an; kurze Kinderkleidchen, seidene Florstrümpfe, nackte Hälse, kostbare Pelze, nichts wie Dirnen, Dirnen, Dirnen. Und können Sie etwa diese Litteraturjünglinge leiden, mit den kurzen Paletots und Ledergürteln, die alle vom Schieben und Betrügen leben?»

Nicht nur die Tanz- und Amüsierwut einer ihr fremd gewordenen Jugend irritierte sie; lieb gewordene Selbstverständlichkeiten begannen, aus dem Alltag zu verschwinden: Das Stelldichein von *tout Munich* bei Konzert- und Theaterpremieren, die in Dezennien großzügigen Mäzenatentums erworbenen Privilegien, die Einladungen zu Soireen und Vernissagen. Sie vermisste den zwanglosen Disput mit Gleichgesinnten oder Kontrahenten, die Skandale, über die sich süffisant plaudern ließ, weil jeder gleich wusste, worüber man sprach. Nun aber gab es nicht einmal mehr eine Eintrittskarte für ein Kultur-Ereignis, das – wie die Premiere von Wedekinds Schauspiel *Schloß Wetterstein* – etwas Besonderes versprach. «Das einzige Mal, wo ich mir ein Sensatiönchen vergönnen wollte, bekam ich kein Billet mehr. Schade. Durch Revolution und Räterepublik verwönt, hätte man doch gern einmal wieder einen saftigen Radau erlebt. Und

Stinkbomben, Explosionskörper und Kartoffelgeschütze. Das ist was Reelles, ‹dös haut›. – Nun hat man den Sittlichentrüsteten das Handwerk gelegt, und den anderen auch, und hat der Einfachheit und Bequemlichkeit wegen das Stück polizeilich verboten. Hoch lebe die Republik und die Freiheit.»

Nicht das Stück und nicht die Stinkbomben machten ihr Angst. Die alte Meiningerin kannte die Usancen. Sie wusste um die gelegentlich provozierende Wirkung des Theaters. So manches Stück, so manche Aufführung hat ihr selber missfallen. Jetzt aber fürchtete sie den Einfluss politisch reaktionärer Gruppen, die das geistig-kulturelle Klima in München mehr und mehr bestimmten. Es beunruhigte sie zu sehen, «wie der Antisemitismus, den man früher hier kaum kannte, giftig angeschwollen ist und sich breit macht und sich bläht»: «Ich finde garnicht, daß unser toter Freund Wedekind da ein Meisterwerk geschaffen hat, und noch weniger finde ich, daß gerade dieses *Schloß Wetterstein* sich zu einem Repertoirestück für die reifere Jugend eignet. Aber daß eine Handvoll Unentwegter aus dem Tugendbund, die Wedekind und Falkenberg auch noch für Juden ansehen, es mit ihren wüsten Radauscenen fertig bringen, das Theater in dieser Weise zu terrorisiren, ist denn doch ein starkes Stück.»

Da zogen Zeiten herauf, die ihr unheimlich waren. Die schönen Künste, denen ihr Leben gegolten hatte, standen nicht mehr hoch im Kurs. Und für die wilden zwanziger Jahre, für den «irrsinnigen Vergnügungstaumel», der nun folgen sollte, fühlte sich Hedwig Pringsheim zu alt. «Was soll ich Ihnen von uns erzählen?», fragte sie ihre Freundin Dagny Sautreau. «Man ‹frettet› sich so durch. Fink und Fay sind alte Leute geworden; Fay allerdings, der einst ‹furchtbar süße kleine Mann›, ein recht munteres Greislein, dem man seine im Sommer vollendeten 70 warlich nicht anmerkt. Ich bin ehrwürdig, und etwas müde vom Leben, in meinem Silberhaar. Man hat so furchtbar viel Plackereien, und der Alltag ist vollgestopft mit Mühe und Arbeit. Die deutsche Hausfrau ist ein rechtes Lasttier geworden, und mit den Dienstboten muß man sich rein zutode ärgern. Sie erinnern sich vielleicht, daß ich kein solches deutsches Musterweib gewesen bin: aber heute leide ich unter dieser Misère wie die ehemaligen Musterweiber.»

Es ist anrührend zu sehen, wie der jahrzehntelang so souveränen Frau an der Schwelle des Alters die Welt entglitt. Sie hatte kein Instrumentarium mehr, die neue Zeit zu begreifen. Die freimütig bekannte Hilflosigkeit ist nicht allein durch das Ende des Kaiserreichs zu erklären. Auch nicht durch die missglückte Revolution. Und auch nicht durch das Älterwerden. Es waren zwei herbe persönliche Verluste, die Hedwig Pringsheim den Zusammenbruch der vertrauten Welt besonders grausam spüren ließen: der Tod der Mutter und das Ende der Verbindung mit ihrem ältesten Freund, Maximilian Harden.

Hedwig Dohm, die Mutter, mit der sie von frühester Jugend an ein besonders herzliches Verhältnis verbunden hatte, starb im Juni 1919. Über Jahre war die Tochter an das Krankenbett nach Berlin gereist, hatte das Auf und Ab der Gesundheit begleitet, die Phasen der Erholung und geistig-geselligen Präsenz geteilt und in qualvollen Nächten versucht, der Leidenden die Ängste zu mildern. Gelegentlich hatte sie auch das Ende herbeigewünscht. Und doch, als es dann so weit war, fühlte sie sich einsam wie niemals zuvor: «Der Tod meiner Mutter läßt mich in einer Weise verödet und leer, die die wenigsten Menschen verstehen. Man sagt mir mit vollem Recht, sie war uralt, fast 88 Jare, hatte ihr Leben vollendet, ersehnte in ihrem großen Leiden selbst den Tod. Sehr war sehr vernünftig. Aber was hat Vernunft zu tun mit den elementaren Gefülen der Liebe und des Schmerzes? Ich rase selbstverständlich nicht gegen die unerbittliche Mauer, die der Tod zwischen uns aufgerichtet hat, ich schlage mir nicht den Kopf dagegen ein; ich bin ganz ruhig. Ich glaube, ich habe keine Träne vergossen. Aber eine tiefe Trauer liegt in mir und um mich, und ich muß mir mein Leben erst wieder neu einrichten.»

Gleich nach dem Tod hatte Hedwig Pringsheim ihrem Jugendfreund Maximilian Harden das Sterben der alten Frau minutiös geschildert, unter deren Ägide sich die beiden jungen Leute vor rund dreißig Jahren das erste Mal auf der Berliner Friedrichstraße begegnet waren.

«Am Donnerstag trat die Verschlimmerung ihres Zustands ein, und am Freitag begann der Kampf, den das arme, ausgemergelte Körperchen mit unglaublicher Kraft und Ausdauer mit dem Tode rang. Es waren sehr schreckliche Tage, vielleicht noch qualvoller für uns als für sie, die bewußtlos schien. Ich sage: schien, denn wer will wissen, was der Sterbende noch empfindet in diesen Zuckungen, in diesem keuchenden Röcheln, das so fürchterlich anzusehen und anzuhören ist? Sie nehmen das Geheimnis des Sterbens hinüber in den Todesschlaf. Nun liegt sie in ihrem engen Holzkasten in der dunklen Halle des Feuerbestattungsgewölbes, und übermorgen erst kann sie den Flammen überantwortet werden, wegen ‹Überfüllung›. Auf ihren Wunsch dürfen nur wir 4 Töchter zugegen sein, sie hat sich jede Beteiligung, jeden Prunk, jede Blumenspende verbeten. Es ist für mich ein großer Trost, daß ich ihr mit meiner Gegenwart noch eine letzte Freude bereitet habe. Ich schlief in den 3 letzten Nächten bei ihr, und wenn sie mich, die bei der leisesten Regung an ihrem Bett stand, aus schon ‹jenseitigen› Augen erkannte, sagte sie mit zärtlichem Staunen: ‹Hedelchen, du? Wie mich das freut!›»

Wir wissen nicht, wie Harden den Tod der Uralt-Gefährtin aufnahm, zu deren berühmten *jours* er als ganz junger Mann Zutritt hatte und der er später gelegentlich eine Seite in seiner *Zukunft* einräumte. Die Korrespondenz, die er mit Tochter Hedwig über Jahrzehnte führte, begann zu versiegen. Die Tatsache, dass der Journalist die Briefe aufbewahrte und mitnahm, als er, nach einem Attentat 1922, in die Schweiz floh, zeigt die Wertschätzung, die er – vielleicht sogar bis zum Tod – für sie empfand. Es bleibt unerklärlich, warum er die Verbindung im April 1922 beendete. Die offizielle Lesart, durch Aussagen von Golo Mann gestützt, besagt, dass Harden gekränkt war, weil Thomas Mann trotz Zusage keinen Beitrag zu der Festschrift beisteuerte, als der streitbare Publizist sechzig wurde. Der Zauberer hat sich, wie ein späterer, kühl-distanzierter Brief an den «sehr verehrten Hern Harden» zeigt, nicht einmal das Datum des Geburtstags gemerkt und vom 20. November statt vom 20. Oktober geschrieben. Aber immerhin legte Thomas Mann seinen ersten Entwurf bei, «einige Sätze, die für die Festschrift gedacht waren». Der Jubilar war, das ist überliefert, nicht eben begeistert.

Hat Harden die alte Freundin danach in Sippenhaft genommen? Ganz plausibel ist das nicht, denn die wenigen aus der Zeit nach 1920 erhaltenen Pringsheim-Briefe lassen erkennen, dass Harden die Episteln seiner Freundin offenbar bereits ein Jahr vor seinem 60. Geburtstag nur noch sehr zurückhaltend beantwortete: «Lieber Harden – ich sehe kommen den Tag, wo Sie nichts mehr von mir wissen», heißt es in einem Brief vom November 1920, – «‹Frau Pringsheim?? Ach, ist das nicht die alte Dame mit den weißen Haaren, die so nett von ihrer Tanzstunde mit Wrangel zu erzälen wußte – ja, lebt denn die noch?› – Sehen Sie, ein Feuer, das nicht unterhalten wird, erlischt, wie ich leider eben erst wieder an meinem eisernen Öfchen erlebte, wo ich über den St. Simon Mémoiren verabsäumte, Torf nachzulegen.»

Die Schreiberin musste annehmen, dass sie für den Freund «zu existieren aufgehört habe». Das tat weh. «Ganz bescheiden» versuchte sie, sich in Erinnerung zu bringen. Den Tod der Mutter hatte sie akzeptieren müssen, den Verlust des letzten Jugendfreundes aber mochte sie nicht kampflos hinnehmen. «Lieber Harden – die Tage nehmen schon wieder ab, die Münchener Jugend hat halbnackt um die Sonnenwendfeuer getanzt, und es will Abend werden. Vorm endgültigen Schlaf möchte ich Ihnen noch einmal gute Nacht sagen: Denn es war ja doch schön! Und man sollte nicht one Abschied auseinandergehen. Wissen Sie noch, wie wir uns in der Friedrichstraße trafen und Mimchen uns bekannt machte und ich *bouche beauté* sagte: ‹Nanu, *das* ist Maximilian Harden?!› denn Sie sahen ja so furchtbar jung und niedlich aus. Nun sitzt man da, mit weißen Haaren und traurig vereinsamtem Herzen, und ist doch schade, daß man mit den ganz Wenigen, die man noch gern hat und für die man sich unauslöschlich aufs wärmste interessirt, schön sachteken sich gründlich auseinander lebt.»

Sie drängte den Freund einzugestehen, dass *er* mit ihr – aber nicht *sie* mit ihm – auseinander sei. Sie bat inständig, er möge ihr die Gründe für diese einseitige Entfremdung nennen, die sie nicht in Abrede stellen, aber auch nicht hinnehmen wollte: «Es muß wol so sein; denn sonst wäre es ja nicht.» Dennoch beharre sie darauf, ihm «alle paar Monate» doch noch einen Gruß zu schicken, «wenn er auch one Echo verhallt. Und bleibt er eines Tages ganz aus, so merken Sie dann, daß die olle treue Hedwig nun auch gestorben ist.»

Es scheint, als seien alle Briefe ohne Antwort geblieben. So sehr sie sich mühte, so sehr sie ihn, nicht frei von theatralischem Pathos, beschwor: «Reichen Sie mir die Hand. Denn wir waren ja ‹in abgelebten Zeiten› füreinander bestimmt» – Harden hat, nach allem, was wir wissen, nicht mehr reagiert, sodass schließlich auch Hedwig Pringsheim annahm, das Zerwürfnis beruhe auf dem unglücklichen, nie publizierten und auch nicht erhaltenen Geburtstagsgruß.

«Ich nehme an, Sie haben den damaligen Artikel von Thomas Mann sehr übel genommen, und Sie haben es mir übelgenommen, daß ich meinem Schwiegertommy erlaubt habe, ihn Ihnen zu schicken. Daß ich mit dem Inhalt in keiner Weise einverstanden war, dürften Sie doch wol wissen. Warum schreiben Sie mir denn nicht einfach: ‹ja, meine Liebe, Sie sind wol blödsinnig? Wie konnten Sie zugeben, daß man mir dieses ärgerliche Machwerk zusandte, ich nehme Ihnen das sehr übel, Sie sind ja viel dummer, als ich dachte; aber da Dummheit eine Gottesgabe ist, drücke ich ein Auge zu, und darum keine Feindschaft nicht.› Dann würde ich Ihnen mein wirklich aufrichtiges Bedauern ausgesprochen und Ihnen betrübt zugegeben haben, daß fortschreitende Verkalkung meine Urteilskraft vermutlich schon in bedenklichem Maße getrübt habe. Und damit hätte der Zwischenfall erledigt sein können.»

Einmal noch setzte sie, im April 1922, ihre ganze Schreibkunst ein, um das Geschehene in den Bereich des Ärgerlich-Überflüssigen zu verweisen: Die Verstimmung sei doch kein Anlass, eine jahrzehntelange Verbindung zu beenden und sie nun «wortlos in der Versenkung verschwinden» zu lassen. «Wenn ich tot bin, tut's Ihnen vielleicht doch ein bischen leid, denn ich war Ihnen all diese Jare ohne Wank in Treue ergeben, und eine neue, die Ihnen die nächsten 30 Jare (nach deren Ablauf Sie 90 sind, mein Lieber!) ebenso herzlich ergeben ist, finden Sie ja doch nicht. Also: wollen wir uns nicht wieder gut sein?»

Es war ein letzter, verzweifelter Versuch, den Freund zurückzugewinnen, nicht ohne Bitterkeit, aber mit äußerster Entschlossenheit, wenn schon nicht die Zukunft, so doch die vergangene Freundschaft zu retten: «Lieber Harden – ich weiß nicht, ob ich schreiben darf: lieber Freund Harden, oder ob ich schreiben muß: lieber Feind Harden – aber nun versuche ich es auf alle Fälle noch einmal. Denn ich finde, daß man eine Freundschaft von über 30 Jaren nicht so einfach, one Sang und Klang, one Erklärung und Aussprache, über die Mauer werfen darf. Ich hoffe für Sie, ja ich nehme an, daß Sie reicher an waren Freunden sind, als ich es bin. Ob Sie aber so reich sind – ich meine nicht an Anhängern und Bewunderern, sondern an Menschen, die Ihnen persönlich, intim, herzlich anhangen, wie ich es in Wärme und inniger Anteilnahme eine Ewigkeit lang tue – daß Sie solche Freundin one Einbuße, und eigentlich one jeden Grund, einfach abschaffen, das würde mich für Sie zwar freuen, aber doch einigermaßen überraschen. Ich jedenfalls bin so reich nicht, bin sogar scheußlich arm, und ich empfinde den Verlust so langjäriger, mir wertvoller Beziehungen schmerzlich.» Am Ende des Briefs ein knapper Satz: «Nun warte ich auf Ihre Antwort». Hedwig Pringsheim sollte sie niemals bekommen.

Ganz hat sie offensichtlich den Verlust des Freundes nicht verwunden. Sie hat ihn akzeptiert, aber sie war überzeugt, ihr sei ein erheblicher Teil ihrer Lebenskraft genommen. Sie fühlte sich leer und verbraucht: «O, mein Lieber, ich gehe ein, bin nur noch der Schatten der Maria: Solche hübsche, nette Frau, die ich war!», steht in einem der letzten Briefe an den Freund, und der Freundin Dagny klagte sie: «Ich bin müde, stumpf, überflüssig und mindestens so alt wie meine schlohweißen Haare.»

Zwar war – wie sie deutlich sah – die Zeit auch an ihrem Mann nicht spurlos vorübergegangen, aber der Unterschied in den Möglichkeiten der Lebensbewältigung schien ihr größer denn je. Alfred Pringsheim, schrieb sie einer Freundin, sei, obwohl inzwischen auch ein «rechter Mummelgreis», tatkräftig, munter, und vor allem – trotz mancher Malaisen – «immer verliebt. So Männer haben's gut, die dürfen ja immer … bis ins greiseste Alter hinein, one lächerlich zu werden. Selbst mein nunmehr 74järiger, der *ci devant* ‹furchtbar süße kleine Mann› hat immer noch seine Flammen, die er hegt und pflegt. Er ist aber auch wirklich jung und frisch geblieben: arbeitet, lebt und liebt wie ein Jüngling: wol ihm.»

Wenn Hedwig Pringsheim ihren Mann um etwas beneidete, dann nicht um seine offenbar unerschöpfliche Fähigkeit zu lieben, sondern um seinen festen Platz innerhalb einer Gemeinschaft, die alle Stürme der Zeit relativ unangefochten überstanden hatte. Die Vorlesungen, Examina, Senats- und Akademie-Sitzungen, die Skatrunde der Mathematiker, die Beratungen im Bayerischen Nationalmuseum und die Allotria-Abende: alles war ihm geblieben. *Er* konnte sich immer noch mit Gleichgesinnten treffen, Meinungen auszutauschen, Entscheidungen treffen. Dies Privileg zählte mehr als alle zugestandene Freizügigkeit beim Flirten und Lieben. Die Erfüllung im Alltag, im Beruf war den Frauen versagt. Da boten auch die einst so strahlenden gesellschaftlichen *événements* keinen Ersatz, schon deshalb nicht, weil es die Schicht derer, die sie getragen hatten, nun nicht mehr gab:

«‹Schafsköpfe› ist wol ein mildes Wort für die Herrschaften, die da wänten, aus dem ‹Stalbad des Kriegs› werde die Welt verschönt, verjüngt, erfrischt hervorgehen. Das sind ja Idioten, Wansinnige, Verbrecher. Und sie hören nicht auf, sind überall noch am Werk. Allvater Goethe hat uns schon so richtig gewarnt: ‹Über's Niederträchtige / Niemand sich beklage / denn es ist das Mächtige / was man dir auch sage›. Kann man's präciser ausdrücken? Ich bin neulich einmal wieder mit Leuten aus der ‹Gesellschaft› (mit Gänsefüßchen und Vogelgehirnen) zusammen gewesen. Was man da für Ansichten hört, wie absolut anungslos diese Menschen der Zeit gegenüberstehen: es wäre zum lachen, wenn es nicht so verhängnisvoll tragisch wäre. Am besten, man verkriecht sich in seine vier Wände, liest gute Bücher und läßt den lieben Gott einen guten Mann sein.»

Ganz so resigniert und zurückgezogen, wie ihre Briefe es gelegentlich glauben machen wollen, verlief das Leben der Hedwig Pringsheim freilich auch in den zwanziger Jahren nicht. Die epistolographischen Bilanzen enden nur selten in völliger Hoffnungslosigkeit. Irgendwie, da war sich auch die alt gewordene Kämpferin sicher, würde es schon weitergehen. «Ich habe endlich eine Köchin und wir ernären uns ganz ordentlich, da wir uns entschlossen haben, nur mehr ‹von der Wand in den Mund› zu leben. Teebesuche viele, Theater wenig, da denn doch allzu teuer. Doch sah ich neulich Heinrich Manns *Der Weg zur Macht*. Schauderös.»

Die Begründung dieses apodiktischen Urteils zeigt, dass es der Schreiberin – allen psychischen Turbulenzen zum Trotz – immer noch nicht an Selbstbewusstsein fehlte. «Wer imstande ist, die französische Revolution und meinen Freund Napoléon *so* zu sehen, der hat's mit mir verdorben. Dazu eine Auffürung wie in einem Pamperltheater; letzte Provinz. Dies war unseres neuen Intendanten erste Tat – hoffnungslos. Gestern habe ich zwei Perlen verkauft, nun lasse ich mir ein neues Kleid nähen.»

Auf zu neuen Ufern also? Vielleicht nicht ganz. Aber sich abgrenzen gegenüber der ihr fremden Jetzt-Zeit, das wollte sie schon. Die zeitlebens aufrechterhaltene, noch von den Enkeln überlieferte Napoleon-Bewunderung zeugt ebenso davon wie der Anspruch, in Dingen des Theaters kompetenter als die meisten Nachgeborenen urteilen zu können. Das frivole Leben der zwanziger Jahre war ihr fremd, aber sie liebte es, bekennend altmodisch, niveauvolle Teestunden zu arrangieren. Und was ihr München nicht mehr bieten konnte, versuchte sie, in Frankreich, Italien oder in den europäischen Metropolen wie Wien, Prag, Amsterdam zu finden. Dennoch: So ernsthaft sich Hedwig Pringsheim um jene Kultur bemühte, die für sie unvergänglich war, sie wusste genau, dass da eine ganze Generation abtreten musste. Die eigenen Enkel, Klaus und Erika Mann an der Spitze, führten es ihr vor Augen. «Diese Jugend wächst one jede Rücksicht uns in jeder Beziehung über den Kopf und wirft uns lachend zum alten Eisen. Und wir müssen noch großzügig und vernunftvoll sein und dürfen beileibe nicht darüber weinen.»

Nein, Hedwig Pringsheim weinte nicht, obwohl sie die steile Karriere der Familie Mann schmerzlich mit der eigenen Situation konfrontierte. Das Haus im Herzogpark hatte sich in den zwanziger Jahren zu einem Anziehungspunkt für die neue literarisch-künstlerische Prominenz entwickelt wie einst das Arcisstraßen-Palais, dieses Monument eines nun verblassenden gesellschaftlichen Ansehens: «Ich bin sehr vereinsamt, habe kaum noch Verkehr. Eigentlich bin ich fast auf die Familie Mann reducirt, alles andre, was sonst noch bei uns aus- und eingeht, ist überflüssiges Füllsel.»

Auch wenn es ungerecht erscheint, die Besucher der Arcisstraße unter den Begriff «Füllsel» zu subsumieren, so war der Aufstieg der Familie Mann in der Tat unübersehbar – nicht nur, was den literarischen und gesellschaftlichen Rang des Hausherrn, sondern auch, was die Vergrößerung der Familie anging: Zu den vier Kindern hatte sich 1918 und 1919 ein weiteres Pärchen gesellt. «Katja hat sich nach 8-järiger Pause in diesem Frühjar ein 5tes Kind angeschafft», teilte die nicht nur beglückte Großmutter im September 1918 einer Freundin mit, «ein niedliches kleines Mädchen: tüchtig! Jemand hat gesagt, Thomas Mann scheine fruchtbarer in der Erzeugung von Kindern, als von Büchern.»

Als sei es darum gegangen, die maliziöse Schwiegermutter zu bestätigen, kam fast auf den Tag genau ein Jahr später noch ein weiteres Kind zur Welt, diesmal – zur großen Erleichterung der Mutter, die über die Geburt des Mädchens «außer sich» gewesen war – ein Junge. Aber die beiden in schwierigen Zeiten schnell aufeinander folgenden Geburten hatten die ohnehin schwankende Gesundheit der Mutter stark angegriffen. Und als wenig später der Arzt eine «leichte Lungenaffektion» konstatierte, fühlte sich Hedwig Pringsheim noch einmal gefordert. Doch anders als 1912 musste sie nun erkennen, dass ihr Rat nur noch bedingt gefragt war. Tochter und Schwiegersohn hatten sich angewöhnt, ihre Entscheidungen allein zu treffen. Sie konnte nur hoffen, dass die Vernunft sich durchsetzen würde. «Katja wird wol wieder irgend einen Erholungsaufenthalt im Gebirge nehmen müssen. Denn mit 6 Kindern und einem Dichterfürsten zum Gemal kann man sich zuhaus unmöglich erholen.»

Nun, ein zweimaliger mehrwöchiger Aufenthalt in Kohlgrub und Oberstdorf stellte Katia Manns Gesundheit wieder her, diesmal ganz ohne mütterliche Unterstützung. «Bei Katja geht es recht gut», musste sogar die besorgte Mutter zugeben. «Der Mann wird immer berühmter, und die Kinder werden immer größer. Erika ist ein schönes Mädel von 15 Jaren, ist einen Kopf länger als ich und könnte jeden Tag heiraten.»

Die wenigen Briefe, die aus dieser Zeit erhalten blieben, deuten darauf hin, dass sich Hedwig Pringsheim nach Kriegsende kaum noch in die Angelegenheiten ihrer Tochter und Enkel eingemischt hat. Kein Wort über die schwierigen Ältesten, die als Halbwüchsige im Verein mit den Kindern der anderen berühmten Herzogpark-Bewohner die Isar-Anlagen unsicher machten und in ihrem Übermut sogar vor gelegentlichem Telefonterror oder Ladendiebstahl nicht zurückschreckten; kein Wort über die Mühen der Eltern, ihren *enfants terribles* durch den Besuch renommierter Internate zumindest eine ausreichende Schulbildung zukommen zu lassen. Kein Wort auch – leider! – über das theatralische Treiben der Nachwuchskünstler aus der Herzogpark-Prominenz, das, wie wir aus anderen Quellen wissen, die ehemalige Meininger Schauspielerin mit Vergnügen, Stolz und Bewunderung verfolgte.

Letztlich hat sie Urvertrauen in die guten Anlagen der Mann-Kinder gehabt, die sich den Großeltern gegenüber höflich-freundlich verhielten und sich nicht scheuten, ungeniert auch die geringer gewordenen Ressourcen des Hauses Pringsheim in Anspruch zu nehmen, wenn die elterliche Apanage sich zur Erfüllung besonderer Wünsche als unzureichend erwies. Zumindest Klaus und Erika vergalten diese Großzügigkeiten mit der Ausschmückung privater Feste und mit öffentlichen Laudationes. Gelegentlich waren sie eben doch eine Großfamilie. Bei aller Distanz, die Hedwig Pringsheim sich abverlangte – ganz konnte die leidenschaftliche Schreiberin nicht davon lassen, zumindest kursorische Berichte über das Leben im Hause Mann zu geben. Vor allem Erikas Weg als Schauspielerin verfolgte sie – wie könnte es anders sein – mit kritischer Neugier:

«Erika ist bei der Büne und wird, unter der Ägide ihres berümten Vaters, hübsch und talentvoll wie sie ist, gewiß ihren Weg machen. Die ersten Schritte versucht sie eben in Berlin bei Reinhardt. – In Berlin verdient sich auch Klaus Mann, der es nunmehr mit Not und Mühe auf 18 Jare gebracht hat (nachdem er sich 17järig mit der gleichaltrigen Pamela Wedekind verlobte!), seine literarischen Sporen, die andern 4 sind noch Werdende, teils in Schulen, teils im Elternhaus.»

Im Schatten der Ereignisse im Hause Mann verblassen die Schicksale der eigenen Söhne, von denen sich zwei an Frauen gebunden hatten, die in den Augen der Mutter alles andere als ideale Schwiegertöchter waren. Das Verhältnis zu Heinz und seiner Russin Olga war auch Mitte der zwanziger Jahre noch gespannt, und Klara, die Frau von Klaus, wurde nur wegen ihrer drei reizenden Kinder akzeptiert. Erziehen konnte Hedwig Pringsheim ihre Söhne nicht mehr, aber Buchführen über sie, wie einst, das tat sie gelegentlich noch immer: «Mit Heinz bin ich ja, dank seiner Russin, ganz auseinander; d. h. wenn ich, wie erst neulich, nach Berlin komme, macht er mir eine ‹Anstandsvisite›, und wir sprechen über das Wetter, über Theater und Konzerte, kurz wir machen eine ganz oberflächliche ‹Konversation›, und das ist doch nur peinlich. Mit Klaus stehe ich herzlich, ja zärtlich, denn er ist ein lieber, reizender Kerl; zudem ein armer Kerl, der es mit aller Begabung und Intelligenz, mit allem Fleiß und Streben doch zu nichts rechtem bringt, und der an seiner hübschen, albernen Frau sehr leidet. Mit der verkehre ich natürlich, denn sie hat ihm 3 allerliebste Kinder geboren, in deren Entwicklung ich aber, bei *der* Mutter, bei *der* Ehe schwarz sehe. Und innerlich zürne ich meiner böhmischen Schwiegertochter, weil sie weder eine Gattin, noch eine Hausfrau, noch eine Mutter ist.» Wenn es um die eigenen Söhne ging, hielt Hedwig Pringsheim nicht eben viel von Emanzipation: Gattin, Hausfrau und Mutter sollten die Schwiegertöchter sein, nicht Malerinnen oder Sängerinnen.

Alle Hoffnungen ruhten also auf Peter. 1924 endlich konnte Hedwig Pringsheim ihrer Freundin Dagny vermelden, daß ihr Ältester «wolbestallter Professor in Berlin und seit einem Jare endlich Ehemann» sei, «Gatte einer hübschen und reizvollen Belgierin (du siehst, wir sind international!), der ersten uns willkommenen Schwiegertochter». Doch lebte just dieses wohlgelittene Paar nicht in München, sodass die beiden – sieht man von einigen gemeinsamen Ferienwochen ab – zur Aufhellung und Abwechslung des mütterlichen Alltags nur wenig beitragen konnten.

Also doch wieder die Manns. Und das umso lieber, als ‹Tommy› mit Abschluss seines Unglücksbuches, den *Betrachtungen eines Unpolitischen,* seine patriotisch-konservative Verteidigung deutschen Wesens zugunsten einer weltoffeneren, humaneren Weltsicht aufgegeben hatte. Sie klatschte ihm Beifall, als er, im November 1926, in einer dem Kampf um «München als Kulturstadt» geltenden Kundgebung die Stadt als einen «Hort der Reaktion» und «Sitz aller Verstocktheit und Widerspenstigkeit gegen den Willen der Zeit» anprangerte. München, einst gleichbedeutend mit «einer Atmosphäre der Menschlichkeit, des duldsamen Individualismus, der Maskenfreiheit sozusagen»; die alte Aura von «heiterer Sinnlichkeit, von Künstlertum, [...] Jugend, Volkstümlichkeit» sei durch «renitenten Pessimismus» und «antisemitischen Nationalismus» vergiftet.

Wie froh war sie, mit ihren Kindern im Herzogpark endlich wieder eine Ebene gefunden zu haben, auf der sich – wenn auch gelegentlich kontrovers – diskutieren ließ. Da sie sich selbst leicht resigniert, aber nicht ohne Koketterie gern «zum alten Eisen» warf, genoss sie die Reise- und Erlebnisberichte von Tochter und Enkeln. Besonders die der beiden Ältesten, Klaus und Erika, die es so meisterlich verstanden, im Zeichen ihres berühmten und vermögenden Elternhauses ein interessantes, ja, abenteuerliches Leben zu führen, hatten es ihr angetan.

«Manns werden immer berümter, füren ein reichbewegtes Leben und kommen auf ihren Farten durch die Welt mit Ländern, Meeren und Giganten (des Geistes) in dauernde Berürung. Auch Erika hat ihren Namen als glückliche Teilnehmerin der 10.000 Km-Fart mit goldenem Griffel in das Buch der Geschichte eingegraben. Wir Alten sitzen inzwischen am Herde und spinnen, weniger Leinen aus Irland, als Hirngespinste und Gewebe ferner Vergangenheit. An Reisen mag mein hoher Gemal nicht mehr denken, teils aus Mangel an Initiative, teils aus Mangel an Geld. So wird denn auch, da ich garnicht mehr nach Berlin komme, auch aus einem Wiedersehen nichts werden.»

Erikas Verlobung mit Gustaf Gründgens, dem Schauspieler und Oberregisseur der Hamburger Kammerspiele, im Frühjahr 1926 machte sie glücklich. Sie hatte sich, was die Partnerwahl der Enkelin betraf, offenbar Schreckliches ausgemalt und war nun erleichtert, einen Schwiegerenkel erwarten zu dürfen, der sich in ihrem ureigenen Fach, der Schauspielkunst, bereits einen Namen gemacht hatte und dem Fachleute eine große Zukunft prophezeiten. Dass der Glückwunsch aus Neapel kam, zeigt, dass die Epistolographin in der Realität lange nicht so auf München reduziert war, wie sie es die Adressaten ihrer Berichte gelegentlich glauben machen mochte. Selbst die wenigen Briefe, die erhalten sind, bezeugen immer wieder größere Reisen in die europäischen Metropolen.

«Liebe Erika», schrieb sie 1926 von einer Reise nach Neapel, «das kam unerwartet, ich muß sagen: toll. Aber außerdem muß ich sagen, daß ich diese Verlobung eigentlich furchtbar niedlich finde. Sieh mal, ich hatte immer gedacht: diese Eri meiner Jugendträume, dies Biest, wird irgend so einen reichen Knaben heiraten, mit 2 Auto's, 1 Monokel, etwas näselnd, etwas snobbisch und genau so 'ne Sorte, wie ich nicht mag. Und nun heiratest du im Gegenteil einen, der mir sehr gut zu gefallen scheint, und aus Neigung (was man früher altmodisch ‹Liebe› nannte), und er ist *so* nett und du magst ihn *so* gern, und das gefällt mir *so* gut, und das freut mich *so*, und nun gebe ich dir, statt meinem Fluch, meinen Segen und kriege dich vielleicht wieder fast ebenso lieb wie in unserer Jugend, als Oliver Twist und Toots uns das Leben verschönten.

Also, meine liebe Erika, ich gratulire dir wirklich sehr aus gerürtem Offi-Herzen und gratulire noch mehr Gustav'n, daß er dich bekommt. Sage ihm auch, daß er vor mir weder Angst noch Respekt zu haben braucht, obgleich ich ja natürlich ziemlich ‹bees› sein kann. Und Ofay ist doch so weit auch ein ganz ein nettes altes Männeken, wenn schon er jetzt ein bischen wie ein Trunkenbold von hohen Graden wirkt, denn er ist gestern über die Schienen direkt auf seine Nase gestürzt, die rot und verschwollen ihm ein etwas unedles Exterieur verleiht. Aber bis zur Hochzeit vergeht's schon wieder.»

Die Wertschätzung des neuen Familiengliedes hatte Bestand – weit über die Ehe der beiden hinaus, die nach knapp drei Jahren, 1929, wieder geschieden wurde. Der spätere Staatsschauspieler kümmerte sich weiterhin um die jüdischen Großeltern seiner einstigen Frau, besuchte sie, wenn er in München gastierte – noch zu einer Zeit, da andere längst die Beziehung zu den ab 1933 Verfemten abgebrochen hatten.

Was allerdings die Ehe der jungen Leute anging, so hatte Hedwig Pringsheim schon bald ihre Bedenken: «Urgroßmutter bin ich noch nicht», teilte sie Ende 1927 einer Freundin mit, «obgleich meine Enkelin Erika schon 1 ½ Jare verheiratet ist. Aber das ist eine so komische moderne Ehe, daß sich schon gradezu der Heilige Geist bemühen müßte, um mir Urgroßmutterfreuden zu verschaffen; auf die ich übrigens garnicht aus bin.»

Auch dass sich die junge Frau bereits ein Jahr nach der Hochzeit aufmachte, um ohne ihren Mann, dafür mit Bruder Klaus eine Vortragsreise durch Amerika zu unternehmen, stimmte sie skeptisch. Dennoch hatte sie Spaß an den unternehmenden und geschäftstüchtigen Enkeln: «Augenblicklich sind Erika und Klaus Mann in Amerika. Sie sind ja sehr berümt, und das Klappern, das zum Handwerk gehört, verstehen sie auch. Aber sie sind reizend.»

Am 2. September 1930 feierte Alfred Pringsheim, hoch geehrt von der gelehrten Welt, seinen 80. Geburtstag. Es war ein großes Fest – das letzte, das die Familie im Arcisstraßen-Palais begehen konnte. Noch einmal die lange Tafel im «mit Gobelins, schönem Silbergerät» und in langen Reihen aufgestellten «schillernden Majolikas» prunkenden Speisesaal; noch einmal die ganze Pracht der silbernen Schätze, die aus den mit Samt ausgeschlagenen Wand-Paneelen strahlten und, durch verborgene Lichtquellen zum Funkeln gebracht, der festlich gekleideten Gesellschaft einen märchenhaften Glanz verliehen.

Enkelin Erika, die der Feier fernbleiben musste, da sie in Noordwijk mit einer Kopfgrippe daniederlag, überbrachte ihre Glückwünsche in Form einer Laudatio, die die *Münchner Neuesten Nachrichten* bereits einen Tag vor dem Fest publiziert hatten.

«Ofei hat 90 Semester an der Münchner Universität gelehrt – und ist der nachgewiesen längstjährige Abonnent der Akademiekonzerte. Ich glaube, zweite Reihe links. – Ofei also wird 80, – das ist eine phantastische Tatsache. Man muß bedenken, daß er die witzigsten Augen von der Welt hat, einen Mund, der niemals Ruhe gibt, dem Scherze und lustige Assoziationen nur so entströmen (fast könnte man von einem Mund*werk* sprechen), daß er niemals Auto fährt und fast nie Trambahn – den weiten Weg von der Arcisstraße bis zu uns in den Herzogpark macht Ofei stets zu Fuß – daß er Klavier spielt wie ein junges Blut, daß er auch heute noch Mathematik treibt in seinem geheimnisvollen kleinen Arbeitszimmer mit der Galerie und den astronomischen Geräten, und daß er kalte Enten brauen kann, Braten tranchieren, Salate würzen, wie ein fünfunddreißigjähriger Fachmann.»

Erikas Gruß zum 80. Geburtstag ihres Großvaters und Klaus Manns Jahre später im *Mephisto*-Roman entworfenes Porträt der alten «Generalin» sind liebevolle Porträts der «Urgreise» Ofei und Offi, alias Fay und Fink, in denen sich die Großeltern offenbar nicht ohne Freude verewigt sahen. Vor allem die älteste Enkelin erinnerte sich genau an die Bedeutung, die das großelterliche Haus für «das interessanteste Volk» von München und natürlich auch für sie, die Kinder, einmal gehabt hatte:

«Bei Ofei gab es viel Besuch am Nachmittag. Jetzt will es mir scheinen, als ob das große Zimmer, wo die Lenbach's und Thoma's an den Wänden hingen, immer angefüllt gewesen wäre von interessantestem Volk. Schüler kamen, bedeutende Mathematiker ihrerseits. Sie sprachen sonderbare Formeln in ihre Teetasse und Ofei lachte korrigierend dazu. ‹Nein›, sagte er und nannte die Gegenformel. Dann war auf einmal alles klar. ‹Natürlich›, sagten erleichtert die Schüler. – Sammler kamen, Kenner, die sich für Ofeis Majolika interessierten, für seine Limojen und Gobelins. ‹Dieses ist auch nett und dies›, sagte er und zeigte auf das Phantastischste. Und es kamen die Musiker, die Sängerinnen. Sie spielten vierhändig mit Ofei auf zwei Klavieren, Wagner-Partituren spielten sie, die Ofei selbst bearbeitet hatte – die Notenhefte sahen aus wie Mathematik. Sie sangen und sie hatten es eilig. ‹Ja, ich will noch auf einen Akt in den *Tristan*› , sagten sie. Uns blieb das Herz stehen, Theater und – *freiwillig* – nur ein Akt, das war die Höhe der Erwachsenheit. So erwachsen, fühlten wir, würden wir niemals werden.»

‹Die Höhe der Erwachsenheit›: das ist fürwahr eine treffliche Benennung für den äußersten Punkt jener alten Welt, die sich gegen Ende der Republik gelegentlich nur noch als Anachronismus behaupten konnte und nach der nationalsozialistischen Machtübernahme unwiederbringlich versank. Für die Pringsheims fiel diese Endzeit mit dem persönlichen Altwerden zusammen. Hedwig, so scheint es, war die physisch robustere der beiden, fünf Jahre jünger als ihr Mann und mehr psychisch als körperlich vom Prozess des unausweichlichen Verfalls tangiert. Alfred hingegen blieb, nach Meinung seiner Frau, trotz seiner Jahre, immer «munter, witzig, verliebt» und dem Leben in allen Facetten zugewandt. Aber auch er hatte am Alter zu leiden, an «unangenehmen», wenn auch gottlob ungefährlichen Augenerkrankungen etwa. In solchen Phasen, in denen er «weder lesen noch schreiben konnte», musste Hedwig dann auch noch als Vorleserin und Sekretärin «strammen und recht anstrengenden Dienst» tun.

Ja, Alfred bedurfte nun zunehmend ihrer Fürsorge: Zumal einem rapide zunehmenden Straßenverkehr war der zerstreute Professor kaum noch gewachsen. Jedenfalls ist in den wenigen erhaltenen Briefen seiner Frau unverhältnismäßig oft von Unfällen die Rede, die aber bis zum Schluss eigentlich immer glimpflich abliefen. «Vor zehn Tagen will es das Malheur, daß Alfred von einem Radler umgeworfen und dann auch noch überfaren wurde. Förmlich blau vor Blässe, von dem Nervenchock, kam er in einem Auto angefaren, mit zerrissenen Hosen, einer ziemlich tiefen Wunde am Bein, die ich noch täglich verbinden muß, und heftigen Schmerzen am ganzen Körper. Der Arzt konstatirte, daß gottseidank nichts gebrochen sei, eine leichte Leberquetschung sei vorhanden, aber nicht gefärlich: doch halten die Schmerzen bei jeder Bewegung, beim Husten u.s.w. , noch in bedauerlichem Maße an, und er macht einen recht leidenden und deprimirten Eindruck, sodaß er mich einfach benötigt. Der Arme! Er ist ja doch im 81. Lebensjar, da überwindet man so etwas nicht mehr so leicht.»

Es waren nicht die einzigen Blessuren, die der alte Kunstsammler zu erdulden hatte. Im Januar 1931 stand eines der schönsten Museen Münchens in Flammen. Und das war viel mehr als nur ein großer Brand: «Wir sahen von unserem Eckfenster aus, vor Entsetzen bebend, zu, wie die Elemente, die in diesem Augenblick das Gebilde aus Menschenhand bitter haßten, ihr schreckliches Werk vollendeten» – Bericht Hedwig Pringsheims im Juni 1931 an ihren langjährigen Bekannten, den Literaten Fritz Endres. «Das Weitere haben Sie aus den Zeitungen erfaren. Aber nicht, wie wir mit Zittern und Zagen den Sprühregen von Funken und brennenden Fetzen, der die Arcisstraße entlang fegte und der bei stärkerem Wind zu einer unausdenkbaren Katastrophe hätte füren können, zuschauten. Nun, uns ist ja außer dem Schrecken, der uns noch in den Gliedern liegt, nichts weiter geschehen. Der einstige Glaspalast streckt sein gespenstisches Gerippe in die Luft, wir wundern uns immerzu, daß wir anstatt seiner nun den Justizpalast sehen, und die Völkerwanderung, die sich, wie stets, eine Gaudi aus dem Entsetzen macht, nimmt noch immer kein Ende.»

Der Glaspalast lag in Schutt und Asche, beinahe die gesamte Impressionistensammlung war vernichtet. Zwar ergaben die Ermittlungen, dass Brandstiftung auszuschließen sei, aber für Hedwig Pringsheim waren die Flammen ein sichtbares Zeichen für die unheilvolle Entwicklung, die sie sehr wohl heraufziehen sah – auch wenn die beiden ältesten Enkel ihr später politische Naivität vorhielten. Schließlich war sie dabei an jenem Abend des 13. Januar 1932, als Erika Mann auf einer internationalen Versammlung pazifistischer Frauenverbände Friedenstexte rezitierte – vielleicht sogar den Aufruf gegen den Kriegwahnsinn, den ihre Urgroßmutter Hedwig Dohm 1915 verfasst hatte. Nationalsozialistische Schlägertrupps hatten, wenn auch ohne Erfolg, versucht, die Veranstaltung zu sprengen. Klaus Mann berichtete in seiner Tagebuchaufzeichnung über einen «aufregenden Störversuch von Nazi-Buben, die eindringen wollten». Es habe «kurze Panik» gegeben, dann aber sei Erikas Schlussrede – «sehr rührend-eindrucksvoll» – «stark applaudiert» worden. – Danach «Offi nach Hause gebracht.»

Nein, Hedwig Pringsheim wusste um die zunehmenden Ausbrüche rechter Gewalt. Sie sah sehr genau, was verantwortungsloser Nationalismus und öffentlich proklamierter Antisemitismus angerichtet hatten in den Köpfen eines durch Krieg und Nachkrieg betrogenen Kleinbürgertums. Sie registrierte mit Entsetzen, dass sogenannte bessere Kreise der Münchner Gesellschaft die braunen Herren hoffähig machten. Die von ihr so beklagte Vereinsamung hing zwar auch mit dem Alter, aber ebenso mit dem dramatischen Umschwung des politischen Klimas zusammen. Das zeigt nicht zuletzt ein langer Brief an den berühmten Schwiegersohn vom August 1932. Selten hat sie so offen über ihre psychische Befindlichkeit und ihre Ängste gesprochen wie jetzt – mit 77 Jahren.

«Mein lieber Son Tommy! Meinen Dank für deinen wunderschönen langen Brief mit der liebevollen Schilderung der Geburtstagsfeier habe ich dir zwar gleich durch Katja ausrichten lassen. Aber nun habe ich doch die Empfindung, als müßte ich mich für dies ungewonte und mich tief rürende Dokument auch noch direkt bedanken: obgleich ich weiß, daß bei der ungeheuren Überlastung dir Briefe ganz gewiß keine reine Freude sind.

Nun schreibst du, ich sei ‹eine einzigartige und hervorragende Schwiegermutter›, das stimmt vielleicht insofern, als ich überhaupt keine, vielmehr nur eine negative Schwiegermutter bin. Eine richtige keift, mischt sich ein, nimmt stets die Partei ihres Kindes, sei es Son oder Tochter. Das alles liegt mir fern, ich wäre nie ein Objekt für die *Fliegenden Blätter*. Ich gestehe one weiteres, daß ich nicht gern von meinem Trone herabgestiegen bin, daß das Abdanken mir nicht ganz leicht gefallen ist. Zu lange war ich in der Familie (mit Ausnahme des Fay!) Herrscherin und Mittelpunkt (wie der alte Bankier Perl zu meinem Vater sagte: ‹Herr Dohm, Sie sind doch die Aktie, um die sich alles dreht›). Da erstaunt man dann, wenn man so nach und nach zu einer *quantité négligeable* wird und man fült sich sehr unfroh. Aber: man gewönt's, man findet sich mit der Würde und der Resignation, die dem Alter ziemt, in die neue Stellung, und siehe da: es geht auch so. So viel, und vielleicht schon zu viel, zu dem Kapitel negative Schwiegermutter.

Und da will ich mich denn auch gleich schwer hüten, in die Frage, die Katja in ihrem soeben dankend eingetroffenen Briefchen aufwirft, ratend einzugreifen. *Ich* würde ja den Anti-Naziartikel zurückstellen; nicht aus Feigheit, sondern weil es meiner Meinung nach nicht dafür steht, sich Bomben und Handgranaten auszusetzen, wo man selbst mit deinem Namen und deiner Feder an den momentanen Zuständen nicht das geringste ändern wird. Und wenn Katja meinen Ex-Harden anfürt, so muß ich ihr antworten: er ist ja denn dafür auch fast zutode geprügelt worden. Und die Mordbuben in München haben dies Handwerk auch gelernt und betreiben es für Anfänger schon recht virtuos. Gestern hat mich eine zwar hagere aber gut gekleidete Frau mit zwei braunen Dackeln auf der Brienner Straße eine zeitlang verfolgt und mich versichert: ‹Jetzt ist die Zeit der Schwarzen und Roten vorbei, jetzt haben *wir* die Macht, endlich, endlich! das werdet Ihr Schwarzen und Roten schon merken, wenn ihr Alle da droben am Obelisken baumelt!› Und dabei sah mich die Hagere mit so fanatischem Haß an, daß man ordentlich gruselig werden konnte. Handgranaten hatte sie G. s. D. nicht dabei, und am Obelisken kann man beim besten Willen niemanden aufhängen. Ich nehme an, sie verfolgte mich, weil sie mich mit dem Schutzmann vis a vis Braunhaus ein paar freundliche Worte hatte wechseln sehen. Und ich erzäle dir diese an sich ganz harmlose Sache nur als Symptom für die grauenhafte Verwüstung, die Lüge, Verhetzung und Verleumdung in wehrlos-dummen Gemütern angerichtet hat.»

Lüge, Verhetzung und grauenhafte Verwüstung: Sie hat sich nichts vorgemacht. Sie sah die Dinge kommen, und sie begann, sich im Alter wieder – notgedrungen – für Politik zu interessieren – auf ihre sehr eigene Weise, versteht sich. Sie wollte teilhaben an der Welt ihrer Kinder und Enkel, gerade jetzt, da es gefährlich wurde.

So war es nur konsequent, dass auch «Offi» unter den Gästen war, die sich am 1. Januar 1933 inmitten eines smokinggekleideten «großen Publikums» an einem Familientisch in der *Bonbonniere* versammelte, um die Eröffnung von Erikas Kabarett *Die Pfeffermühle* zu feiern. «Grosse Stimmung, grosses Publikum mit ‹alles da›», notierte Klaus Mann in sein Diarium. «Am Tisch mit Mielein, Offi, Peter, Golo, daneben Frank-Speyer, dahinter Penzoldt-Heimeran u. s. w. Süskind mit Irmchen und Keilpflug, Heine, F. X. von Ullmann (saublöd) u. s. w., u. s. w. Ganz gross geklappt, nur drei blöde Nazis in einer Ecke.»

Anders als die pazifistische Veranstaltung ein Jahr zuvor verlief die Premiere ohne Zwischenfall – obwohl das Kabarett Wand an Wand mit dem Bürgerbräukeller, dem berüchtigten Nazi-Refugium, spielte. Der Erfolg war immens. Diese Mischung aus Literatur und politischem Engagement hatte es bisher in München nicht gegeben. Der Kritiker und

Verleger Ernst Heimeran schrieb zwei Tage später in den *Münchner Neuesten Nachrichten*: «Es gibt in München mehrere Arten von Kabaretts, die alle ihr Publikum haben. Es gibt hinwiederum eine Art von Münchener Publikum, dem bisher sein Kabarett fehlte. So entstand die *Pfeffermühle*.» Hedwig Pringsheim war beglückt über den Erfolg der Enkelin, die sie in vielem an die eigenen Jugendträume erinnerte.

Doch blieb ihr nicht viel Zeit, nostalgischen Gedanken nachzuhängen: Am 30. Januar 1933 übernahm Hitler die Macht in Deutschland, am 27. Februar brannte der Reichstag, und nach dem Wahlsieg der Nazis vom 5. März begann, neben der Verfolgung der Opposition, die Gleichschaltung der Länder. Thomas Mann hatte – gemeinsam mit Katia – am 11. Februar München verlassen, um seinen Wagner-Vortrag, den er am Tag zuvor im Auditorium Maximum der Universität gehalten hatte, in Amsterdam, Brüssel und Paris zu wiederholen. Anschließend waren vierzehn Tage Urlaub in Arosa geplant. Auf den dringenden Rat von Erika, Klaus und Golo kehrten die Eltern nicht nach München zurück. Eine Entscheidung, die, wie man heute weiß, Thomas Mann vermutlich das Leben rettete.

Ebenso wie die Geschwister Mann mussten auch die überwiegend jüdischen Mitglieder des *Pfeffermühlen*-Ensembles, allen voran die Münchner Schauspielerin Therese Giehse, einsehen, dass ihre Sicherheit in Deutschland nicht mehr gewährleistet war. Sie emigrierte in die Schweiz – in der vagen Hoffnung, ihr Kabarett in Zürich vor deutschsprachigem Publikum fortführen zu können.

Alfred und Hedwig Pringsheim aber blieben in München. Sie fühlten sich zu alt, um ihre vertraute Umgebung aufzugeben. Zudem konnten sie sich bei aller Sorge nicht vorstellen, dass man stadtbekannte Persönlichkeiten wie sie einmal von Staats wegen schikanieren würde. Der Spuk werde bald vorbei sein, davon waren Alfred und, in gewissem Maße, auch Hedwig Pringsheim überzeugt.

Sie sollten sich irren.

34 Alfred und Hedwig Pringsheim zu Gast bei Thomas und Katia Mann in Nidden, 1930. Links hinter Katia Elisabeth und Golo Mann. Im Hintergrund das Mann'sche Ferienhaus

35 Erik Pringsheim in Argentinien

36 Klaus Pringsheim

37 Peter Pringsheim

38 Heinz Pringsheim

39 München unterm Hakenkreuz

Kennort: München
Kennummer: A 00493
Gültig bis 18. Februar 1944
Name: Dr. Pringsheim
Vornamen: Alfred Israel
Geburtstag: 2. September 1850
Geburtsort: Ohlau i. Schlesien
Beruf: Univ.-Professor i. R.
Unveränderliche Kennzeichen: keine
Veränderliche Kennzeichen: keine
Bemerkungen: keine

Rechter Zeigefinger
Linker Zeigefinger

Alfred Israel Pringsheim
(Unterschrift des Kennkarteninhabers)
München, den 18. Februar 1939
Polizeipräsidium
(Ausstellende Behörde)
(Unterschrift des ausfertigenden Beamten)

40 Als Jude gebrandmarkt: Alfred Pringsheims Kennkarte mit dem eingedruckten «J»

41 Der Retter von Hedwig und Alfred Pringsheim: Otto Rudolf Hess (stehend links, in Uniform) mit seiner Schwester und seinen Eltern, 1940

POSTKARTE CARTE POSTALE CARTOLINA POSTALE

Apartment Rotes Schloss.
Beethoven-Str. 1.

Zürich 16. 11. 39.

Meine liebe Lotty!

Fräulein Betty Kinader

Argenswied bei München,

nahe am Ammersee

Bayern

42 und 43 Postkarte von Hedwig Pringsheim an das ehemalige Hausmädchen Betty Kinader. Zürich, 16. November 1939

44 Die letzte Adresse von Hedwig und Alfred Pringsheim: das «Rote Schloss», ein Altersheim in Zürich

45 Alfred und Hedwig Pringsheim.
Foto aus den späten Lebensjahren

KAPITEL 7

«Nichtarischer Abstammung sind …»

«Über uns schwebt ein Damoklesschwert; und unter Damoklesschwertern ist nicht gut sein. ‹Man› will nämlich, scheints, die ganze Arcissi okkupiren, drüben geschah es schon. Auch unsere beiden Nachbarhäuser sind teils *er-* teils *um*worben. Wir, mitten drin, erhielten Anfragen. Zunächst abgewiesen. Morgen kommt ein Höherer zu uns. Ich denke, der Kelch geht vorüber, aber angenehm sind solche Erwägungen sicher nicht.»

Nein, gelassen klang der Brief nicht, den Hedwig Pringsheim ein halbes Jahr, nachdem die Nationalsozialisten die Macht ergriffen hatten, aus München an ihre Tochter schrieb. Gewiss, sie versuchte, die Verzweiflung nicht zu zeigen, die sie überfallen hatte, als sie – nach einem freundlichen Besuch bei der emigrierten Familie Mann in Südfrankreich – Ende Mai die Schreckensnachricht zu Hause vorgefunden hatte, sie klammerte sich an die Hoffnung, die drohende Enteignung mit Hilfe «trefflicher, rein arischer» Rechtsanwälte verhindern zu können. Vermutlich aber wollte sie nur die bis an die Grenzen ihrer Leistungsfähigkeit belastete Katia nicht noch durch zusätzliche Sorgen beunruhigen.

Enkel Golo Mann, der wegen seines Examens zunächst noch in Deutschland geblieben war, sah die Sache wesentlich nüchterner: «Die alten Pringsheims müssen aus ihrem Haus heraus, soll niedergerissen werden und ein neuer Parteibau aufgebaut». Eine Woche später ergänzte er sarkastisch: «Der ‹Führer› hat bei seiner letzten Anwesenheit in München erklärt, er lasse sich nicht auf Verhandlungen ein und betrachte den Verkauf als definitiv; bis Freitag habe der Preis festgesetzt zu sein (den sie natürlich nie ausbezahlt bekommen). Machtrausch des Anstreichers.»

Auch Hedwig Pringsheim hatte bald erkennen müssen, daß es gegen die Pläne des neuen Herren, just auf dem Terrain der beginnenden Arcisstraße die ‹Führerbauten› zu errichten, keine Einspruchsmöglichkeiten geben würde: «An Verhandlungen und Resultate glaube ich so wenig wie du». Die Pläne für eine Neugestaltung der zur ‹Hauptstadt der Bewegung› avancierten bayerischen Metropole lagen vor. – Was hinderlich war, wurde enteignet, abgerissen und niedergewalzt, gleichgültig, ob es sich um jüdische oder nichtjüdische Besitzungen handelte. Dennoch wehrte sich Alfred Pringsheim nach Kräften, setzte sich, nach Aussagen seiner Frau, «immer wieder auf die Hinterbeine und erklärte trotzig und stolz: ich *will* nicht». Doch hatte er von vornherein keine Chance, Recht zu bekommen. «Dein Vater wird müssen, da helfen ihm alle Hinterbeine nicht», schrieb Hedwig nach Sanary.

Im Grunde seines Herzens aber, das zeigt eine weitere Tagebuchnotiz von Golo Mann, wusste auch der *pater familias*, was die Stunde geschlagen hatte: «Die arme Offi hat ihren greisen Gemahl zusammengebrochen auf seinem Stuhl vorgefunden: er verlasse sein Haus nicht, er könne es nicht, lieber mache er gleich Schluß», notierte der Enkel. Doch davon erfuhr man in Sanary nichts.

Wie es Hedwig Pringsheim gelang, ihren Mann noch einmal aufzurichten, wissen wir nicht. Aber sie hat es geschafft, wie ein Brief an Katia zeigt, in dem die Mutter berichtete, der Vater habe begonnen, Umschau nach einem passenden

«Hüttchen» zu halten. Wenig später konnte sie den Erfolg seiner Bemühungen melden: eine Acht-Zimmer-Wohnung am Maximiliansplatz sei auf den 1. Oktober gemietet, und man hoffe, bis Anfang November «all die baulichen Veränderungen» zu bewältigen, die Alfred Pringsheim «beanspruchte», um das neue Domizil seinen Wünschen entsprechend einrichten zu können.

«Nun richtet der dreiundachtzigjährige Greis sich eine neue Wohnung ein und eilt mit dem Metermaß umher», notierte Golo Mann nicht ohne Bewunderung. Auch Oskar Perron, Schüler des Mathematikers und Freund des Hauses Pringsheim, hat die erstaunliche Vitalität gerühmt, «mit welcher der 84-Jährige den Umzug bewerkstelligte und dabei alles an Einrichtung und Dekoration, was sich entfernen ließ, mitnahm, um in der Mietswohnung sein gewohntes Heim nach Möglichkeit zu kopieren».

Zunächst aber galt es, Abschied zu nehmen. Alfred Pringsheims Geburtstag am 2. September 1933 wurde zum letzten Fest im seit 43 Jahren vertrauten Ambiente. Das Personal trat schon morgens «vollständig zur *cour* an». Es folgten «in Scharen die mathematischen Kollegen mit Blumen, und es war ein ganz ehrenvolles und gemütliches Stündchen, bei einer Flasche guten alten Weins mit frischgebackenen Käsestangen». Beim Tee noch einmal Gäste, Blumen und Geschenke. Dann gingen der Vater und Sohn Peter «an die schwere Arbeit des Katalogisierens der Sammlung», die sie vier Tage in Anspruch nehmen sollte. Am Abend des Wiegenfestes traf sich alles noch einmal zum «Familienleben». Man trank französischen Sekt und naschte Schweizer «Konfektchen», bis sich der Jubilar um Mitternacht zur Ruhe begab, seiner Frau «einen gerürten Kuß aufknallte und sagte: ‹so war es schließlich doch noch ein ganz hübscher Geburtstag.›»

Am nächsten Tag begann die Zerstörung: «Wir sind ja nun in toller Auflösungsarbeit, so etwas von ausmisten, verbrennen, vernichten, verteilen, aussondern etc. – es ist unbeschreiblich und unvorstellbar. Aber es *muß* sein, denn in der neuen Wonung werden wir ja für all diese Relikte und Reliquien der letzten 55 Jare keinen Platz mehr haben. Da gilt es, der Vergangenheit mit allen Sentimentalitäten und Pietäten einfach Valet zu sagen und der Realität der Gegenwart Rechnung tragen. Aber es ist schwer und schmerzlich.»

Die Familie Mann war inzwischen von Südfrankreich in die Schweiz übersiedelt, wo man in Küsnacht am Zürichsee ein günstig gelegenes Haus hatte mieten und – dank mütterlicher Fürsorge – zum großen Teil mit dem aus München vertrauten Mobiliar ausstatten können. Der Schreibtisch des Hausherrn, große Teile der Bibliothek, der geliebte alte Sessel, das Tafelsilber, die Hauswäsche, ja, sogar die wertvollsten Bilder, das Grammophon und die Plattensammlung waren unbeschädigt nach Zürich gelangt. Ungeachtet der Belastung durch die ihr selbst drohende Enteignung, war Hedwig Pringsheim monatelang bemüht, vom Inventar der Mann'schen Villa am Herzogpark so viel wie irgend möglich zu retten und in die Schweiz zu transferieren. Das war eine schwierige und nicht ungefährliche Arbeit gewesen, die Intelligenz, Energie, Geschick und Umsicht erforderte. Die Nazis beobachteten jede Bewegung auf dem Grundstück des Landesflüchtigen mit Misstrauen, und die postalische Verständigung zwischen München und Südfrankreich bzw. später Zürich wurde durch die Zensur erheblich erschwert. Alle Nachrichten und Anweisungen durften nur verschlüsselt übermittelt werden.

Während sich Tochter Katia in Zürich langsam wieder einem normalen Leben zuwenden konnte, begann für ihre Mutter in München eine traurige Zeit. Das schöne Herbstwetter, mit «sommerlichen Temperaturen», die es sogar erlaubten, «tagsüber die Veranda wieder in Benutzung zu nehmen», lockte noch einmal viele Besucher in das «der Zerstörung bestimmte Haus» in der Arcisstraße. Alle wollten «ein letztes Mal den Ausblick auf den schönen Waldgarten» genießen, der sie indes «im Hinblick auf die bald dem Opfertod geweihten Prachtbäume» in eine eher melancholische Stimmung versetzte.

Zehn Tage nach Alfreds Geburtstag war die Auflösung bereits weit fortgeschritten: «Der Musiksaal existiert schon nicht mehr, ist seines Bilderschmucks beraubt. Das Speisezimmer fiel völliger Vernichtung anheim. Alle Möbel müssen umgearbeitet werden, da das neue kaum halb so groß ist. Montag wird die Sammlung verpackt. Das ‹Pölchenzimmer›» – Hedwigs Napoleon geweihtes Lese- und Arbeitszimmer – «habe ich Peter geschenkt, es ist bereits in Berlin. – Fay betätigt sich krankhaft bis in die tiefe Nacht. Dieser Tage wird seine gesamte mathematische Bibliothek, die er einem Leipziger Antiquar verkauft hat, abgeholt. 30 Kisten sind bereits gepackt und vernagelt, und noch ist kein Ende abzusehen.»

Chaos und Zerstörung auch ringsum. «Dir den Zustand deines einstigen Elternhauses zu schildern, dazu bedürfte ich der Feder meines so geliebten wie verehrten Tommy, und ich verfüge doch nur über meinen schwachen Gänsekiel, denn nun haben sie bei sozusagen lebendigem Leibe bereits mit dem Abbruch des [benachbarten] Wolff-Hauses begonnen: Punkt 7 in der Frühe treten die Maurer an und überschütten uns bis 5 Ur mit Höllenspektakel, Staub, Schutt, Unrat jeder Art. Sie respektieren nicht einmal unseren Garten, haben widerrechtlich die Mauer fortgerissen und tun so, als ob sie bei uns zuhaus wären. Und dann kommen unsere Leute: Packer, Schreiner, Tapezirer, holen ab, reißen ein, reißen aus, das Chaos ist eine liebliche Ruhestätte gegen unser Irrenhaus.

Ich glaube, Katju, einen solchen Umzug hat es seitdem die Troglodyten ihre Hölen verließen, auf der Welt nicht mehr gegeben.»

Am 1. November 1933 schrieb Hedwig Pringsheim ihrer Tochter ein letztes Mal aus der Arcisstraße: «Lies diesen Brief tränenden Auges, es ist der letzte aus deinem Elternhaus, das zwar einem Elternhaus in keiner Weise mehr änlich sieht, sondern einem infernalischen Chaos gleicht, in dem kein Schwein auch nur eine Stunde noch grunzen möchte.» – Und als sie 14 Tage später, «von Sehnsucht getrieben», wie sie Katia gestand, an ihrem «alten Heim vorüberschlich, war es bereits von einem Gerüst umgeben, und die Arbeiter stiegen aus den leeren Fensterhölen aus und ein, als mußt' es so sein; und ‹Unbefugten ist der Eintritt verboten›. Da ich ja nun gänzlich ‹unbefugt› bin, machte ich kehrt, und es war mir komisch zumute.»

Ja, der Abschied war schwerer, als Hedwig Pringsheim sich während der monatelangen langsamen Auflösung ihrer alten Umgebung eingestanden hatte. Doch ließ ihr der Trubel des Neuanfangs am Maximiliansplatz wenig Zeit, sich dem Selbstmitleid hinzugeben, auch wenn ihr das Zusammentreffen des Umzugs mit dem dreitägigen, von den Nazis mit großem Aufwand gefeierten *Fest der deutschen Kultur* den Unterschied zwischen einst und jetzt nur allzu deutlich machte. «Es war eine Völkerwanderung durch die festliche Stadt. Da blieb kein Bein trocken.» Sie fragte sich, ob die geräuschvolle Straße, an der das neue Haus lag, eine bisher nicht wahrgenommene «Schattenseite der sonst so schönen und bequemen Wonung» sei: «Die Tram *donnert* bis ½1 Ur nachts und beginnt um 5 schon wieder zu donnern; und gehupt wird, daß es schon ganz skandalös ist. So schlafe ich bis jetzt sehr schlecht.» Doch sie war gewillt, sich nicht beirren zu lassen: «Ich hoffe, ich gewöne es.»

Nun, offensichtlich hat sie «sich's gewöhnt», denn sie verlor später kein Wort mehr über diese Einschränkung. Überhaupt scheint es, als habe sie sich, nachdem der Trubel der Neuinstallierung – «30 oder 40 Bücherkisten blockieren Gänge und Zimmer, können aber nicht ausgepackt werden, da kein Zimmer fertig ist» – einer «leidlichen Ordnung» gewichen war, beinahe wohl gefühlt in dem neuen, für die alten Leute so viel bequemeren Domizil. Der Hausbesitzer hatte seine neuen Mieter gar mit «einem fabelhaften Blumenkorb empfangen, wie er sonst nur Klingsors Zaubergarten entsprießt». Ein großer, zentral gelegener Raum bot Platz für die beiden Konzertflügel und erlaubte Alfred die Fortsetzung seiner musikalischen Soireen; das mit der alten Täfelung ausgestattete Speisezimmer gab Gelegenheit zur festlichen Bewirtung auch größerer Gesellschaften; die Teestunden der Dame des Hauses konnten im beinahe gewohnten Ambiente stattfinden. Und obwohl Hedwig Pringsheim die Wäsche nun, weil es keine Waschküche mehr gab, außer Haus geben musste, versuchte sie doch, die seit 24 Jahren erprobte Plätterin Frau Dasch durch die Anschaffung eines neuen Gas-Bügelofens zum Bleiben zu bewegen.

Kontinuität, so scheint es, war angesichts der Veränderungen ringsum das vorherrschende Bedürfnis; es fiel Hedwig Pringsheim sichtlich schwer, sich an eine in ihren Augen einschneidende neue Notwendigkeit zu gewöhnen: Sie, «die Verwönteste von allen, die nie im Leben einen Hausschlüssel besessen» hatte, musste nun plötzlich immer «mit drei Schlüsseln: Haus-, Lift- und Wonungsschlüssel bewert» ausgehen. Aber auch hier tröstete sie sich in bewährter Manier: «Man gewönt's, und ich kann es schon recht gut.»

So sah denn die Zukunft am Ende des mit so viel Aufregung, Not und Schrecken belasteten Jahres 1933 wieder ein wenig freundlicher aus, auch wenn die meistens in Geldforderungen mündenden Nachrichten von den Kindern nicht eben ermutigend klangen. Klaus dirigierte inzwischen in Tokio und lebte mit seinen beiden Söhnen in durchaus komfortablen Verhältnissen. Aber seine Frau fühlte sich in Japan sehr unwohl und wollte zurück nach Berlin, ohne aber zu wissen, wovon sie dort leben sollte. «Wenn sie glaubt, daß wir sie mit einem fürstlichen Wechsel ausstatten werden, dann schneidet sie sich. Wo Tochter Milka doch schon 200 monatlich von uns bezieht.» Schlimmer noch stand es offensichtlich mit Heinz, der, obwohl er sich auf Kosten der Eltern in Icking ein stattliches Anwesen hatte kaufen können, weiterhin – jedenfalls nach Meinung von Hedwig Pringsheim – «wundervoll taktlose Briefe» nach Hause schrieb. «Er sollte sich wirklich des Schreibens enthalten», befand die empörte Mutter. «Seine Frau windet sich sehr viel geschickter, wenn schon nicht sympathischer, um die finanziellen Schwierigkeiten herum.» Peter schließlich – beziehungsweise seine Frau Emmeke – «kokettirt mehr als ernstlich mit einem Hauskauf in Badenweiler so lange noch Geld da ist» – ein Gedanke, dem Hedwig Pringsheim nicht grundsätzlich abweisend gegenüberstand. Sie hatte, was ihren jetzt Ältesten anging, andere Bedenken: «Ich fände es Unrecht, wenn er seine Stellung», die ihn zwar in keiner Weise befriedigte, «aus der sich aber doch noch etwas entwickeln könnte», aufgäbe, um «à la Heinz, der ja nichts zu verlieren hatte, zu privatisieren.» – «Sie schröpfen uns nicht schlecht», klagte die geplagte Mutter ihrer Tochter nach Zürich.

Dennoch scheint Hedwig Pringsheims Talent, «sich's zu gewöhnen», auch in dieser Beziehung hilfreich gewesen zu sein. Die Erzählung von einem Besuch bei Heinz in Icking klang durchaus versöhnlich: «Das Anwesen präsentirte sich bei stralendem Sonnenschein sehr hübsch, die Lage ist gar reizend, das Haus sehr gut, sehr geräumig, recht angenehm und geschmackvoll eingerichtet, und der Garten groß und naturparkhaft. Nach Besichtigung der ganzen Herrlichkeit gab es in dem das Isartal überblickenden Wonzimmer-Erker einen ganz netten Tee, zu dem Heinz noch schnell aus Wolfratshausen passenden Kuchen herbeigeautelt hatte.»

Am Maximiliansplatz stellten sich unterdessen nach und nach die aus der Arcisstraße vertrauten Besucher wieder ein: Der Teetisch der Hausfrau war nicht selten «ausverkauft», «Frau Bruno» (Walter) schaute mit ihren beiden Töchtern herein, Tilly Wedekind machte ihre Aufwartung, selbst Ex-Schwiegerenkel Gustaf Gründgens fuhr vor, erkundigte sich, ob er der Familie helfen könne, und lud die beiden Alten zu seinem Gastspiel ins Schauspielhaus ein.

Noch besser stand es, will man Hedwig Pringsheims Briefen glauben, um die Unterhaltungen für den «furchtbar süßen kleinen Mann»: «Der Nachmittagsbesuch floriert wieder. Roddechen hat ein Telephon angeschafft; mit der Diva wird fast täglich gesprochen, mit ihr und Elsele Bernstein klaviert; Donnerstag ward geskatet; vorgestern tarockt, morgen sind die großen Mathematiker mit Nachtmal und Café: was will mein Greislein eigentlich noch mehr?»

Auch wenn es kaum möglich ist, alle Besucher zu identifizieren, zeigt die Aufzählung doch, dass sich das Leben am Maximiliansplatz nicht wesentlich von dem in der Arcisstraße, so, wie man es in den letzten Jahren der Republik geführt hatte, unterschied. Zumindest bis Ende 1935 schien ein langsam sich normalisierender Alltag die politische Entwicklung zu überdecken. Das neue München präsentierte sich zunächst vor allem in pompösen Festen, üppigstem Fahnenschmuck und effektvollen Aufmärschen; denen gegenüber verhielt sich die schon zu Kaisers Zeiten von Pomp beeindruckbare Schauspielerin zwar distanziert, aber zunächst nicht grundsätzlich abweisend. Selbst Neuerungen wie die

‹Eintopfsonntage› oder die Sammlungen für die ‹Winterhilfe› fand sie eher komisch denn störend.

Kein Zweifel, man hatte «sich's gewöhnt». Wie einst gehörten Opern-, Konzert- und Theaterbesuche wieder zum normalen Rhythmus; ja, «aus langer Lethargie erwachend» verschmähte man auch die leichte Muse nicht: «Heute abend werden wir in die neueinstudirte Operette *Nacht in Venedig* gehen, die allgemein angepriesen wird als sehenswert und furchtbar komisch.»

Man könnte meinen, zumindest Hedwig Pringsheim habe versucht, sich durch die Wiederaufnahme der Tradition ihrer Vorweltkriegs-Jahre über die so grundsätzliche Veränderung ihrer Situation hinwegzutäuschen. Ob Furtwänglers *Tristan* oder «Knappis» *Macbeth*, ein von Clemens Krauss neu einstudierter *Rosenkavalier* oder die Premiere von *Boris Godunow*: Wo immer es interessant zu werden versprach, war Hedwig Pringsheim zu finden. Und ihr Urteil galt wie eh und je nicht allein der künstlerischen Qualität, sondern stets auch dem gesellschaftlichen Rang des Ereignisses: Der *Godunow*, erfuhr Tochter Katia in Zürich, sei zwar «eine gute Auffürung» gewesen, «glanzvoll ausgestattet und insceniert» und als Musik «sehr merkwürdig und interessant»; was aber den *plot* beträfe, so handele es sich doch eher um das, «was nach Ibsens Meinung *König Lear* ist: ein sehr s-slechtes S-tück». Dennoch habe es «vor ausverkauftem Haus» «beifällige Aufnahme» durch ein Publikum gefunden, «in dem man manches Abendkleid und sogar zwei Fräkke sah». Allerdings sei es abwegig, hieraus Schlüsse auf die gesellschaftliche Zugehörigkeit der Zuschauer zu ziehen, denn die Frackträger «waren schon betrunken, als sie aufstanden».

Gelegentlich ging man auch ins Kino. Vor allem historische Stoffe lockten die Napoleon-Verehrerin. Aber auch hier blieb sie kritisch. Der Film *Die hundert Tage* mit Werner Krauss, Gründgens und anderen war für «die Napoleonidin» eine «rechte Enttäuschung»: «Krauss keine Spur von Napoleon (o, mein Pölchen!), der Ex-Enkel [Gustaf Gründgens] als 52 järiger Fouché ein rosiger Jüngling, der kleine König von Rom grotesk, und überhaupts.» Das resignierte Fazit: «Ich habe kein Glück mit historischen Filmen, muß sie mir gänzlich abgewönen.»

Doch dem freundlich-normalen Leben der Pringsheims war keine lange Dauer beschieden. Mitte Dezember 1934 erhielt Katia Mann einen Brief, in dem ihre Mutter ihr – kurz und unsentimental wie stets – mitteilte, «daß das Schicksal nun doch seinen Gang» gegangen und «der Fay vom Ruhestand ereilt» worden wäre. «Es ist jetzt also so, daß er, der bis jetzt noch lesen *durfte*, es nun nicht mehr kann, und daß seine Pension nur noch zwei Drittel seines Gehalts beträgt. Das ist ja, bei verminderten Einnahmen und wachsenden Ausgaben, unangenehm, aber doch tragbar.»

Die Nachricht, eine Meldung der *Frankfurter Zeitung* – persönlich hatte man dem Emeritus die Demütigung auch eine Woche nach der Publikation noch nicht mitgeteilt –, sei «in einer ganz anständigen Form» erfolgt, denn die Begründung «auf sein Ersuchen» klänge ja nicht kränkend.

Die ganze Wahrheit konnte offenbar selbst die kassibererfahrene Hedwig Pringsheim nicht nach Zürich schreiben. Der Zurückstufung war nämlich ein Brief von Alfred Pringsheim vorausgegangen, der die Universitätsleitung davon in Kenntnis setzte, dass er bei der «für den 12. November anberaumten Professoren-Vereidigung» nicht erscheinen werde. Zur Begründung hatte der Altordinarius angeführt, dass man ihm seit seiner Emeritierung im Jahre 1922 niemals neue «amtliche Pflichten» angetragen habe. Jetzt, im November 1934, sähe er sich «leider außerstande», neue zu übernehmen. Daher stelle er der Verwaltung «anheim», ihn «notfalls in den Ruhestand zu versetzen».

Im Klartext: Alfred Pringsheim weigerte sich, den Beamten-Eid auf die neuen Herren abzulegen. Er wußte, daß ihn auch ein Treue-Schwur nicht von den Konsequenzen des bereits im April 1933 erlassenen *Gesetzes zur Wiederherstellung des Berufsbeamtentums* würde retten können, das alle Juden vom aktiven Staatsdienst ausschloß. Ende März 1934 hatte er einen Fragebogen des bayerischen Staatsministeriums nach seiner Abstammung beantworten und angeben müssen, ob er, seine Frau sowie ihrer beider Eltern und Großeltern «arischer Art», das hieß: nicht der Religion, sondern der «Blutzugehörigkeit» nach Nicht-Juden seien. Die Antwort für sich, seine Frau und alle Vor- und Vorvorfahren war eindeutig: «Nein». Die Folge: In den Listen der Universität München rangierten sowohl Alfred als auch Hedwig Pringsheim unter der zusammenfassenden Rubrik: «Nichtarischer Abstammung sind ...»

Die «glatte und klare Situation» sei beruhigend, hatte die Mutter der Tochter geschrieben. Glaubte sie das wirklich? Wie wird ihr zumute gewesen sein, als ihr Mann aus seiner Zurückstufung an der Universität den Schluß zog, er müsse fortan auch auf die Mitgliedschaft im Skatklub der Professoren oder im Mathematiker-Kränzchen und ebenso auf die Tarock-Abende in der *Allotria* verzichten? Sie wußte, was ihm diese Zusammenkünfte bedeuteten – sonst wäre sie kaum so glücklich gewesen, als Abordnungen beider Vereine am Maximiliansplatz vorstellig wurden, um «eines der ältesten Mitglieder» in ihren Kreis zurückzuholen.

Ja, noch konnte die Anhänglichkeit der Freunde die Schikanen der Nazis ein wenig lindern. Zudem trug die Möglichkeit, dem Klima im Lande durch regelmäßige Besuche bei Tochter und Schwiegersohn zeitweilig zu entfliehen, zum

Wohlbefinden bei. Die jährlich mehrfach unternommenen Reisen nach Zürich waren Ausflüge in eine andere Welt, in der man alte Bekannte treffen und sich in weltoffener Umgebung wesentlich umfassender orientieren konnte, als das zuhause möglich war. Doch so sehr die beiden Alten die Aufenthalte jenseits der Grenzen genossen, die dringende Bitte von Tochter und Enkeln, München aufzugeben und sich in der Schweiz niederzulassen, lehnten sie ab. Vieles in Deutschland bedrückte sie, und die Flut von Verordnungen und Gesetzen machte ihnen Angst – der Gedanke aber, alles, was ihnen in mehr als einem halben Jahrhundert lieb geworden war, verlassen zu müssen, schien unerträglich.

Und hatte nicht der ehrenvolle Verlauf von Fays 85. Geburtstag im September 1935 gerade wieder einmal gezeigt, daß man in Deutschland durchaus bereit war, Alfred Pringsheim jene Anerkennung zuteil werden zu lassen, die ihm zukam? Eine zehnköpfige mathematische Deputation – «die Herren» angemessen «in schwarz» gekleidet – hatte nicht nur «*sehr* ehrenvolle Schreiben», sondern auch «Blumen in Hülle und Fülle, herrliche Brödchen in dito, und herrlichen Wein» gebracht. Die verehrungsvollen Briefe und Karten ausländischer Wissenschaftler und ehemaliger Schüler waren kaum zählbar gewesen. Außerdem hatte die *Kölnische Zeitung* einen schlicht «Pringsheim» überschriebenen «langen, hochanerkennenden Artikel» publiziert.

Kurzum, die Frau des Jubilars war der Ansicht, daß von einer Nicht-Beachtung oder gar einem Boykott des Juden Pringsheim wirklich nicht die Rede sein könne. Alfred allerdings, das zeigt seine Dankeskarte (siehe Tafelteile, Bild 33), sah die Dinge realistischer: Er hatte sehr wohl zur Kenntnis genommen, daß die Laudatio der *Kölnischen Zeitung* die einzige öffentliche Würdigung gewesen war. In einsamen Stunden scheint auch Hedwig, alias *Fink*, die Lage etwas weniger harmlos beurteilt zu haben: «Eine gewisse *Finken*familie», schrieb sie Ende 1935, werde ihr Nest nicht verlassen: «Ich glaube, sie können einfach nicht, denn ihre Flügel sind gelämt.»

In der Tat verschlechterten sich im Spätherbst 1935 – knapp vierzehn Tage nach dem so freundlich gefeierten Geburtstag – die Lebensbedingungen der «Nicht-Arier» in Deutschland erheblich. Paragraph 3 des *Gesetzes zum Schutz des Blutes und der deutschen Ehre* verbot allen Juden, «weibliche Staatsangehörige deutschen und artverwandten Blutes unter 45 Jahren» in ihren Haushalten zu beschäftigen. Das betraf sämtliche bei den Pringsheims arbeitenden Dienstboten. Dennoch war Hedwig fest entschlossen, alle Möglichkeiten der Revision auszuschöpfen: «Wir versuchen noch, auf privatem Wege eine Ausnahme für uns Uralte zu erringen, aber auch diese Hoffnung wird wol daneben schlagen.»

Das Gesetz sollte am 1. Januar 1936 in Kraft treten. Entsprechend groß waren die Sorgen, als noch Anfang Dezember kein Ausweg in Sicht schien. «Wir leben einstweilen in einem höchst sonderbaren Zustand von Unsicherheit betreff unserer häuslichen Verhältnisse. Auf verschiedene Eingaben und Versuche erfolgte bis jetzt nicht die geringste Rückäußerung.» Aber die Frau des Hauses hatte beschlossen, sich nicht, wie viele ihrer Leidensgenossinnen, nach männlichem Personal umzuschauen, sondern den Lauf der Dinge erst einmal abzuwarten: «Wir sehen uns nach niemandem um, die Mägde sehen sich nach nichts um, sie wollen bleiben, wir wollen, daß sie bleiben; und was bei diesem Willen und Wollen am 1. Jänner werden wird, weiß heute noch kein Schwein.»

Tatsächlich traf, gerade noch rechtzeitig, am 29. Dezember die Genehmigung ein, «die bei den Mädchen Freudensprünge hervorrief». Wieder einmal zeigte sich, dass die Pringsheims immer noch über einflußreiche Freunde verfügten, auf die sie zählen konnten: Selbst ein «amtliches Schreiben aus Berlin», das die Zusage für die junge Betty wieder rückgängig machte, vermochte die Hausfrau nicht zu erschrecken: «Wir haben uns überlegt, daß des Fürers Wort doch über das jedes beigeordneten Beamten geht, und Betty, diesem zufolge, schließlich wol doch wird bleiben können.»

‹Des Fürers Wort›: Das ist nicht eben das Vokabular einer Verfolgten. Die Formulierung legt die Vermutung nahe, dass es Winifred Wagner war, die «den Heiligen aus dem Oberstock» – Hedwig Pringsheim identifizierte sich und ihren Mann aus Gründen der Chiffrierung mit den «Uralten» *Hui* und *Tui* aus dem *Joseph*-Roman ihres Schwiegersohnes – «aus der Patsche» half. Man weiß heute, dass die Herrin von Bayreuth zumindest in den ersten Jahren des «Tausendjährigen Reiches» ihre Freundschaft mit dem «Führer» mehrfach benutzt hat, um jüdischen Freunden und Förderern des Wagner'schen Werks Vergünstigungen zu erwirken.

Familie Pringsheim hatte noch einmal Glück gehabt. Und doch: «es tut sich was, und man fült sich nicht mehr ganz ‹zuhause›». Vor allem die Gerüchte um einen drohenden Passentzug bereiteten zunehmend Sorge. «Wir hatten Besuch vom mir besonders sympathischen rheinischen Professor Willstätter», erfuhr Katia am 29. Dezember 1935. «Die Unterhaltung floß munter dahin. Der Gast ist ja ein durchaus weiser, abgeklärter Mann, auch, daß man ihm, dem Gelehrten, seinen Auslandspaß abgenommen hat, trotz seiner Weltgeltung, erträgt er mit ruhiger Gelassenheit. Ein Schicksal übrigens, von dem alle unseresgleichen nicht nur bedroht, sondern dem wir so gut wie sicher ausgesetzt sind.»

Ohne Pass aber gab es keine Möglichkeit, die Tochter wiederzusehen. «Was wird dann aus unserem *a rividerci*?» – Nun: «Abwarten. Nicht alles wird so heiß gegessen wie es gekocht wird.»

Ein schwacher Trost, das war auch Hedwig Pringsheim klar. Viel Zeit zum Nachdenken allerdings blieb ihr nicht. Denn die Anzeichen neuer Komplikationen mehrten sich. Mitte Februar 1936 starb der Besitzer des Hauses am Maximiliansplatz, Geheimrat Dr. Siegfried Drey, Inhaber der Kunsthandlung A. S. Drey. «Fay verliert – abgesehen von menschlicher Anteilnahme – einen treuen und zuverlässigen Berater in Sammlungsangelegenheiten an ihm.» Tatsächlich hatte Drey seinem Mieter bei den Versuchen geholfen, das «blaue Porcellan» zu verkaufen – so der in den Briefen nach Zürich verwendete Code für die Majolika-Sammlung. Am heikelsten war jedoch die Frage nach dem Umgang mit den Gold- und Silberschmiede-Arbeiten, denn kunstinteressierte Regierungskreise hatten längst ein Auge auf die Pringsheim-Schätze geworfen.

Schwerer aber als das ungewisse Schicksal der Sammlungen wog der spätestens Anfang August 1936 feststehende Umstand, dass man auch am Maximiliansplatz nicht würde bleiben können. Das Haus war von der NSDAP gekauft worden, die es zur Unterbringung ihrer höheren Funktionäre und offiziellen Gäste nutzen wollte. Immerhin scheinen die Fristen, die man den Mietern für die Räumung konzedierte, annehmbar gewesen zu sein: «Wir haben uns entschieden, den Winter über in der bequem-schönen Wonung zu bleiben und uns zum 1. April um eine neue umzuschauen», schrieb Hedwig Pringsheim im August 1936 nach Zürich.

Dank alter Beziehungen fand sich selbst für die Juden Pringsheim relativ schnell ein neues Domizil. Schon im November konnte die Mutter ihrer Tochter mitteilen, «wie wir die neue Wonung» – zumindest erst einmal im Kopf und auf dem Papier – «eingeteilt haben». Wiederum hatten die alten Leute Glück im Unglück gehabt. Die Wohnung in der

Widenmayerstraße 35, in die sie am 19. Februar 1937 eingezogen, lag in einer bevorzugten Wohngegend Münchens, direkt an der Isar. Fünf Zimmer, immerhin, und eine große, den zwei Konzertflügeln bequem Platz bietende Diele würden noch zur Verfügung stehen, wenn auch im dritten Stock. Hedwig Pringsheim bemühte sich, ihrem Mann einzureden, dass sie sich auf den Umzug «direkt freue, als auf eine wunderhübsche Abwechslung und Zerstreuung. (O, mei!)»

Von ihren wahren Gefühlen erfuhr nur Tochter Katia: die Gewissheit, abermals «ausmisten, vernichten und verbrennen» zu müssen, was in der neuen Wohnung nicht unterzubringen sein würde, setzte ihr zu. Vor allem aber bedrückte sie der Gedanke, vielleicht bald schon nicht mehr reisen zu dürfen: «Ich füle mich recht unpäßlich, es liegt natürlich an den klimatischen Verhältnissen, die für unsereinen sehr ungesund sind. Und was dann, liebste Freundin, was dann? Wenn der Gesundheit sich derart verschlechtert, daß man sich nicht einmal ein Erholungsreislein mehr gönnen kann?»

Aber es gab keine Alternative. Also packte Hedwig Pringsheim das Unvermeidliche an. «Die unerhörten Strapazen dieses unerhörten Umzugs haben wir Uralten gut überstanden, und der fast 87-Järige hat sich so jugendfrisch bewärt, daß man nur so staunen muß», steht in einem undatierten Brief an Enkelin Erika. «Die Wonung ist denn auch sehr hübsch und recht altvertraut geworden, und an der Isar ist es lieblich und schön wonen. Björn lebte einst im Nebenhaus und, wenn ich nicht irre, auch euer einstiger Freund, das süße Kind, dichte dabi.»

Björn: Das war der 1910 verstorbene Nobelpreisträger Björnstjerne Björnson gewesen, den man vor einem halben Jahrhundert im norwegischen Aulestad per Fahrrad besucht hatte; mit dem einstigen Freund und ‹süßen Kind› ist der Dirigent Wilhelm Furtwängler gemeint, der gemeinsam mit einem Pringsheim-Sprössling die Schulbank im Wilhelmsgymnasium drückte. Und das waren nicht die Einzigen, die das neue Stadtviertel vertraut erscheinen ließen: «der Dillmann, Zanarzt Knoche, Fays Kollege Lindemann, von der Leyens» und viele andere «Universitätsfreunde» wohnten auch da, und überhaupt könne man sagen, dass «fast in jedem Haus in der Widenmayerstraße jemand lebt, den wir kennen».

Und doch finden sich in den Briefen zunehmend Hinweise, dass Hedwig Pringsheim mittlerweile nicht nur die freudigen, sondern sehr wohl auch die bedrohlichen Anzeichen der Zeit zu lesen verstand. Immer mehr Bekannte und Freunde verließen das Land, die Gerüchte von Willkürakten gegenüber Juden mehrten sich. Die Angst, durch die Verweigerung eines gültigen Passes in Deutschland eingeschlossen zu werden, wurde zum Albtraum: «Ich bin eine olle, einsame, menschenfremde Offi geworden», vertraute sie Enkelin Erika im Frühjahr 1937 an. «Du würdest mich vermutlich ebenso verändert finden, wie den Königsplatz. Blos nicht so prächtig wie diesen. Möchte auch wol noch einmal Erdteile besuchen, wird aber kaum angehen. Selbst Kläuschens dringende Einladung in seine Wal-Heimat wird ins Wasser fallen, das für uns Urgreise viel zu tief ist: teils dieserhalb, teils außerdem.»

Nun, noch lenkten die aus aller Welt durchreisenden Besucher, die sich bei den Pringsheims – auch in der neuen Umgebung – einfanden, zumindest für ein paar Stunden von den Sorgen ab: Künstler wie der Cellist Emanuel Feuermann oder die norwegische Sängerin Munte-Kaas, Wissenschaftler wie der Mathematiker Weil aus Princeton oder der Physiker Rudolf Ladenburg, dazu Freunde und Verwandte, die finanzielle Bitten an die offenbar «weltbekannten Philantropen» auf dem Herzen hatten. Die Anforderungen und

Eindrücke waren vielfältig. Überdies führte die Sorge um «das blaue Porcellan» viele Fachleute – Sammler, Museumsdirektoren und Juristen – in die Widenmayerstraße. Ihnen allerdings begegnete die Frau des Hauses mit besonderer Skepsis. «Das blaue Porcellan» konnte sie zur Verzweiflung treiben: «Mein Gott, um nicht zu sagen: *Mon dieu*! Das ist auch so eine Sache», klagte sie der Tochter. «Du magst dem Vater gern zurufen: nimm's nicht so schwer. Das ist ja eben das schlimme, daß er all diese Dinge so arg schwer nimmt und jeder kleine, unvermeidliche Zwischenfall ihn immer gleich aus dem Häuschen bringt. Verhandlungen ziehen sich seit Jar und Tag in die Länge, ich bin ja längst jedes Optimismus in dieser Angelegenheit bar, aber dieses Hin und Her hat für ihn etwas aufreibendes. Jüngst wurde für einen mysteriösen Experten alles mal wieder aufgestellt, wirkte recht imposant; aber schließlich wird ja alles das doch nur *pour le roi de Prusse* sein. Das einzig gute daran ist vielleicht noch das: daß es ihn beschäftigt.»

Und doch bemühte sie sich, das Ihre zu einem guten Abschluss der Angelegenheit – sprich: zu einem Verkauf der Majoliken – beizutragen, der aber einstweilen an den offiziellen Ausfuhrverboten zu scheitern drohte. Die Sammlung war 1936 vom Bayerischen Kultusministerium auf die Liste des national wertvollen Kulturbesitzes gesetzt und damit der Verfügungsgewalt Alfred Pringsheims entzogen worden, der sich dennoch verzweifelt um einen Transfer ins Ausland bemühte: «Beiliegenden Zettel von Fay gib doch der Reisemarschallin. Sie soll's auf irgendeinem Wege besorgen, sie ist ja findig und auf allen Sätteln gerecht: Also: den vollständigen Sammlungskatalog in Maschinenschrift, und eine Anzal Abbildungen und Photographien einfordern und an unsere Münchner Adresse, aber auch an [Peters Frau] Emmeke in Brüssel zur Weitergabe senden. Klar?» – Vermutlich schon.

Hedwig Pringsheim konnte sicher sein, dass Katia die großväterlichen Anweisungen an Erika, von denen sie sich allerdings nach wie vor wenig Erfolg versprach, richtig weiterleiten würde.

Das Gesetz, das einen Monat später die Anmeldung nicht nur der Kunstschätze, sondern des gesamten jüdischen Vermögens befahl, sollte ihre Skepsis bestätigen. Aber Hedwig Pringsheim blieb gelassen: «Weißt du, Kindchen. Es ist komisch, wie man bei allem Ungemach, aller Aufregung immer so einen Tag weiterlebt, als müßt' es so sein. Aber du kannst es mir wirklich glauben: es ist so und der Alltag wie alle anderen Alltage auch. Du brauchst dich in keiner Weise zu beunruhigen oder aufzuregen.»

Offensichtlich sah das die Tochter etwas anders. Thomas und Katia Mann befanden sich im Zug nach Chicago, als sie die «Zeitungsnachricht über Enteignung der Juden in Deutschland» erreichte. Es scheint, dass Katia daraufhin noch einmal nachdrücklich versuchte, ihre Eltern zur Emigration zu bewegen. Vergebens, wie aus der Antwort vom 11. Mai 1938 hervorgeht. «Dein Brief vom 1. Mai zeugt von viel zärtlicher töchterlicher Liebe, aber doch auch von wenig Einsicht! Ach du Dummerl, du kannst doch nicht im Ernste wänen, daß wir *Ur*alten mit fast 88 und 83 Jaren uns noch, und dazu one genügend Geldmittel, auf die Auswanderbeine machen können und euch guten Kindern zur Last leben und Begräbniskosten verursachen würden! Nein, das *kannst* du im Ernst nicht glauben. Lieber in Deutschland ehrlich sterben, als in Kalifornien jämmerlich verderben. Dixi. – Und ist es, tränenden Auges, ein endgültiges dictum.»

‹Tränenden Auges›: die pathetisch-rührende Formulierung bringt die Seelenverfassung von Hedwig Pringsheim auf den Begriff. So tapfer sie die immer neuen Schikanen hinnahm, so sicher sie sich war, dass es für eine Emigration zu spät sei, so souverän sie den engen Spielraum, der ihr geblieben war, zu nutzen verstand – die Angst vor einer endgültigen Trennung von Tochter Katia überwältigte sie immer wieder. Jeder gegen Thomas Mann gerichtete Zeitungsartikel in Deutschland, mehr noch: jede regimekritische Äußerung des Schwiegersohns selbst bestärkte sie in der Furcht, man könnte den Verwandten des Verfemten jeden Kontakt mit ihm unmöglich machen.

Sie sollte Recht behalten. Ende Januar 1937 entzogen die Münchner Behörden dem Ehepaar Pringsheim den Auslands-Reisepass – vermutlich als Konsequenz des kurz zuvor in Zürich publizierten grandiosen Briefes, mit dem Thomas Mann auf den Entzug seiner Bonner Ehrendoktorwürde reagiert hatte. Seither suchte die verzweifelte Mutter nach einer Möglichkeit, sich jenseits einer «normalen» Besuchsreise mit der Tochter treffen zu können. Die Idee, sich nach einer Ischias-Erkrankung einen Kuraufenthalt in Meran verschreiben zu lassen, musste wieder fallen gelassen werden, als sie von einem Anwalt erfuhr, dass bei der Bewilligung solcher Reisen «eben wieder eine besonders scharfe Weise im Schwange» wäre, und «einmal abgeschlagen, sei für immer abgeschlagen». Selbst auf den traditionellen Weihnachtsanruf und das Silvester-Telefonat mit Zürich verzichtete sie, um den Behörden keinen Vorwand für neue Schikanen zu liefern: «Man kann ja so intensiv und liebevoll aneinander denken, wie man will; Gedanken sind ja Gott sei Dank zollfrei.»

Zwei Jahre waren seit dem letzten Besuch in Küsnacht vergangen, als Hedwig Pringsheim einen neuen Versuch wagte, Katia jedenfalls für einige Stunden wiederzusehen. Nach langen Bemühungen war es ihr gelungen, für sich und ihren Mann Inlandspässe zu erhalten. «Wir können demnach im Inland wieder legal reisen; und das wollen wir, nach zweijährigem *intra muros*, uns nun baldigst *extra muros* zunutze machen. Und denken wir, nachdem wir uns mit dort in der Nähe hausenden Freunden verständigt haben, an den Bodensee zu faren. Sobald wir uns mit diesen Freunden in Verbindung gesetzt haben, würden wir uns wol auf die Beine, resp. Schienen, machen. Und da möchte ich denn deine Gefälligkeit in Anspruch nehmen, denn ich weiß ja, daß du mit unseren Freunden, die auch die deinen sind, in Verkehr und Beziehung stehst. Würdest du dich also baldigst erkundigen, ob sie jetzt zuhaus auf ihrem Gütchen dicht bei Kreuzlingen weilen, und wann es ihnen eventuell passen würde, unseren Besuch zu empfangen, und uns dann umgehend Antwort zukommen lassen?»

Ein ergreifend umständlicher Kassiber. Hedwig Pringsheim hatte von Tagesvisen gehört, die von Konstanz aus für die Schweizer Grenzgebiete ausgegeben würden, und sich überlegt, dass es auf diese Weise möglich sein müsste, Katia auf dem Kreuzlinger Landgut der gemeinsamen Zürcher Freunde Reiff zu treffen.

Am 20. Juli 1938 brachen die beiden Alten auf und trafen noch am Abend «nach guter, wenn schon heißer Fart» in Konstanz ein. Die Aufnahme im *Insel-Hotel* – «dem schönsten und nach jeder Richtung bestgefürten, das mir *überhaupt* bekannt ist» – erwies sich als «*sehr* freundlich», «zwei hübsche Zimmer mit Bad und großer Terrasse» erwarteten die Gäste. Nach einem erquickenden Frühstück «in dem idealen Garten» machte sich Alfred Pringsheim am nächsten Morgen auf den Weg in das Bezirksamt. Zwei Stunden später kam er zurück: «zutiefst deprimirt, mit dem Donnerwort: ‹hoffnungslos!›»

Im Schreibzimmer des Hotels sitzend, «unter dem tristen Eindruck dieser tristen Botschaft», bat Hedwig Pringsheim in einem nur leicht verschlüsselten Brief, Katia «als Vermittlerin in dieser Sache» möge der gemeinsamen Freundin Lily Reiff mitteilen, dass es mit dem Wiedersehen in Kreuzlingen, «auf das sie sich ebenso gefreut hatte wie wir», für diesmal nichts werden könne. Dann aber, unter dem unmittelbaren Eindruck der entwürdigenden Behandlung, die sich Alfred hatte gefallen lassen müssen, vergaß sie alle Vorsicht. «Als Fay vorhin höchstpersönlich auf das ihm zugewiesene Bezirksamt kam und sein Anliegen vortrug, wurde er *barsch gefragt*, auf Grund welches Ausweises. Er wies unsere so sauer erworbenen Pässe vor. Der barsche Herr blätterte sie durch, und als er auf das Wort ‹Inland› stieß, gab er sie mit dem Ausdruck tiefster Verachtung und dem Wort ‹*Ausgeschlossen!*› dem Inhaber zurück. Ließ sich auch auf keine Erörterungen weiter ein, und ging mit den Worten ‹die Sache ist erledigt!› zu anderen Patienten über.»

Das bittere Fazit: «Die Sache *ist* erledigt. Was sind Hoffnungen, was sind Entwürfe? Wir müssen uns des getrösten.» Ob ihr das gelang? Schwer vorstellbar angesichts der Tatsache, dass Anfang Oktober 1938 eine neue Verordnung «allen Juden im großdeutschen Reich» befahl, ihre Reisepässe abzugeben. «Über die politischen Vorgänge erläßt du mir wol jede Bemerkung», bat sie die Tochter. Persönliche Freiheit gab es für die alten Juden nicht mehr. Allenfalls die Besuche, Diners mit Altvertrauten, Bekanntschaften, die sich festigten, mit dem gleichfalls jüdischen Chemiker Richard Willstätter etwa, machten das Leben erträglich.

Auch die Fürsorge für Schwächere wie die fast blinde Elsa Bernstein – eine der vielen Leidensgenossen, denen es schlechter ging – relativierte die eigene Not. Der Star-Jurist und Literat Max Bernstein und seine unter dem Namen Ernst Rosmer als Dramatikerin bekannte Frau waren alte Freunde: Einladungen in ihren stadtbekannten Salon hatten einst Katia und Thomas Mann Gelegenheit gegeben, sich näher kennen zu lernen. Das neue Regime hatte die Witwe Elsa Bernstein zu einer mittellosen Frau gemacht. Hedwig Pringsheim unterstützte sie, indem sie ihr jeden Monat die Hälfte der 400 Mark zukommen ließ, die sie immer noch als ‹Nadelgeld› von Alfred ausgezahlt bekam: «Ich kann ja die Hälfte meines Toilettegelds gerne entberen. Denn zu was brauche ich Toilettegeld, wenn ich keine Toiletten brauche? – soviel Logik ist mir bei all meiner Verkalkung doch noch geblieben.» Dennoch war ihr die Sache peinlich: Der Dank der alten – wenn auch ungeliebten – Freundin, die «dicke Tränen in den armen Augen» gehabt hätte, habe sie noch am Telefon erröten lassen.

Nein, gravierende materielle Nöte gab es bei den Pringsheims, aller beklagten «Verarmung» zum Trotz, noch nicht. Dennoch wurde auch ihnen das Leben von Monat zu Monat schwerer gemacht. «Nun brauche ich wieder, damit die Sorgen und Mühen nicht ausgehen, einen Trauschein. Wir bekommen doch jetzt ‹Kennkarten›, die man als Ausweise allezeit bei sich tragen muß. Ich glaube, man muß auch beweisen, daß man geboren ist: wozu ja der Augenschein eigentlich genügen müßte. *Daß* ich als kleines Kind getauft bin, steht bombenfest. Aber wo? Ich besitze keinen Schein.»

Stunden mussten die alten Leute in den nächsten Wochen auf dem Polizeiamt zubringen. Es sei «wirklich pläsirlich», was man alles zu wissen begehre und was «dieser unselige Beamte, – der übrigens ein ganz netter, manirlicher Mann» gewesen sei, alles «zu tippen» gehabt habe: «Der heilige Bürokratius hat wol noch nie solche Orgien gefeiert»; Polizeiamt, Hauptpolizei, nochmals ein Amt ... «ja, ja, Pläsir muß sein!» Hedwig Pringsheim tat viel, um ihre Tochter nicht zu beunruhigen. Vielleicht aber versuchte sie auch nur, sich einzureden, dass all diesen Drangsalierungen keine weitreichende Bedeutung beizumessen wäre.

Als wollte sie sich selbst davon überzeugen, dass alles seinen ordnungsgemäßen Gang ginge, hatte sie begonnen, Vorbereitungen für ihre «Diamantene» zu treffen, den 60. Hochzeitstag. Und das, obwohl, wie sie Tochter Katia noch einmal versicherte, bereits die grüne «ein *comble* von Greulichkeit» gewesen war, bei der «Mumi selig» – Schwiegermutter Paula also – «das ganze Essen bei den Brauteltern derart unter Tränen gesetzt» habe, dass man hätte annehmen müssen, «der heißgeliebte Son würde aufs Schaffot und nicht ins Brautbett geführt». Dieser makabren Erinnerung zum Trotz sollte der Tag angemessen gefeiert werden – auch wenn die Mutter wusste, dass drei ihrer Kinder dem Familienfest fernbleiben mussten: Katia, die keinesfalls deutschen Boden betreten durfte, Peter, der «wegen Paßschwierigkeiten» die Reise aus Brüssel nach München «nicht riskieren» konnte, und Klaus, der in Japan dirigierte.

Es wurde dennoch ein denkwürdiger Tag. Ein Blumensegen: «Riesen-Chrysanthemen, aber auch viele eingepflanzte Maiglöckchen, Myrrhentöpfe», von allem anderen zu schweigen, «regneten» auf das Jubelpaar herab. «Als ich früh unser Speisezimmer betrat, benahm mir die freudige Überraschung fast den Atem und ich mußte wegen Beinezittern schleunigst Platz nehmen. Die drei Mädchen hatten den Tisch herrlich verzirt und unsere Stüle mit Blumenguirlanden derart umwunden, daß sie eher Königstronen als bürgerlichen Sitzgelegenheiten glichen; dazu hatten sie selbdritt einen so *prachtvollen* Chrysanthemenkorb gespendet, daß man wirklich sprachlos vor Schreck und Bewunderung erstarren mußte.» Alsdann «traten wie üblich» Hausmeister, Handwerker und einstige Bedienstete, zum Teil mit Kind und Kindeskindern, «alle in Gala u. mit Rosen geschmückt», zur Cour an. «Ihnen folgten in unabsehbarer Reihe unser goldiger Willstetter, Perrons, Sommerfeldts, Cara's, v.d.

Leyens, Fabers, Hartogs, Gerlachs, Tietzes, Rupés, die Küenburg nicht zu vergessen.» Auch Erika habe sich geäußert, und Klaus: «je mit allerliebsten Gedichtchen».

Beim «überaus feinen Familiendinner» am Abend kamen noch einmal die Reste der einstigen Pracht zur Geltung: das Silber strahlte von den Wänden und auf dem Tisch. Kostbarstes Porzellan und funkelnde Gläser verliehen der mit Blumen reich geschmückten Tafel nostalgischen Glanz. Auch das Menü war der Bedeutung des Tages angemessen: «Bouillon in Tassen, Hummer und Forellen, französische Poularden und Gefrorenes, wozu der Champagner in Strömen floß.»

Das Schönste aber war das Telefonat mit der Tochter Katia, «das Or und Herz erfreute und beseligte». So klang der Tag freudiger aus als befürchtet. Dankbarkeit sprach aus dem Brief, den Hedwig Pringsheim wenig später an die Tochter nach Princeton schrieb, wo die Familie Mann inzwischen wohnte: «Es war, glaube ich, eine in Anbetracht der Zeitumstände ganz gelungene Feier, und Fay, der sich ja bei solchen Gelegenheiten einer gewissen Sentimentalität nicht enthalten kann, war direkt gerürt. Bei mir, na ja, da schwingen ja denn doch einige schmerzliche Saiten mit. Aber Betty meinte, es sei doch wunderschön, wie hochgeehrt die lieben Herrschaften immer noch wären. Also: mit Gott.»

Zwei Wochen später, in der Nacht vom 9. auf den 10. November 1938, brannten auch in München die Synagogen. Schlägertrupps, vorwiegend der SA, zerstörten jüdische Läden, drangen in die Kaufhäuser ein, holten ihre Besitzer aus den Betten und trieben Tausende von Menschen, die sie für «nichtarisch» hielten, zusammen. Kein von Juden bewohntes Haus war vor ihrem Zugriff sicher, auch die Nummer 35 in der Widenmayerstraße nicht.

«Es geht uns persönlich ganz gut», schrieb Hedwig Pringsheim am 13. November nach Princeton, «wir haben außer dem allgemeinen, das das gemeine ist für alle, nichts unangenehmes erlebt. Dies allerdings genügte bei bescheidenen Ansprüchen. Meine Nerven sind am Zerreißen, aber ich bin ja bekanntlich beherrscht und halte mich wacker.»

Dann aber erzählte die Schreiberin doch noch Einzelheiten – in der für sie typischen Reihenfolge mit dem eher Heiteren beginnend: Es seien drei Beamte da gewesen, die sich jedoch nicht des «*padrone*», sondern nur des «arischen Personals» hätten «bemächtigen wollen». Als man ihnen den Ausweis mit der Sonder-Erlaubnis vorwies, mussten sie jedoch «etwas verblüfft wieder abziehen». Glücklicherweise seien zur gleichen Zeit zwei auch den Inspektoren bekannte Damen bei ihr gewesen, sodass die Herren «*rather* erstaunt» gefragt hätten: «So arischen Besuch habt's bei den Herrschaften?!» – Hedwigs Kommentar: «Na, ja, sogar meistens.» – Nachts jedoch seien «sie» wiedergekommen, um die Wohnung «von allem zu befreien, womit die moderne Technik uns gesegnet». «Radioaktiv» sei man leider nicht mehr, lebe dafür aber unbekümmert, «im Zustand primitivster Einfalt, wie weiland Adam und Eva im Paradiese. Wir beißen halt, wie unsere Voreltern, in den sauren Apfel und genießen diese Vereinfachung unserer Lebensweise glücklich und zufrieden.»

Wenig später erhielt die Familie in Princeton einen Bericht, der sie davon unterrichtete, dass fast alle noch an die Arcisstraße erinnernden Schätze beschlagnahmt und «sichergestellt» waren: «Bei der Diamantenen stralte zum letzten Mal das silberne: es sah gut aus. Seit gestern ist es in sicherer Hut, und das beruhigt ja ungemein, denn nun kann es ja niemand mehr uns stibitzen. Ebensowenig unsere Bilder; auch die sind in sicherer Hut. Was die Gobelins betrifft, so machen die weißen Zettel, die daran prangen, einen festlichen Eindruck.» Die Markierung zeigte, dass auch die kostbaren Wandteppiche requiriert und von der Gestapo lediglich aus Mangel an geeignetem Lagerraum einstweilen noch bei den rechtmäßigen Eigentümern belassen worden waren.

Das bitter-ironische Fazit: «Es hatte wirklich alles viel Beruhigendes, und wir zeigten uns von diesen Sicherungsmaßregeln hoch befriedigt.» Und auch die Tochter möge sich bitte durch die vielen alarmierenden Berichte nicht beunruhigen lassen. Es sei alles wirklich nur halb so schlimm. Man könne schließlich auch ohne Radio gut existieren, und der Verzicht auf «Theater, Kino und Tanzvergnügen» falle den Mittachtzigern leicht. Derlei Etablissements habe man ja ohnehin «seit 2 Jaren nicht mehr frequentiert und somit das deutsche Kunstleben schon längst nicht mehr geschändet». Noch immer mochte Hedwig Pringsheim nicht klagen. «Das Wetter ist herrlich herbstlich. Die Sonne scheint über Gerechte und Ungerechte, und an Freunden fehlt's uns nicht.» Gerade habe man ihnen sogar «ein in holländischem Besitz befindliches Radio» gebracht, berichtete sie Anfang Dezember. Gelegentlich schien die anhaltende Anteilnahme die strapazierte Frau des Hauses sogar ein wenig zu überfordern. «Ach, wenn nur die vielen Sympathiebesuche nicht wären, die einem einesteils woltun, aber andererseits doch auch enervieren und an anderen, wichtigeren Dingen – wie z. B. am Spazierengehen – hindern!»

Dennoch: Ohne die Anteilnahme und tätige Hilfe ihrer Freunde hätten die alten Leute kaum überleben können. Der Schock des 9. November wirkte nach, Berichte über verhaftete und mißhandelte Freunde und Bekannte verstärkten Angst und Unsicherheit: «Einige von unseren Freunden sind schwer verreist»; andere seien unterwegs erkrankt und in Sanatorien untergebracht worden. Angesichts solcher für Juden alltäglichen Bedrohungen tat es gut, wenn auch nichtjüdische Freunde sich als Helfer zur Verfügung stellten.

Und Hilfe und Zuwendung brauchte Hedwig Pringsheim; zumal als sie Mitte Dezember – aufgeschreckt durch das Gerücht, dass auch das Haus in der Widenmayerstraße in absehbarer Zeit zugunsten der Partei geräumt werden müsste – nun doch ernstlich eine Emigration erwog. Aber allein die Erwägung eines solchen Plans stürzte Alfred in tiefste Verzweiflung: «Er war bei dieser Vorstellung derart deprimiert, und murmelte mit hängendem Köpfchen immer nur: ‹Ich kann nicht, ich kann nicht›, daß ich ernstlich besorgt wurde», schrieb sie der Tochter. Nach ein paar schlaflosen Nachtstunden habe sie sich zu folgendem Entschluss durchgerungen:

«Ich trat heute früh an sein Bett, in dem er wieder völlig gebrochen liegen geblieben war, und sprach ruhig und vernünftig zu ihm: Ich hätte die Sache hin und her überlegt und sei zu der Meinung gelangt, wir wollten den Ortswechsel zwar nicht auf*geben*, aber auf*schieben*, bis der Moment der dringendsten Notwendigkeit einträte; und das wäre, wenn wir wirklich aus der Wonung müßten, was ja keinesfalls schon fest stünde. – Du hättest sehen sollen, wie sich mein Alterchen mit einem Schlage veränderte nach diesen Worten.»

Wenige Wochen später aber, zu Beginn des Jahres 1939, stand fest, dass auch das Domizil an der Isar von der Partei übernommen werden sollte. Die Aufhebung des Mieterschutzes für Juden am 17. Januar hatte es offensichtlich leichter gemacht, das von den jüdischen Familien Feibelmann, Pringsheim und Müller-Meiningen bewohnte Haus zu beschlagnahmen.

Im Februar waren dann die «neuen ‹Kennkarten›», für die man ein Jahr zuvor so viele Bescheinigungen hatte sammeln müssen, auf dem Polizeirevier abzuholen – jetzt sogar «persönlich», weil die Behörden Fingerabdrücke verlangten. Außerdem wurde in das für Alfred ausgestellte Dokument ein großes «J» eingestempelt und hinter den individuellen Vornamen der allen männlichen Juden zudiktierte Zweitname «Israel» eingetragen, der auch in die persönliche Unterschrift des Inhabers aufgenommen werden musste. Ob auch Hedwig Pringsheim sich fortan «Sara» nennen musste, bleibt fraglich. Ein Notizbucheintrag vom 28. Februar, der die dreistündige Prozedur auf der Polizeidienststelle – übrigens «mit netten, höflichen Beamten» – schildert, lässt es vermuten: Er enthält die Parenthese «... wobei ich doch in die saure ‹Sara› beißen mußte». Später aber hat sie berichtet, dass man sie «schließlich» von dieser Auflage befreit habe.

Bei Alfred hingegen war die Sache von vornherein entschieden. Zwar bat auch er in einer offiziellen Eingabe, man möge ihm doch in Anbetracht seines Alters und seiner Leistung den diskriminierenden Zusatz erlassen; doch sein Antrag wurde umgehend abgewiesen, wenn auch, wie Hedwig gegenüber der Tochter hervorhob, «in würdigster und höflichster Form und one daß man den Zusatznamen in Anwendung gebracht hätte». Nach dieser Demütigung schloss auch Alfred Pringsheim eine Emigration nicht mehr aus.

Sein Hauptproblem aber war nach wie vor der Verkauf der Sammlungen. Für die Majoliken hatte Sotheby's in London Interesse signalisiert, und für die Goldschmiede-Arbeiten versuchte Walter Bornheim, Dreys arischer Nachfolger, Hermann Göring zu gewinnen. Doch wegen der Rivalität der verschiedenen Regierungskreise in München und Berlin gab es immer wieder Verzögerungen.

Sohn Klaus hatte den Eltern von Japan aus vorgeschlagen, «das bayerische Porzellan» dem Nationalmuseum zu verkaufen, wo es dann, «schön aufgestellt, der Nachwelt zu Genuß und Freude überliefert» würde. Aber die Chance war längst vertan, und die Mutter konnte nur resigniert kommentieren: «Der Gute! Er ahnt nicht, daß besagtes Porcellan seit Jaren schon in dumpfer Enge zalreicher Kisten einer Ausfur hart, die trotz größter Finanzopfer unsererseits immer im letzten Augenblick nicht erfolgt; ach, und *nie* erfolgen wird – ein rechtes Geschwisterkind von der silbernen. Quel monde (nicht *quelle*, du perfekte Französin!)» Die «silberne» – damit war die bei den Pogromen im November 1938 beschlagnahmte Sammlung der Silber-Schmiedearbeiten gemeint.

Ja, Hedwig Pringsheim wusste, dass ihre Lage mehr als prekär war: «Martern aller Arten» hätten sie zu bestehen, klagte sie der Tochter Ende Februar 1939. «Man hat uns, obgleich es auf der Bank liegt, unser Einkommen plötzlich so verkürzt, daß wir's nimmer dermachen können, und so habe ich z. B. mein vom alten Bam[berger] geerbtes schönes Porträt nebst einigen anderen Kleinigkeiten veräußert, damit Fay seinen Monatsverpflichtungen nachkommen kann.» Die Sorge, dass «eventuell der Ertrag unseres Spielzeuganteils» «das *einzige*» sein könnte, was ihnen zukünftig zum Leben bliebe, erschien plötzlich sehr begründet.

Ende April teilten die Behörden unumwunden mit, dass an eine Ausreise nicht zu denken sei, «ehe nicht die Sache mit dem bayerischen Porcellan in Ordnung wäre». Doch die Verhandlungen zogen sich von Monat zu Monat hin: «Es ist eine harte Geduld- und Nervenprüfung.» Die alte Frau hatte Angst, alle Anstrengungen könnten am Ende doch umsonst gewesen sein. «Man hört von allen Seiten, daß das Hinauskommen immer schwieriger wird. Es ist keine Logik in dem ganzen Gehabe. Einerseits will man uns los sein und macht uns das Leben hier immer unwürdiger, andererseits hält man uns mit tausend Chicanen fest.»

Hedwig Pringsheim wusste, dass, wenn die Ausreise

scheitern sollte, die nächste Unterkunft der beiden Greise bestenfalls ein Zimmer in einem der so genannten «Judenhäuser» sein würde. Jedenfalls bezeugen ihre Briefe und Notizbücher ab Februar 1939 die zielgerichtete Auflösung des Haushalts: Sohn Heinz schaffte «ganze Waschkörbe mit Büchern und Noten» aus der Wohnung, und jeder Besucher verließ reich beschenkt das «gabenfrohe» Haus. Dazu gaben sich Kunsthändler, Antiquare, ‹Geschäftsbesucher›, amtliche Schätzer und potenzielle Privatkäufer die Türklinke in die Hand. «Der Zustand der Auflösung, in dem wir nun immer weiter fortschreiten, hat garnichts Erquickliches, das zur Berichterstattung reizt. Die Wonung wird immer ungemütlicher und die Zukunft doutöser.»

Eindrücklicher noch als alle Briefe aber zeigt die kommentarlose Auflistung der tagtäglichen Pflichten das ganze Elend:

2. Februar: «Silber geordnet.»

17. Februar: «Besuch von Herrn Brettschneider, der das Döllinger-Portrait und andere Bilder besichtigte.»

3. März: «Vormittags Besuch des Buchhändlers Karl zur Besichtigung und Besprechung.»

8. März: «Brettschneider mit den Damen Müller, die eine ganze Kommission von Teppichen und anderen Dingen tätigten und sie, gegen bare Bezalung, auch nachmittags gleich abholen.»

12. März: «Die Silbersachen fortgeschickt, einen sehr großen Teil meiner Bibliothek an Antiquar Lauter verschleudert für den Lumpenpreis von 200 M.»

26. März: «An Silberlisten gearbeitet.»

28. März: «Mein Portrait mit Katja wird, verkauftermaßen, abgeholt.»

30. März: «Besuch von Frl. Dieterich, die das Porcellan für 300 M. kauft.»

15. April: «Beim Tee Dr. Heisler und Frau, nette Leute, die für ihr Sanatorium im Schwarzwald große Einkäufe besichtigen und vorläufig notiren.»

18. April: «Ruoff als Taxator; Wäsche, Kleider, Wirtschaft und Privatbesitz, kurz: alles was mein ist, gezält und notiert.»

12. Juli: «Gelesen und den durch Schlafmittel betäubten und verworrenen Alfred betreut. Auch wurde der Steinway und die Eßzimmervertäfelung an eine enthusiastische Frau Glaser verkauft.»

25. Juli: «Ausräumen, Umräumen im Speisezimmer. Böhler holt Sachen.»

Die Aufzählung ließe sich, ergänzt um die sich häufenden Hinweise: «Alfred krankhaft deprimirt», beliebig erweitern. Einziger Lichtblick: «Lange Sympathiebesuche» von Freunden, die – fast täglich – Blumen und kleine Erfrischungen brachten.

Am 27. August endlich traf aus London die Nachricht ein, dass die von den Nazis verlangte Versteigerung der Majolika-Sammlung erfolgt und «das Auktionsgeld» – sprich: der klägliche Rest des ohnehin enttäuschend geringen Gesamterlöses, dessen größter Teil (80%) von den deutschen Behörden als sogenannte Reichsfluchtsteuer zurückbehalten worden war – «an die Bank nach Zürich abgesandt» sei.

Damit schienen die Bedingungen, die an eine Ausreisebewilligung für die alten Leute geknüpft waren, erfüllt. Dennoch ließ die Aushändigung der notwendigen Papiere auf sich warten – während sich die Situation nach Kriegsausbruch am 1. September 1939 noch einmal dramatisch verschärfte. Leider geben die Aufzeichnungen Hedwig Pringsheims über die Schikanen, mit denen die Behörden eine Ausreise immer wieder hinausschoben, keine Auskunft. Die

Briefe an Katia versuchten wie üblich, die Probleme herunterzuspielen: «Wir sind gesund, gehen spazieren und tragen die größeren und kleineren Beschwerden, die ein Krieg ja naturgemäß mit sich bringt, mit dem Gleichmut, der dem deutschen Menschen geziemt. Ob wir unter den obwaltenden Umständen noch herauskommen werden, weiß ich warlich nicht. Dein sonst ja nicht gerade optimistischer Vater, der ja nun ins 90. recht munter getreten ist, hofft es. Vedremo.»

‹Wir werden sehen›: Aber es gab wenig Neues. Die Notizbuch-Einträge waren in ersten Linie der Lektüre gewidmet: Lessing, Heine, Schiller, Goethes *Italienische Reise*, bei der die leidenschaftliche Leserin Trost und Ablenkung suchte. Was hätte sie auch tun sollen? Ab 15. September 1939 galt – zu allen anderen Verordnungen – auch noch das Ausgehverbot für Juden, die «von 8 Ur abend bis 6 Ur früh nicht mehr auf die Straße» durften, und in Berlin zeigte man wenig Neigung, die im Gegenzug zum Verkauf der Sammlung versprochenen Pässe auszuhändigen.

In den Diarien ist von Zuständen größter Erschöpfung die Rede, von Ohnmachtsanfällen und gefährlichen, wenn auch gottlob glimpflich ablaufenden Stürzen, die von den immensen Belastungen zeugen, denen die beiden Alten während der ersten beiden Kriegsmonate ausgesetzt waren. Erst vom 22. Oktober an finden sich Eintragungen, die auf einen unmittelbar bevorstehenden Abschied hindeuten:

22. Oktober: «Professor Albrecht; letzte Behandlung, sehr herzlicher Abschied.

Nachmittags: Mit Frl. Hahn vom Konsulenten ausfürliche Listen-Kontrolle, über zwei Stunden.»

24. Oktober: «Anstrengende Pack-Vorbereitungen. Sonst Goethe gelesen.»

25. Oktober: «Karten an Golo und Lily Reiff wegen Ankunft.»

26. Oktober: «Durch Reisevorbereitungen geradezu tötlich erschöpft, liegend ausgeruht. Nachmittag höchst triste und deprimirende Abschiedsbesuche bei Müllers und Feibelmanns.»

27. Oktober: «Mit Alfred auf die Polizei gefaren, der Pässe wegen. 1 Stunde dort zugebracht.»

Wieder einmal schien es, als seien alle Bemühungen umsonst gewesen: «Aufregung wegen Schweizer Konsulat, das Einreise nicht zulassen wollte», notierte Hedwig Pringsheim am 28. Oktober. Doch offensichtlich gelang es dem Rechtskonsulenten Bloch, der das Ehepaar wiederholt kompetent und erfolgreich unterstützt hatte, die Schweizer Behörden zum Einlenken zu bewegen. Für den 29. Oktober vermerkt das Diarium: «Abschiedskarten, 14 Stück, an unsere sämtlichen hiesigen Freunde». Eine dieser Karten ging an das befreundete Ehepaar Sommerfeldt: «Nun gelingt's schließlich doch. Unsere Adresse ab Dienstag: Zürich, Mythenstraße 24, bei Lily Reiff. Hoffentlich gibt's bald einmal ein Wiedersehen. Heute kann ich nicht mehr, die Auflösungsnöte sind grauenhaft. Herzlich die uralten Alfred und Hedwig Pr.»

Die Notizbücher enthalten keinen konkreten Hinweis, von welchem Moment an die beiden Pringsheims sicher sein konnten, dass sie Deutschland verlassen durften. Allein die Frage, *wie* die Ausreise – und zwar im «allerletzten *Moment*» – wider alles Erwarten doch noch gelang, hat Hedwig Pringsheim ihrer Tochter beantwortet: «Es war merkwürdig genug. Da war ein SS Mann, Obersturmführer, sogar, wie man hörte, mit dem Allerhöchsten liiert. Dieser SS Mann hatte den Auftrag: unser der Partei verkauftes Haus möglichst rasch zu evakuieren. So kam er auch mit Fay in Verbindung, der ihm klagte, wir *wollten* emigrieren, *könnten* aber trotz aller Versuche unsere Pässe nicht erlangen. Nun war dieser Mann, trotz Ober-Nazi, ein liebenswürdiger, *sehr* gutartiger, verständnisvoller, und dazu noch ein hübscher jüngerer Herr, der sofort bereitwillig sagte: ‹Das will ich schon machen!› Er flog nach Berlin, ging aufs Ministerium, und 2 Tage darauf hatten wir unsere Pässe! So daß wir nun in fliegender Eile unsere Sachen in Ordnung brachten und am 31. October in Zürich eintreffen konnten. Einen Tag später war der letzte Einreise-Termin abgelaufen und die Schweiz uns verschlossen! Gott segne den Obersturmfürer! (Sie sind nämlich keineswegs *alle* Schweine, wie es ein irriger Glaube wänt).»

Wer war dieser Mann, dem Alfred und Hedwig Pringsheim die Rettung verdankten? Im Notizbuch findet sich unter dem 27. Oktober nur ein knapper Hinweis: «Früh der nette, gefällige Sturmfürer Hess.» Kein Vorname, keine Dienststelle. Sturmführer Hess, mehr nicht. In den Unterlagen des Instituts für Zeitgeschichte fanden sich zwölf Männer dieses Namens und Dienstrangs. Aber nirgends ein Hinweis auf ihre Tätigkeit oder gar einen «gefälligen Sturmfürer». Hat sich denn später niemand seiner erinnert?

Spurensuche: Ob er den Krieg überlebt hat? Dann wird er sich als Mitglied der SS nach 1945 vor einer Spruchkammer verantwortet haben müssen. Ob die Akten erhalten sind? Groß waren die Aussichten nicht, den Retter der Pringsheims nach mehr als sechzig Jahren ausfindig zu machen. Doch wir hatten Glück. Unter den Spruchkammer-Akten des Staatsarchivs München fanden sich die Dokumente der Verhandlung gegen Otto Rudolf Hess. Daran, daß er tatsächlich der Mann war, der die Pässe besorgte, besteht nicht der leiseste Zweifel: Heinz Pringsheim, der einzige Sohn, der nicht emigrierte, wird im Oktober 1948 vor der Spruchkammer aussagen, seine Mutter habe noch in der Widenmayerstraße im Familienkreis ihrer Verwunderung darüber Ausdruck gegeben, dass ein höherer SS-Beamter es wage, einen dringlichen Spezialauftrag des Reichsführers Heinrich Himmler derart zu Gunsten der Betroffenen zu verzögern, wie es der mit der Räumung des Hauses beauftragte Hess im Oktober 1939 tat. «Er ist ein weißes Lamm», habe seine Mutter oft gesagt.

Der für die Verhandlung geschriebene Lebenslauf ist eher unauffällig: Buchhändlerssohn aus Leipzig, Weltkriegsteilnehmer, gelernter Kaufmann, der durch den allgemeinen wirtschaftlichen Niedergang arbeitslos wurde; ein Familienvater ohne Existenzgrundlage. 1932 Eintritt in die SA. 1935 Anstellung als Finanzbeamter in Sachsen. Über die Registraturleitung beim Bau einer SS-Kaserne fand er Kontakt zum Kulturreferat der Reichsführung, das ihn als kaufmännischen Leiter der SS-eigenen Porzellanmanufaktur Allach/München einsetzte – eine Aufgabe, die ihm den Rang eines SS-Hauptsturmführers eintrug.

Als direkt der Reichsführung SS unterstehender Spezialist für Angelegenheiten der Kultur erhielt er im Juli 1939 den Auftrag, für aus Tibet zurückgekehrte «Karst- und Höhlenforscher» in der Widenmayerstraße 35 eine SS-Dienststelle einzurichten. In Berlin hatte man Hess gesagt, dass die unumgängliche Räumung der Wohnungen eine mit den bisherigen Mietern abgesprochene Sache sei. Vor Ort musste er feststellen, «daß nichts klar war» und sich Berlin zudem weigerte, die versprochenen Gegenleistungen – die Ausreisepapiere – zu erbringen. Da entschloss sich Hess, seinem Gewissen zu folgen und die Räumung der Wohnungen erst dann durchzuführen, wenn er sicher sein konnte, dass die Mieter die ihnen versprochenen Gelder in Schweizer Franken sowie gültige Personalpapiere erhalten hatten, die ihnen die Aus- und Einreise garantierten.

Kein Wunder, dass Hedwig Pringsheim später gern von ihrem «gottgesandten Lohengrin» sprach, wenn sie sich ihres

Retters erinnerte. Vermutlich hat sie nie erfahren, dass Otto Rudolf Hess seine Hilfe, die er fast ein Jahr später in einer für ihn noch gefährlicheren Situation auch den Wohnungsnachbarn Feibelmann zuteil werden ließ, mit Aufhebung seiner Unabkömmlichkeits-Stellung bezahlen musste. Nachdem er im Juni 1940 das jüdische Ehepaar in voller SS-Uniform nach Lörrach begleitet und für einen sicheren Grenzübertritt gesorgt hatte, kommandierte man ihn an die Front nach Griechenland. Dort wurde er im Oktober 1941 so schwer verwundet, dass er fortan «zu 70% erwerbsunfähig» blieb.

Unter Würdigung der couragierten Rettung der beiden bedrohten jüdischen Ehepaare sowie seines Eintretens für misshandelte Zwangsarbeiter stufte die Spruchkammer Otto Rudolf Hess im Oktober 1948 trotz seines «verhältnismäßig hohen» SS-Rangs lediglich als «Mitläufer» ein und verurteilte ihn zu einem «Sühnegeld» von 50 Reichsmark. 1978 ist er gestorben; seine mutigen Taten waren lange vergessen. «Erst durch Ihren Brief habe ich Hochachtung vor meinem Onkel», schrieb der Neffe, mit dem wir korrespondierten.

In München hatte man Hedwig und Alfred Pringsheim am 30. Oktober 1939 ein letztes Mal auf die Polizei bestellt, wo es – dank der Hess'schen Protektion – keine Schwierigkeiten mehr gab. Abends um ½8 Uhr verließ das Ehepaar die Wohnung in der Widenmayerstraße: die letzte Nacht in Deutschland verbrachten sie in *Wolffs Hotel* gegenüber dem Bahnhof.

Im Morgengrauen des 31. Oktober begleitete Heinz Pringsheim seine Eltern zum Zug und sicherte ihnen gute Plätze in der ersten Klasse, nahe dem Speisewagen. Die drei Mädchen brachten ein letztes Mal Blumen, und auch das Ehepaar Perron war gekommen, um Abschied zu nehmen.

Heinz fuhr mit den Eltern bis an die Grenze, dann musste auch er zurück. Die Kontrolle der deutschen Beamten muss furchtbar gewesen sein: eine «abscheuliche, sadistisch-brutale Revision: Alfred ausgezogen, untersucht, mishandelt.» Sie habe ihren Mann niemals so deprimiert und aufgebracht gesehen wie nach dieser Erfahrung, schrieb Hedwig Pringsheim rückblickend an Katia.

Überhaupt scheint die Ausreise unter wenig günstigen Zeichen gestanden zu haben: In St. Margrethen, der Schweizer Grenzstation, erwartete sie «kein Golo», und in Zürich war auch niemand am Bahnhof. «Keine Post war angekommen», die alten Leute waren mutterseelenallein. Als Alfred aussteigen wollte, stürzte er von der Coupétreppe unter den Wagen und musste «von zwei Arbeitern wieder heraufgeholt werden». Während Hedwig ihren Mann «mühselig» zum Ausgang «schleppte», holte eine «hülfreiche Schweizer Dame» Träger und Taxi. Auch im Hause Reiff wurden die Flüchtlinge nicht erwartet, und es gab dort auch kein Unterkommen. Lily Reiff ließ im *Hotel Neues Schloß* zwei Zimmer mit Bad mieten, richtete ein Nachtessen und rief Enkel Golo herbei sowie eine Krankenschwester, die den Patienten «fachgerecht» verband. Dann fuhr der Chauffeur die todmüden alten Leute in ihr Logis: «Ein schlimmer Tag», schrieb Hedwig Pringsheim, «schwarz im Kalender zu verzeichnen.»

Und doch. Ganz so düster ließ sich die Zukunft nicht an, auch wenn die Gedanken der beiden Flüchtlinge zunächst mehr dem galten, was man verlassen hatte: «Wie mag es jetzt in der Ex-Heimat aussehen?» Erst langsam wurde ihnen bewusst, welch ein unerhörter Glücksfall es gewesen war, dass sie «vor dem letzten Attentat» – Georg Elsers Versuch, Hitler bei seiner traditionellen Rede zum 9. November im Hofbräukeller zu töten – aus Deutschland herausgekommen waren, welche Befreiung es bedeutete, nun endlich ohne Zensur über das Erlebte sprechen zu können.

Zum ersten Mal erfuhr auch Tochter Katia, wie das Leben der Eltern in den letzten beiden Jahren wirklich ausgesehen hatte: «*Kein* Konzert, *kein* Theater, *kein* Kino, *keine* Ausstellung, an gewissen Gedenktagen nach 12 Ur mittags nicht mehr auf die Straße»; Lebensmittelkarten: nur bei der jüdischen Gemeinde, Einkäufe: ausschließlich in «bestimmten entlegenen Geschäften», woran sich die nicht-jüdische Köchin Else «natürlich» nie gehalten hatte. Beamten war der Verkehr mit Juden streng untersagt, folglich durfte kein Kollege den Vater besuchen. «Daß sie es dennoch wagten, taten sie auf eigenes Risiko.» Dazu im letzten Jahr die Anweisung, das Haus bis zum 15. November zu räumen: «Fay als Jude hätte keine anständige Wonung mehr bekommen und wäre irgendwo ‹untergebracht› worden. Genügt's? Ich denke ja.» – Immerhin, fügte Hedwig Pringsheim hinzu, «hat man mich schließlich von der angedrohten ‹Sarah› befreit, und ich bin sogar stolze Besitzerin eines arischen Passes. Wat ick mir davon koofe!!»

Die Erinnerung an die Ängste und Demütigungen der letzten Jahre verblasste nur langsam, obwohl in Zürich Golo Mann, Lily Reiff und das Verlegerehepaar Oprecht alles taten, um den Flüchtlingen das Einleben zu erleichtern. Bereits eine Woche nach dem Verlassen der Widenmayerstraße hatten die alten Pringsheims wieder eine Adresse: In der Seniorenresidenz «Rotes Schloß» in der Beethovenstraße mieteten sie «drei große hübsche Zimmer mit durchgehendem Balkon und herrlichem Blick auf den See, – wenn wir ihn denn durch den andauernden Nebel sehen!» Die aus München geretteten Bücher, das Silber und das Porzellan gaben den Räumen ein vertrautes Flair. Der «geschickte Joseph» aus dem Hause Reiff hängte den «verbliebenen popligen Rest» der Bilder auf:

das Lenbach-Pastell der jungen Arcisstraßen-Herrin, sein Porträt von Mimchen und «Eriks Defregger-Köpfchen». Nun gab es auch in der Fremde wieder ein Stückchen ‹Zuhause›.

Dennoch: Bei allen Vorteilen des neuen Daseins und allen freundlich-geselligen Unterhaltungen wollte sich kein wirkliches Heimatgefühl einstellen. «Fremd und unwarscheinlich mutet uns immer noch dies Definitivum an. Wird wol auch so bleiben, *usque ad finem.*»

Jetzt, da sie in Sicherheit waren, machten sich, vor allem bei Alfred Pringsheim, das Alter, aber auch die Strapazen und Demütigungen der Vergangenheit bemerkbar. Zuweilen fühlte er sich so kraftlos, dass er sein Bett nicht verließ und ankündigte, sich «durch Verweigerung jeglicher Narungsaufnahme einfach zutode zu schwächen». Dann half weder Liebe noch Vernunft, sondern einzig «eine Dose feinsten russischen Kaviars. Nun ist er wieder ganz normal, gottlob», schrieb Hedwig Pringsheim nach Princeton. «Glücklich? Nein. Aber wer wäre es?»

Auch sie selbst litt zunehmend unter dem Gefühl, der neuen Situation nicht mehr gewachsen zu sein. «Alle sind onmaßen liebenswürdig und freundlich zu uns, und doch Katjulein, ich sag's wie es ist: mir ist das alles viel zu viel, es übermannt mich, ich bin an so viele Menschen nicht mehr gewönt, ich bin alledem völlig entfremdet, bin ein Einsamkeitsfax geworden.»

Die Erfolge der deutschen Wehrmacht ängstigten sie ebenso wie die fortschreitende Militarisierung der Schweiz, deren Verdunkelungsübungen sie an ihre finstersten Zeiten in Deutschland erinnerten. Sie sah die jungen Frauen ringsum, deren Männer man eingezogen hatte, und verfolgte mit Schaudern die Nachrichten von den Schlachten, die in Europa tobten. Wie einst im Ersten Weltkrieg, so gab es für sie auch jetzt keine Siege, sondern nur eine Kette von Niederlagen der Menschlichkeit und der Vernunft. Wo ihre Freunde jubelten, sah die alte Pazifistin die Tränen der Opfer: «Mein Herz blutet, wenn ich an all die deutschen Mütter und Frauen und an die frischen jungen Männer denke, die nutzlos in einen blutigen Tod gejagt werden. Golo sagt: ‹geschieht ihnen ganz recht!› Aber *ich* könnte keinen Champagner trinken, sondern nur Tränen vergießen: so eine sentimentale deutsche Ziege bin ich!»

Wirklich glücklich waren die beiden Pringsheims vermutlich nur noch ein einziges Mal: am 2. September 1940, als man den 90. Geburtstag von Alfred feierte: «Es war ein schönes Fest», berichtete Hedwig zwei Tage später stolz und erleichtert nach Princeton. «Alle, alle kamen. Und wo sonst das Unentbehrlichste in göttlicher Ordnung haust, stehen jetzt Blumen. Der Schreibtisch ist unbenutzbar, das Tintenfaß steht auf der Erde, unsortirt liegen Haufen von Briefen.» Die Besucher beim Vormittagsempfang seien «nicht zälbar» gewesen, noch weniger die «Telegramme aus allen Ländern und Erdteilen». Abends um 1/2 8 dann die Feier bei Lily Reiff: «Natürlich kamen wir, in Abendtoilette, als Letzte dort an, wurden dafür aber auch mit Tusch und brausendem Beifall von der zalreichen Gesellschaft gefeiert.» In diesem Moment sei auch «der kleine Jubilar» wieder «zu teilnehmendem Leben» erwacht und habe die beiden Laudationes, die ihn als Kunstfreund, Wagnerianer und ersten Bayreuth-Patron wirkungsvoll und ausführlich feierten, sichtlich genossen. Der alte Mann habe sich erhoben und der Hausfrau, den Rednern, den Gästen mit «teils recht witzigen, teils gerürten Worten» gedankt, ehe «als Höhepunkt und Abschluß des Abends» die anwesenden Musiker das von ihm in seiner Jugend für ein Kammermusik-Ensemble bearbeitete Quintett aus Wagners *Siegfried-Idyll* «tadellos zur Aufführung brachten».

Ein dreiviertel Jahr nach dieser Ehrung, am 25. Juni 1941, starb Alfred Pringsheim. Das Ende war friedlich. Er schlief ein, ohne dass die an seinem Bett sitzende Ehefrau seinen Tod bemerkte. «Es kam so plötzlich, daß ich es garnicht begriff, garnicht glauben wollte. Ich saß an seinem Bette und bewachte seinen Schlummer, und als Schwester Ida von ihrem Essen wieder kam, fragte sie mich ganz erstaunt: ‹Ja, sehen Frau Professor denn nicht? Er ist ja gestorben!!› Ja, es war wirklich und warhaftig war: er war gestorben, ganz one ein Wörtchen zu sagen, still und ruhig hinübergegangen, ganz still und ruhig. Und ich hatte es nicht bemerkt. Ich wollte es nicht glauben. Ich mußte es aber doch. Auch der Doktor konnte mich nur von der traurigen Nachricht überzeugen. Er war tot, wirklich tot und nichts konnte ihn wieder zum Leben zurückrufen. Ich blieb ganz vernichtet an seinem Bett sitzen. Nach kurzer Pause kamen die Männer und holten ihn ab. Dann war alles vorüber.»

Die Trauerfeier fand zwei Tage später, am 27. Juni 1941, statt. «Der Sarg wurde gegen Abend abgeholt», notierte Hedwig Pringsheim am 29. in ihr Notizbuch. «Schwester Ida blieb die nächsten Tage und Nächte bei mir. Lily und Oprechts treu bei mir. Die Einäscherung, zu der Oprechts und Lily mich abholten, am Freitag um 3 Ur im Crematorium. Viele Freunde anwesend, schlechte wissenschaftliche Rede von Professor Berneis, mittelmäßige künstlerische von Beidler, hübsche Musik und Schluß. Abschied. Ade!»

Emil Oprecht war es gelungen, für Heinz Pringsheim eine Einreise-Erlaubnis zu erwirken. Der Sohn durfte die Mutter für fünf Tage besuchen, wenn auch erst nach der Einäscherung: «Überraschende Ankunft von Heinz, *hocherfreulich* und hülfebringend.»

Der Besuch des Sohnes, aber auch die große Anteilnahme alter Freunde aus Deutschland half der Vereinsamten über die ersten Wochen des Alleinseins hinweg: «Aus München bekomme ich auf meine Telegramme nun nach und nach so herzliche Antworten von sämmtlichen Ex-Kollegen, daß der gute liebe Fay sich vor Freude in seiner Aschenurne umdrehen würde. Er hat viel gelitten, mein Ärmster. Schmerzen und Beschwerden. Aber sein Sterben war wenigstens leicht. Dies war mir ein Trost.»

Es scheint, als habe sich Katia nach dem Tod des Vaters noch einmal bemüht, die Mutter zu einer Übersiedlung nach Princeton ins Haus der Manns zu bewegen. Aber Hedwig Pringsheim war entschlossen, in Zürich zu bleiben: «Von der Absicht, *nicht* nach ‹drüben› zu kommen, schrieb ich ja. Es ist aber mehr als eine Absicht. Es ist ein fester Entschluß, den du, meine Lieblingstochter, billigen *mußt*. Ich würde euch – vorausgesetzt, daß ich überhaupt ankäme, was ja höchst zweifelhaft ist – nur lästig fallen. Glaube mir, ich habe richtig gewält und, so schwer es mir auch fällt, ich habe recht gewält. Ach, mein Töchterchen: schwer, schwer fällt mir dieser Entschluß.»

Die Briefe an Katia zeigen, dass nach Alfred Pringsheims Tod auch das Leben seiner Frau mehr und mehr erlosch. «Mein Dasein ist einsam und leer; seitdem ich umgesiedelt bin in mein neues einziges Zimmer, habe ich eigentlich auch, außer meiner Korrespondenz, kaum noch etwas wesentliches zu tun. Ich füle mich alt, verbraucht, und so gänzlich ‹ibrig›, daß ich grad eben noch so weiter vegetiren mag.» Bis gegen Ende 1941 war sie immerhin in der Lage, der Tochter Auskunft über ihr Befinden zu geben. Die wenigen aus der späteren Zeit erhaltenen Briefe weisen jedoch zunehmend Spuren der Verwirrung auf. Die Zeiten verlieren ihre Konturen und fließen ineinander; die Schreiberin kehrt in ihre Kindheit zurück. Der letzte Gruß an Katia nach Princeton schließt mit den Worten: «Sei herzlichst und innigst umarmt von Mutter Hedel.» – «Hedel» – so hatte Hedwig Dohm ihre Tochter gerufen.

Hedwig Pringsheim ist am 27. Juli 1942 in Zürich gestorben.

Anhang

Zitatnachweise

Für die zitierte Literatur werden Kürzel verwendet; die vollständigen Angaben sind dem Literaturverzeichnis zu entnehmen. Die für unveröffentlichte Quellen benutzten Archive sind auf S. 270ff. aufgeführt.

14 *Schön war sie:* Hedwig Pringsheim-Dohm, *Meine Eltern Ernst und Hedwig Dohm, Vossische Zeitung, Unterhaltungsblatt*, 11. Mai 1930

14 *Mit vierzehn Jahren:* Hedwig Dohm, *Jugenderinnerungen*, S. 66f.

15 *Herr im Hause:* Ebd., S. 66

16 *Warum mußte ich heimlich:* Ebd., S. 77

17 *Kümmerlich und bescheiden:* Hedwig Pringsheim-Dohm, *Meine Eltern …*, a. a. O.

17 *Jahr um Jahr:* Hedwig Pringsheim-Dohm, *Meine Eltern …*, a. a. O.

17 *Und wie es dann so geht:* Hedwig Pringsheim-Dohm, *Meine Eltern …*, a. a. O.

17 *Sicher wußte, daß:* Hofmann, *Der Kladderadatsch …*, S. 291

17 *überaus zärtlichen Vater:* Hedwig Pringsheim-Dohm, *Meine Eltern …*, a. a. O.

18 *Ich erinnere mich:* Hedwig Pringsheim-Dohm, *Meine Eltern …*, a. a. O.

18 *Vater ging:* Hedwig Pringsheim-Dohm, *Meine Eltern …*, a. a. O.

19 *der dort Allmächtige:* Hedwig Pringsheim-Dohm, *Meine Eltern …*, a. a. O.

19 *all den Berühmtheiten:* Hedwig Pringsheim-Dohm, *Meine Eltern …*, a. a. O.

19 *Im Herbst 1870:* Hedwig Pringsheim-Dohm, *Meine Eltern …*, a. a. O.

20 *Wir Kinder heulten:* Hedwig Pringsheim-Dohm, *Vater muß sitzen, Vossische Zeitung, Unterhaltungsblatt,* 14. November 1929

20 *mit dem Rücken gegen:* Hedwig Pringsheim-Dohm, *Vater muß sitzen,* a. a. O.

21 *Als Mutter war sie:* Hedwig Pringsheim-Dohm, *Meine Eltern …*, a. a. O.

22 *die damals für die feinste:* Hedwig Pringsheim-Dohm, *Ich plaudere aus der Schule, Vossische Zeitung, Unterhaltungsblatt,* 28. Mai 1930

22 *Ein sehr gut aussehender Mann:* Hedwig Pringsheim-Dohm, *Ich plaudere …*, a. a. O.

22 *Ich habe es nie bereut:* Hedwig Pringsheim-Dohm, *Ich plaudere …*, a. a. O.

23 *Zeugnis: Zeugniss für Hedwig Dohm, Schülerin der 1. Klasse, Michaelis bis Weihnachten 1869;* im Thomas-Mann-Archiv der Eidgenössischen Technischen Hochschule Zürich, im Folgenden abgekürzt: TMA

24 *Ich glaube, es war:* Hedwig Pringsheim-Dohm, *Das Modell der Kronprinzessin, Vossische Zeitung, Unterhaltungsblatt,* 22. Februar 1930

24 *Möglichst viele im Flug:* Hedwig Pringsheim-Dohm, *Das Modell …*, a. a. O.

25 *Die Räume waren ja fürstlich:* Hedwig Pringsheim-Dohm, *Das Modell …*, a. a. O.

27 *Bald kamen einzelne Eltern:* Hedwig Pringsheim-Dohm, *Ernst Dohms Montag-Abende, Vossische Zeitung, Unterhaltungsbeilage,* 3. Januar 1930

27 *für Gesellschaften:* Hedwig Pringsheim-Dohm, … *Montag-Abende,* a. a. O.

27 *Einer der amüsantesten Menschen:* Fürstenberg, *Lebensgeschichte,* S. 92

29 *eine wahre Passion:* Hedwig Pringsheim-Dohm, *Wie ich nach Meiningen kam, Vossische Zeitung, Unterhaltungsbeilage,* 20. Juli 1930

30 *rechtmäßige, wenngleich linkshändige:* Hedwig Pringsheim-Dohm, *Wie ich …*, a. a. O.

31 *Jedes Kostüm:* Possart, *Erstrebtes und Erlebtes*, S. 235f.
31 *Eine geschickte Presse-Propaganda:* Hedwig Pringsheim-Dohm, *Wie ich* ..., a. a. O.
32 *Das also waren:* Ebd.
32 *Die Reden auf dem Forum:* Ebd.
32 *Die große Szene:* Ebd.
32 *das war neu:* Ebd.
33 *um die Konjunktur:* Ebd.
33 *Vater kannte aus:* Ebd.
33 *Meine Frau schreibt morgen:* Herzog Georg II. an Ludwig Chronegk, 18. Dezember 1874, STA Meiningen, HA 209
33 *Man übersandte mir:* Hedwig Pringsheim-Dohm, *Wie ich* ..., a. a. O.
35 *Fourierbuch:* STA Meiningen, Hofmarschallamt 1386
37 *Theaterzettel:* Aus der Sammlung des STA Meiningen
37 *Der Herzog und seine Frau:* Hedwig Pringsheim-Dohm, *Wie ich* ..., a. a. O.
37 *Ich gefiel:* Ebd.
38 *Wie da unter:* Ebd.
39 *Ester wäre brillant:* Helene von Heldburg an Ludwig Chronegk, 10. Januar 1875, STA Meiningen, HA 210
40 *Frl. Dohm habe:* Herzog Georg II. an Ludwig Chronegk, 8. Januar 1875, STA Meiningen, HA 210
40 *Bitte schminken Sie:* Herzog Georg II. an Ludwig Chronegk, o. D. (1875), STA Meiningen, HA 210
41 *Eine Regievorschrift:* Hedwig Pringsheim-Dohm, *Wie ich* ..., a. a. O.
41 *Machen Sie nur ja:* Helene von Heldburg an Ludwig Chronegk, o. D. (Juli 1875), STA Meiningen, HA 210
42 *Gestern genau so:* Ebd.
42 *Frl. Dohm lassen Sie:* Herzog Georg II. an Ludwig Chronegk, 7. Dezember 1875, STA Meiningen, HA 210
42 *damals vergötterten ... Ich hörte keinen Souffleur:* Hedwig Pringsheim-Dohm, *Wie ich* ..., a. a. O.
43 *Heute vermag ich's kaum:* Hedwig Pringsheim an Helene von Heldburg, München, 17. Januar 1915, STA Meiningen, HA 201/I
44 *Daß die kleine Dohm:* Helene von Heldburg an Ludwig Chronegk, Cannes, 25. April 1875, STA Meiningen, HA 210

44 *Sie müssen die Entscheidung behalten:* Helene von Heldburg an Ludwig Chronegk, Cannes, 25. April 1875, STA Meiningen, HA 210

44 *Die Dohm sieht:* Herzog Georg II. an Ludwig Chronegk, 10. Dezember 1875, STA Meiningen, HA 210

45 *Die Dohm muß:* Helene von Heldburg an Ludwig Chronegk, o. D. (vermutlich April 1876), STA Meiningen, HA 211

45 *plötzlichen Kontrast:* Hedwig Pringsheim-Dohm, *Wie ich ...*, a. a. O.

46 *Leider verdarb die Dohm:* Ludwig Chronegk an Herzog Georg II. und Helene von Heldburg, Berlin 19. Mai 1876, STA Meiningen, HA 229

46 *Müßte die Bertha:* Fanny Lewald an Ludwig Chronegk, 19. Mai 1876, STA Meiningen, HA 229

47 *Die liebenswürdige Dohm:* Herzog Georg II. an Ludwig Chronegk, 19. August 1876, STA Meiningen, HA 211

47 *Die Dohm schrieb mir:* Ludwig Chronegk an Herzog Georg II., Breslau, 17. Oktober 1876, STA Meiningen, HA 229

48 *die sich hier im Privatleben:* Ludwig Chronegk an Herzog Georg II. und Helene von Heldburg, Dresden, 9. Oktober 1876, STA Meiningen, HA 229

48 *Die Dohm ist zwar nicht:* Helene von Heldburg an Ludwig Chronegk, Biarritz, 27. Oktober 1876, STA Meiningen, HA 211

48 *Schweren Herzens:* Hedwig Dohm-Pringsheim, *Wie ich ...*, a. a. O.

48 *Ich meine:* Helene von Heldburg an Ludwig Chronegk, o. D. (vermutl. November 1876), STA Meiningen, HA 211

51 *Fuhrunternehmer Pringsheim aus Gleiwitz:* Scharf, *Eisenbahnen*, S. 388

53 *vaterländischer Baustoff Terracotta:* Ebe, *Das Pringsheim'sche Haus*, S. 12

53 *Das bunte Haus:* zitiert nach Demps, *Berlin-Wilhelmstraße*, S. 113

53 *Kakelarchitektur:* Theodor Fontane an Emilie Fontane, 5. August 1875, *Briefe 1860–1878*, S. 505

53 *Um zeitgemäßen Ideen:* Rosenberg, *Die Bauthätigkeit Berlins*

54 *entsprechend dem Wunsch der Architekten:* Anton von Werner, *Erlebnisse*, S. 90

55 *damals gab es zwei Familien:* Fürstenberg, a. a. O., S. 221
56 *die kahlen hohen Wände:* Anton von Werner, *Erlebnisse,* S. 90
57 *in musikalischen Kreisen:* zitiert nach Mendelssohn, *Der Zauberer,* S. 829
57 *die Rechte eines Patrons:* Patronatsscheine für Alfred Pringsheim, Richard-Wagner-Gedenkstätten Bayreuth
58 *Hierdurch erlaube ich mir:* Alfred Pringsheim an Adolf von Groß, Heidelberg, 6. Mai 1872
58 *ars musica:* Lateinisch geschriebener Lebenslauf, im Archiv der Ludwig-Maximilians-Universität München
59 *Seit Jahren ein enthusiastischer Verehrer:* Alfred Pringsheim an Richard Wagner, Berlin, 8. Dezember 1873
60 *einen der leidenschaftlichsten:* Hedwig Pringsheim-Dohm, *Bayreuth – einst und jetzt, Vossische Zeitung, Unterhaltungsblatt,* 16. August 1930
60 *diese ‹Schoppenhauer›-Geschichte:* Ebd.
62 *Vater war täglicher Mittagsgast:* Ebd.
62 *Um das Endresultat:* Alfred Pringsheim an Ludwig Darmstaedter, Bonn, 9. Mai 1877, a. a. O. (Bl. 3)
63 *Vorläufig habe ich für München:* Alfred Pringsheim an Ludwig Darmstaedter, Bonn, 11. Mai 1877, a. a. O. (Bl. 11)
64 *Der ergebenst Unterzeichnende:* Ehegenehmigungsgesuch vom 29. August 1878, Archiv der LMU München
66 *kein fröhliches Fest:* Hedwig Dohm, *Sibilla Dalmar*, Berlin, 2. Aufl. 1896, S. 69
66 *Hochzeiten nicht feierlicher:* Ebd.
66 *Spaß beiseite:* Hedwig Dohm, *Sibilla Dalmar,* S. 70
67 *Denken Sie, Harden:* Hedwig Pringsheim an Maximilian Harden, München, 23. Oktober 1908, Bl. 159
68 *Alfred sieht die reizvolle:* Hedwig Pringsheim an Maximilian Harden, 26. März 1908, Bl. 135
68 *Hatte sie wirklich nur die Wahl:* Hedwig Dohm, *Sibilla Dalmar*, S. 68
68 *So war denn Benno Raphalo:* Ebd.
69 *eine recht glückliche Ehe:* Hedwig Dohm, *Sibilla Dalmar*, S. 78
69 *groß veranlagt:* Hedwig Dohm, *Sibilla Dalmar*, Selbstanzeige, in: *Die Zukunft,* V. Jg., H. 1 vom 3. 10. 1896
69 *an ihrer Zeit:* Hedwig Dohm, *Sibilla Dalmar*, Ebd.

70 *Kinderbüchlein:* Hedwig Pringsheims Aufzeichnungen über die Entwicklung ihrer Kinder im Schweizerischen Literaturarchiv, Bern, Nachlass Golo Mann
71 *Meine Mutter erwartete:* Katia Mann, *Memoiren*, S. 9
71 *ich darf ja nichts sagen:* Hedwig Pringsheim an Dagny Langen-Sautreau, 15. November 1909, zit. nach Wiedemann, S. 32
72 *Seit einiger Zeit: Kinderbüchlein,* Eintrag vom 27. Februar 1881
72 *Im Sprechen: Kinderbüchlein,* Eintrag vom 16. Juli 1881
72 *Privatdocent: Kinderbüchlein,* Eintrag vom 7. Juni 1881
72 *Piefke lief:* Kinderbüchlein, Eintrag vom 26. August 1881
73 *Notenfax: Kinderbüchlein,* Eintrag vom 11. Januar 1882
73 *Jetzt kommt Ihr Steckenpferd: Kinderbüchlein,* Eintrag vom 7. Februar 1882
73 *Er hat ein fabelhaftes Gedächtnis: Kinderbüchlein,* Eintrag vom 14. März 1882
73 *Im Gegenteil: Kinderbüchlein,* Eintrag vom 19. April 1884
74 *Ich weiß schon: Kinderbüchlein,* Eintrag vom 29. Januar 1888
74 *die Narretei: Kinderbüchlein,* Eintrag vom 23. Dezember 1887
74 *Erik faßt wahrhaft: Kinderbüchlein,* Eintrag vom 22. November 1883
75 *Erik sagt, den ‹Struwelpeter›: Kinderbüchlein,* Eintrag vom 6. November 1883
76 *Heinz bildet selbständige Sätze: Kinderbüchlein,* Eintrag vom 6. November 1883
76 *Die beiden lachen: Kinderbüchlein,* Eintrag vom 6. November 1883
76 *Peter entwickelt sich: Kinderbüchlein,* Eintrag vom 17. Januar 1882
76 *furchtbar unter Flöhen: Kinderbüchlein,* Eintrag vom 16. Juli 1881
76 *Manchmal suche ich:* Hedwig Pringsheim an Maximilian Harden, 4. März 1916, Bl. 366
77 *Wirklich abscheulichen: Kinderbüchlein,* Eintrag vom 7. Juni 1881
77 *lebt seit einiger Zeit: Kinderbüchlein,* Eintrag vom 4. September 1881
78 *Heut hat es sich gezeigt: Kinderbüchlein,* Eintrag vom 4. September 1881
78 *wie die Emil: Kinderbüchlein,* Eintrag vom 1. Januar 1885

79 *unsäglich schöne Darstellung:* Thomas Mann an Heinrich Mann, Brief vom 27. Februar 1904, *Briefwechsel,* S. 40
80 *mit einem reichen:* Ebers, *Lebenserinnerungen,* S. 6
82 *all der herrlichen Töpfe:* Ebers, a. a. O., S. 7
83 *musterhaft eingerichteten Quartier:* Ebers, a. a. O., S. 6
84 *riesenlanges, breites, damals schon:* Bruckmann, *Dreissig Jahre,* S. 261
85 *Théatre Variété Dansant:* Bruckmann, a. a. O., S. 261
86 *lauter Melodien aus:* Bruckmann, a. a. O., S. 260
87 *großen, wunderschönen Musiksaal:* Bruckmann, a. a. O., S. 260f.
87 *exemplarische Kahlheit:* Klaus Mann, *Der Wendepunkt,* S. 38
88 *beherrschte die in:* Klaus Mann, *Der Wendepunkt,* S. 14
89 *Ihm präsidierte:* Ebers, a. a. O., S. 6
90 *als wenn es gescheidter wäre: Kinderbüchlein,* Eintrag vom 30. Dezember 1891
90 *Du gehst halt immer: Kinderbüchlein,* Eintrag vom 30. Dezember 1891
90 *ein netter armer Kerl:* Hedwig Pringsheim an Maximilian Harden, München, 27. Juli 1908, Bl. 143
91 *Ich stand bis zuletzt:* Hedwig Pringsheim an Katia Mann, Zürich, 29. Mai 1941, TMA
91 *Ende der achtziger Jahre:* Hedwig Pringsheim-Dohm, *Auf dem Fahrrad durch die weite Welt, Vossische Zeitung, Unterhaltungsblatt,* 10. August 1930
91 *der Erlaubnis ihres Ehemanns:* Hedwig Pringsheim-Dohm, *Auf dem Fahrrad …,* a. a. O.
92 *Frauenzimmer in Hosen:* Hedwig Pringsheim-Dohm, *Auf dem Fahrrad …,* a. a. O.
92 *Ja, das war eine schöne Zeit:* Hedwig Pringsheim-Dohm, *Auf dem Fahrrad …,* a. a. O.
92 *Auf keine andere Weise:* Hedwig Pringsheim-Dohm, *Auf dem Fahrrad …,* a. a. O.
93 *Mir wurde ganz schlecht:* Hedwig Pringsheim-Dohm, *Auf dem Fahrrad …,* a. a. O.
93 *Es war eine ziemlich anstrengende Fahrt:* Hedwig Pringsheim-Dohm, *Auf dem Fahrrad …,* a. a. O.
94 *wo sogar die Pferde:* Hedwig Pringsheim an Maximilian Harden, 3. Juni 1912, Bl. 223

94 *Wir wurden wie:* Hedwig Pringsheim an Maximilian Harden, 3. Juni 1912, Bl. 223/224
94 *Schön ist's in Norwegen:* Hedwig Pringsheim an Maximilian Harden, 3. Juni 1912, Bl. 223
94 *die zwei Tage, die wir:* Hedwig Pringsheim-Dohm, *Auf dem Fahrrad ...*, a. a. O.
95 *Wir waren Freitag:* Hedwig Pringsheim an Maximilian Harden, 12. August 1908, Bl. 147
96 *Ich habe meinen Alfred:* Hedwig Pringsheim an Maximilian Harden, 4. Oktober 1905, Bl. 41
98 *Wir sind jetzt seit einer Woche:* Hedwig Pringsheim an Ludwig Darmstaedter, 17. August 1904
99 *Tout München schrie: Die Gesellschaft,* Jg. 1897, S. 402
100 *beim Duft der Linden:* Hedwig Dohm, *Sibilla Dalmar,* S. 41
100 *unbekümmert darum:* Ebd.
100 *plötzlich ein Federmesser:* Hedwig Dohm, *Sibilla Dalmar,* S. 88
100 *eine hübsche Wohnung:* Hedwig Dohm, *Sibilla Dalmar*, S. 71
101 *es giebt auch recht plebejische:* Hedwig Dohm, *Sibilla Dalmar,* S. 86
101 *reich von Hause aus:* Hedwig Dohm, *Sibilla Dalmar,* S. 92
101 wie *ein Kind der Liebe:* Hedwig Dohm, *Sibilla Dalmar,* S. 93f.
101 *Zylinder eines Possenreißers:* Hedwig Dohm, *Sibilla Dalmar,* S. 115
102 *Putzbaroninnen:* Hedwig Dohm, *Sibilla Dalmar,* S. 100
102 *himmlischen baltischen Accent:* Hedwig Pringsheim an Maximilian Harden, München, 21. März 1918, Bl. 464
102 *Brackenburg:* Hedwig Dohm, *Sibilla Dalmar,* S. 58/59
103 *damals bei Mimchens Buch:* Hedwig Pringsheim an Maximilian Harden, 17. Juni 1913, Bl. 248
103 *schönsten Grüßen von Haus zu Haus:* Richard Strauss an Hedwig Pringsheim, Charlottenburg, 21. Dezember 1898
104 *Pringsheims sind ein Erlebnis:* Thomas Mann an Heinrich Mann, *Briefwechsel*, S. 49
104 *An diesem Abend:* Thomas Mann an Heinrich Mann, *Briefwechsel*, S.50
105 *Hatte ich mich getäuscht:* Ebd.
105 *ein höchst erfreulicher:* Ebd.
105 *den Eindruck, daß:* Thomas Mann an Heinrich Mann, *Briefwechsel*, S. 51

106 *schöne Lenbach-Mama:* Thomas Mann an Heinrich Mann, *Briefwechsel*, S. 52

106 *Ich war zwanzig:* Katia Mann, *Memoiren*, S. 25

107 *Sie haben ihn gewollt:* Julia Mann an Heinrich Mann, Brief vom 7. Januar 1905, Julia Mann, *Ich spreche so gern*, S. 140

107 *Gerade die Mutter:* Julia Mann an Heinrich Mann, Brief vom 4. Januar 1905, Julia Mann, *Ich spreche so gern*, S. 136

107 *Ich bedarf jetzt:* Hedwig Pringsheim an Maximilian Harden, 25. Februar 1905, Bl. 29

107 *Das leere Zimmer:* Hedwig Pringsheim an Maximilian Harden, 25. Februar 1905, Bl. 29/30

108 *Langeweile kenne ich:* Hedwig Pringsheim an Maximilian Harden, 12. Januar 1915, Bl. 296

109 *Ich weiß nicht, ob ich:* Hedwig Pringsheim an Maximilian Harden, 8. Juli 1903, Bl. 22/23

109 *So lange Völker noch:* Hedwig Pringsheim an Maximilian Harden, 12. November 1906, Bl. 96

109 *Lipps hatte die Klarheit:* Ebd.

110 *zurückgezogen wie ein:* Hedwig Pringsheim an Maximilian Harden, 2. November 1905, Bl. 51

110 *In Prag:* Hedwig Pringsheim an Maximilian Harden, 3. Juni 1912, Bl. 225

111 *Lieber Freund, was:* Hedwig Pringsheim an Maximilian Harden, 22. Juni 1905, Bl. 33

112 *Unfroh fließt:* Hedwig Pringsheim an Maximilian Harden, 6. September 1905, Bl. 37

112 *Ich habe keine Freuden:* Hedwig Pringsheim an Maximilian Harden, 29. Oktober 1904, Bl. 28

113 *Foltergreuel:* Thomas Mann an Ida Boy-Ed, 11. November 1905, Thomas Mann, *Briefe an Otto Grautoff und Ida Boy-Ed*, S. 157

113 *Bei Tommy's:* Hedwig Pringsheim an Maximilian Harden, 23. Januar 1906, Bl. 60

113 *Erik bleibt eine offene:* Ebd.

114 *Eben, lieber Harden:* Ebd.

114 *Das Haus ist:* Hedwig Pringsheim an Maximilian Harden, 12. März 1906, Bl.61

115 *Tommy-Männchen:* Ebd., Bl. 64

115 *Wir sind endgültig fertig:* Ebd., Bl. 63
115 *wirklich charmante Figaro-Aufführung:* Hedwig Pringsheim an Maximilian Harden, München, 16. Juni 1906, Bl. 69
115 *Mir hat sie:* Hedwig Pringsheim an Maximilian Harden, München, 13. Juni 1906, Bl. 65
116 *Der alte Schwiegervater:* Hedwig Pringsheim an Maximilian Harden, Wannsee, Villa Pringsheim, 27. September 1906, Bl. 85
116 *Vor großer Aufregung:* Hedwig Pringsheim an Maximilian Harden, München, 8. Oktober 1906, Bl. 89
116 *Mein Koffer steht:* Hedwig Pringsheim an Maximilian Harden, München, 17. Oktober 1906, Bl. 155 (im Konvolut mit 1908 datiert und falsch eingeordnet)
116 *Die fast 80-jährige Frau:* Ebd.
117 *sehr spitz und angegriffen:* Hedwig Pringsheim an Maximilian Harden, München, 5. Januar 1907, Bl. 101
117 *der ich ja nun alles:* Hedwig Pringsheim an Maximilian Harden, München, 5. Januar 1907, Bl. 101
117 *das enervirendste:* Hedwig Pringsheim an Maximilian Harden, München, 1. Oktober 1907, Bl. 114
117 *Goldhaus:* Hedwig Pringsheim an Maximilian Harden, 26. Dezember 1905, Bl. 53
118 *als echtes Schriftstellerkind:* Hedwig Pringsheim an Maximilian Harden, München, 14. Dezember 1906, Bl. 99
118 *rasende Familienkorrespondenz:* Ebd.
118 *Hier habe ich mein Haus:* Hedwig Pringsheim an Maximilian Harden, München, 1. Oktober 1907, Bl. 115/116
118 *Ich plane:* Hedwig Pringsheim an Maximilien Harden, München, 26. Juli 1907, Bl. 106
119 *Ich habe viel zu tun:* Hedwig Pringsheim an Maximilian Harden, München, 16. Oktober 1907, Bl. 120
119 *Wochenlang nur Wasser:* Hedwig Pringsheim an Maximilian Harden, an Bord des Postdampfers *Cap Arcona,* 30. November 1907, Bl. 121
119 *Ich werde sehr gut behandelt:* Ebd.
120 *Das Meer, das so:* Ebd.
120 *Glückselig geweint:* Hedwig Pringsheim an Maximilian Harden, Buenos Aires, 10. Dezember 1907, Bl. 127
120 *Der Bub:* Ebd.

120 *Man denkt sich doch:* Hedwig Pringsheim an Maximilian Harden, Buenos Aires, 10. Dezember 1907, Bl. 125/126
121 *Wir sitzen, warten:* Hedwig Pringsheim, *Reisetagebuch,* 12. Dezember 1907, im TMA
121 *Über Erik bin ich: Reisetagebuch,* 19. Dezember 1907
122 *Ich bin bereits:* Hedwig Pringsheim an Maximilian Harden, Buenos Aires, 10. Dezember 1907, Bl. 125
122 *Ich flüchte:* Ebd., Bl. 128
122 *800 km hinter:* Hedwig Pringsheim an Maximilian Harden, Estancia Rincon tres Picos, 6. Januar 1908, Bl. 130/131
123 *Bietet sich:* Ebd., Bl. 130
123 *Es wird trotz: Reisetagebuch,* Vina des Mare, Gran Hôtel, 16. Januar [1908]
124 *Die Straße ist:* Ebd.
124 *In dem engen:* Ebd.
124 *Fart von Funcal:* Reisetagebuch, 16. Januar 1908
125 *ganze Straßenzüge: Reisetagebuch,* 17. Januar 1908
125 *Ich zittere:* Hedwig Pringsheim an Maximilian Harden, 6. Januar 1908, Bl. 129
125 *Soll man's glauben:* Hedwig Pringsheim an Maximilian Harden, München, 7. Oktober 1908, Bl. 151/152
126 *Könnte, o könnte:* Hedwig Primgsheim an Maximilian Harden, Buenos Aires, 27. Januar 1908, Bl. 131/132
127 *Geringere Passagier-Zal: Reisetagebuch,* 8. Februar 1908
127 *den durch Automobile:* Hedwig Pringsheim an Maximilian Harden, 26. März 1908, Bl. 135/136
127 *welch ein Jammer:* Hedwig Pringsheim an Dagny Langen-Sautreau, München, 8. März 1907, Wiedemann, S. 26
128 *Hier war Lily Lehmann:* Hedwig Pringsheim an Maximilian Harden, München, 1. Dezember 1908, Bl. 169
128 *ein häßlicher Knabe:* Hedwig Pringsheim an Maximilian Harden, München, 1. Dezember 1908, Bl. 169
128 *wie es sich für eine:* Hedwig Pringsheim an Dagny Langen-Sautreau, 23. Juni 1908, Wiedemann, S. 29
128 *Das junge Volk:* Hedwig Pringsheim an Maximilian Harden, München, 12. August 1908, Bl. 150
128 *Das Mütterliche:* Hedwig Pringsheim an Dagny Langen-Sautreau, München, 8. März 1907, Wiedemann, S. 26

129 *Es kann aber sein:* Ebd., Wiedemann, S. 25f.
129 *die in Plauen:* Hedwig Pringsheim an Maximilian Harden, München, 23. Februar 1908, Bl. 161
129 *Der Gute gebiert:* Ebd., Bl. 162
130 *Ich komme wie:* Hedwig Pringsheim an Maximilian Harden, München, 11. Mai 1909, Bl. 171
130 *Jedes Wort eine Lüge:* Ebd., Bl. 172
131 *nicht das leiseste Anzeichen:* Hedwig Pringsheim an Maximilian Harden, München, 22. Juni 1909, Bl. 182
131 *nicht direkt gemordet:* Hedwig Pringsheim an Maximilian Harden, München, 11. Mai 1909, Bl. 173
131 *Ich werde nie:* Hedwig Pringsheim an Maximilian Harden, 28. Mai 1909, Bl. 177
131 *Eben habe ich den Schlosser:* Ebd., Bl. 175
132 *Für die vielen:* Hedwig Pringsheim an Maximilian Harden, München, 11. Mai 1909, Bl. 174
132 *Ich weiß doch:* Hedwig Pringsheim an Maximilian Harden, München, 22. Juni 1909, Bl. 180
132 *Niemand konnte mir:* Hedwig Pringsheim an Maximilian Harden, München, 19. Oktober 1909, Bl. 183
133 *der zu aller Entsetzen:* Hedwig Pringsheim an Maximilian Harden, *München,* 11. Mai 1909, Bl. 174
133 *Katja närt den jungen Mann:* Hedwig Pringsheim an Maximilian Harden, München, 28. Mai 1909, Bl. 178
135 *großen, öden Haus:* Hedwig Pringsheim an Maximilian Harden, München, 19. November 1909, Bl. 191
135 *Mein Professor hat sich:* Hedwig Pringsheim an Maximilian Harden, München, 10. Juni 1910, Bl. 209
135 *Ganz allein bin ich:* Hedwig Pringsheim an Maximilian Harden, München, 19. November 1909, Bl. 191
136 *ungewönlich netten:* Hedwig Pringsheim, *Notizbuch,* 6. Oktober 1910, TMA
137 *Abends Première Orestie: Notizbuch*, 31. August 1911
137 *Abends mit Tommy: Notizbuch*, 30. Juni 1911
137 *scharfen Zusammenprall: Notizbuch,* 7. August 1911
138 *Bei strömendem Regen: Notizbuch,* 4. Juli 1910
138 *animiert und gut: Notizbuch,* 16. November 1910
140 *interessant und bedeutlich: Notizbuch*, 23. September 1911

140 *blos so:* Hedwig Pringsheim an Maximilian Harden, München, 22. März 1910, Bl. 202
140 *Mit kleinem Dampfer: Notizbuch*, 8. April 1910
141 *prächtig gelegene: Notizbuch*, 13. April 1910
141 *recht elegante tout Athen: Notizbuch*, 16. April 1910
142 *kleines nettes Schiff: Notizbuch*, 19. April 1910
142 *Hergott, das war schön:* Hedwig Pringsheim an Maximilian Harden, 30. April 1910, Bl. 204
142 *Paris war schön:* Hedwig Pringsheim an Maximilian Harden, München, 23. April 1911, Bl. 219
143 *Ich bin ein für allemal:* Hedwig Pringsheim an Maximilian Harden, Sils-Maria, 10. September 1913, Bl. 262
143 *Den ganzen Tag:* Ebd., Bl. 259
143 *Geheimrat Köbner:* Ebd., Bl. 260
145 *ungewönlich angenehmen: Notizbuch*, 13. März 1912
146 *So sitze ich denn:* Hedwig Pringsheim an Maximilian Harden, Davos, 2. August 1912, Bl. 227
149 *Denen da droben:* sh. Thomas Mann, *Der Zauberberg*, GW III, S. 19
149 *braun wie ein Indianer: Notizbuch*, 23. Mai 1914
150 *Dieses blödsinnige Verkennen:* Hedwig Pringsheim an Maximilian Harden, München, 15. November 1914, Bl. 286
150 *Ich stricke Strümpfe:* Hedwig Pringsheim an Maximilian Harden, München, 9. Oktober 1915, Bl. 332
150 *Warten ist:* Hedwig Pringsheim an Maximilian Harden, München, 13. Oktober 1914, Bl. 281
150 *Wir Kavalleristenmütter:* Ebd., Bl. 282
150 *Ist nicht jeder der Getöteten:* Hedwig Pringsheim an Maximilian Harden, München, 23. Dezember 1915, Bl. 345
151 *Sagen Sie, Harden:* Hedwig Pringsheim an Maximilian Harden, 19. September 1915, Bl. 328/329
151 *Als ich vorhin las:* Hedwig Pringsheim an Maximilian Harden, 23. Dezember 1915, Bl. 344/345
152 *überzeugte mich von der Abscheulichkeit:* Klaus Mann, *Der Wendepunkt*, S. 65
152 *Die Leute sind so:* Hedwig Pringsheim an Maximilian Harden, München, 4. März 1916, Bl. 367
152 *Einen reizenden Brief:* Ebd.
153 *Das ist ein prachtvoller:* Ebd. Bl. 368

153 *Kein Zucker:* Hedwig Pringsheim an Maximilian Harden, München, 3. April 1916, Bl. 369/370
153 *unterernärt:* Hedwig Pringsheim an Maximilian Harden, München, 8. Mai 1916, Bl. 375
153 *Eichhörnchen und Spatzen:* Hedwig Pringsheim an Maximilian Harden, München, 1. Januar 1918, Bl. 452
154 *Wissen Sie:* Hedwig Pringsheim an Maximilian Harden, München, 24. Mai 1918, Bl. 476
154 *Wir leben:* Hedwig Pringsheim an Maximilian Harden, München, 15. Dezember 1917, Bl. 446
154 *Nun, in Konzerte:* Ebd., Bl. 447/448
155 *Tommy fur nach Berlin:* Hedwig Pringsheim an Maximilian Harden, München, 4. November 1916, Bl. 399/400
155 *Ich bin voll Trauer:* Ebd., Bl. 400
156 *wurde zu einer Art:* Golo Mann, *Erinnerungen,* S. 35
156 *Vier gierige Kinder:* Klaus Mann, *Der Wendepunkt*, S. 59
156 *Knappheit an Bargeld:* Klaus Mann, *Der Wendepunkt,* S. 52
157 *Das festliche Menü:* Klaus Mann, *Der Wendepunkt,* S. 59f.
157 *Es ist ja alles:* Hedwig Pringsheim an Maximilian Harden, München, 15. Juli 1916, Bl. 385
159 *was ist alles passirt:* Hedwig Pringsheim an Maximilian Harden, München, 28. Oktober 1918, Bl. 485
159 *Müsse man sich:* Ebd.
160 *Wir hatten ja den Kaiser hier:* Hedwig Pringsheim an Maximilian Harden, 14. Dezember 1916, Bl. 403
161 *Über die ‹Bedingungen›:* Hedwig Pringsheim an Maximilian Harden, München, 11. November 1918, Bl. 490
161 *in der Beziehung:* Hedwig Pringsheim an Maximilian Harden, München, 28. Oktober 1918, Bl. 486
161 *Eine Welt ist:* Hedwig Pringsheim an Maximilian Harden, München, 26. November 1918, Bl. 491/492
162 *Wie es äußerlich:* Ebd., Bl. 492
162 *Wir sind nicht belästigt:* Hedwig Pringsheim an Maximilian Harden, München, 13. März 1919, Bl. 498
163 *Auf dem Residenzschloß:* Hedwig Pringsheim an Maximilian Harden, München, 26. November 1918, Bl. 494
163 *Häßlich, häßlich ist alles:* Hedwig Pringsheim an Maximilian Harden, München, 13. März 1919, Bl. 497

163 *Sie meinen, Eisner:* Ebd., Bl. 498/499

164 *Ich begreife die Erschütterung:* Hedwig Pringsheim an Fritz Mauthner, München, 17. Mai 1919, Leo Baeck Institut, New York

165 *Ich finde, das Maß:* Hedwig Pringsheim an Maximilian Harden, München, 2. Mai 1920, Bl. 510/511

165 *Nicht das leiseste Anzeichen:* Ebd., Bl. 511

166 *Persönliches? Das gibt' garnicht mehr:* Ebd., Bl. 511/512

166 *von der Wand:* Hedwig Pringsheim an Maximilian Harden, München, 7. November 1920, Bl. 516

167 *Sagen Sie nur:* Ebd., Bl. 515

167 *Das einzige Mal:* Hedwig Pringsheim an Maximilian Harden, München, 28. Dezember 1919, Bl. 507

168 *wie der Antisemitismus:* Ebd., Bl. 508

168 *Ich finde garnicht:* Ebd., Bl. 507

168 *Was soll ich Ihnen:* Hedwig Pringsheim an Dagny Langen-Sautreau, München, 10. Februar 1921, Wiedemann, S. 40

169 *Der Tod meiner Mutter:* Hedwig Pringsheim an Dagny Langen-Sautreau, München, 21. Juni 1919, Wiedemann, S. 38

170 *Am Donnerstag:* Hedwig Pringsheim an Maximilian Harden, München, 3. Juni 1919, Bl. 501

171 *sehr verehrten Hern Harden:* Neumann/Neumann, *Maximilian Harden*, S. 82

171 *ich sehe kommen den Tag:* Hedwig Pringsheim an Maximilian Harden, München, 7. November 1920, Bl. 513

172 *die Tage nehmen:* Hedwig Pringsheim an Maximilian Harden, München, 30. Juni 1921, Bl. 517

172 *Es muß wol so sein:* Ebd.

172 *Wenn er auch one Echo:* Ebd., Bl. 518

172 *Reichen Sie mir die Hand:* Ebd., Bl. 518

173 *Ich nehme an:* Hedwig Pringsheim an Maximilian Harden, München, 4. April 1922, Bl. 522

173 *wenn ich tot bin:* Ebd., Bl. 523

174 *Ich weiß nicht:* Ebd., Bl. 521

174 O, *mein Lieber, ich gehe ein:* Hedwig Pringsheim an Maximilian Harden, München, 2. Mai 1920, Bl. 512

174 *ich bin müde:* Hedwig Pringsheim an Dagny Langen-Sautreau, München, 7. September 1918, Wiedemann, S. 36f.

175 *So Männer:* Hedwig Pringsheim an Dagny Langen-Sautreau, München, 24./26. Dezember 1924, Wiedemann, S. 46f.

175 *‹Schafsköpfe› ist wol ein:* Hedwig Pringsheim an Dagny Langen-Sautreau, München, 26. Februar 1921, Wiedemann, S. 44

176 *Ich habe endlich:* Hedwig Pringsheim an Maximilian Harden, München, 7. November 1920, Bl. 516

177 *Diese Jugend:* Hedwig Pringsheim an Dagny Langen-Sautreau, München, 26. Februar 1921, Wiedemann, S. 43f.

177 *Ich bin sehr vereinsamt:* Hedwig Pringsheim an Dagny Langen-Sautreau, München, 24./26. Dezember 1924, Wiedemann, S. 47

177 *Katja hat sich:* Hedwig Pringsheim an Dagny Langen-Sautreau, München, 7. September 1918, Wiedemann, S. 36

178 *Katja wird wol:* Hedwig Pringsheim an Maximilian Harden, München, 2. Mai 1920, Bl. 508

178 *Bei Katja geht es:* Hedwig Pringsheim an Dagny Langen-Sautreau, München, 10. Februar 1921, Wiedemann, S. 41

179 *Erika ist bei der Büne:* Hedwig Pringsheim an Dagny Langen-Sautreau, München, 24./26. Dezember 1924, Wiedemann, S. 47

180 *Mit Heinz:* Ebd. Dieser Passus jedoch nicht bei Wiedemann. Sh. Original im Deutschen Literaturarchiv Marbach

180 *Peter wolbestallter Professor:* Ebd., Wiedemann, S. 48

181 *Hort der Reaktion:* Thomas Mann, *München als Kulturzentrum,* GW X, S. 223

181 *Manns werden immer:* Hedwig Pringsheim an Fritz Endres, München, 7. Juni 1931

182 *Liebe Erika:* Hedwig Pringsheim an Erika Mann, Neapel, 19. April 1926, Monacensia

183 *Urgroßmutter bin ich:* Hedwig Pringsheim an Dagny Langen-Sautreau, München, 22. Oktober 1927, Wiedemann, S. 50

184 *Augenblicklich sind:* Ebd.

184 *mit Gobelins:* sh. die Beschreibungen bei Hermann Ebers, *Erinnerungen,* S. 8

185 *Bei Ofey:* Erika Mann, *Glückwunsch an den Großvater Pringsheim, Münchner Neueste Nachrichten,* 1. September 1930, vgl. Erika Mann, *Blitze überm Ozean,* S. 79ff.

186 *munter, witzig, verliebt:* Hedwig Pringsheim an Dagny Langen-Sautreau, München, 18. März 1932, Wiedemann, S. 53

186 *weder lesen noch schreiben:* Hedwig Pringsheim an Fritz Endres, München, 8. Juni 1931, Leo Baeck Institut, New York

186 *Vor zehn Tagen:* Ebd.

187 *Das Weitere haben Sie:* Ebd.

188 *Aufregenden Störversuch:* Klaus Mann, *Tagebücher 1931– 1933*, S. 31

188 *Mein lieber Son Tommy:* Hedwig Pringsheim an Thomas Mann, München, 8. August 1932, TMA

190 *Große Stimmung:* Klaus Mann, *Tagebücher 1931–1933*, S. 107

191 *Es gibt in München:* Zitiert nach: Irmela von der Lühe, *Erika Mann*, S. 74

193 *Über uns:* Hedwig Pringsheim an Katia Mann, München, 12. Juni 1933

193 *Die alten Pringsheims:* Golo Mann, Tagebuch-Eintrag vom 24. Juni 1933, Schweizerisches Literaturarchiv Bern (SLA)

194 *Der ‹Führer›:* Golo Mann, Tagebuch-Eintrag vom 1. Juli 1933 (SLA)

194 *An Verhandlungen:* Hedwig Pringsheim an Golo Mann, München, 2. Juli 1933, TMA

194 *Dennoch wehrte sich:* Hedwig Pringsheim an Katia Mann, München, 21. Juli 1933

194 *Die arme Offi:* Golo Mann, Tagebuch-Eintrag vom 8. Juli 1933 (SLA)

195 *«Hüttchen»:* Hedwig Pringsheim an Katia Mann, München, 11. Juli 1933

195 *all die baulichen:* Hedwig Pringsheim an Katia Mann, München, 4. September 1933

195 *Nun richtet der dreiundachtzigjährige:* Golo Mann, Tagebuch-Eintrag vom 12. August 1933 (SLA)

195 *mit welcher der 84-Jährige:* Oskar Perron, *Nachruf auf Alfred Pringsheim, Jahrb. d. Bayer. Akad. d. Wiss. 1944–1948*, S. 193

195 *Das Personal:* Hedwig Pringsheim an Katia Mann, München, 4. September 1933

196 *Wir sind ja nun:* Ebd.

196 Das schöne Herbstwetter: Hedwig Pringsheim an Katia Mann, München, 13. September 1933

197 *Der Musiksaal existiert:* Ebd.

197 *Mathematische Bibliothek:* Hedwig Pringsheim an Katia Mann, München, 30. September 1933

197 *Dir den Zustand:* Hedwig Pringsheim an Katia Mann, München, 27. Oktober 1933
198 *Ich glaube, Katju:* Hedwig Pringsheim an Katia Mann, München, 1. November 1933
198 *von Sehnsucht getrieben:* Hedwig Pringsheim an Katia Mann, München, 14. November 1933
198 *Es war eine Völkerwanderung:* Hedwig Pringsheim an Katia Mann, München, 10. November 1933
199 *30 oder 40 Bücherkisten:* Ebd.
199 *einem fabelhaften Blumenkorb:* Hedwig Pringsheim an Katia Mann, München, 14. November 1933
199 *die Verwönteste von allen:* Hedwig Pringsheim an Katia Mann, München, 10. November 1933
200 *Wenn sie glaubt:* Hedwig Pringsheim an Katia Mann, München, 14. Februar 1934
200 *kokettirt mehr als:* Hedwig Pringsheim an Katia Mann, München, 9. April 1934
200 *Sie schröpfen uns:* Hedwig Pringsheim an Katia Mann, München, 14. Februar 1934
200 *Das Anwesen präsentirte sich:* Hedwig Pringsheim an Katia Mann, München, 1. Mai 1934
201 *ausverkauft:* Hedwig Pringsheim an Katia Mann, München, 17. Juli 1934
202 *aus langer Lethargie:* Hedwig Pringsheim an Katia Mann, München, 31. Januar 1935
202 *Heute abend werden wir:* Ebd.
202 *eine gute Auffürung:* Hedwig Pringsheim an Katia Mann, München, 1. März 1935
203 *Die hundert Tage:* Hedwig Pringsheim an Katia Mann, München, 24. März 1935
203 *das Schicksal nun doch:* Hedwig Pringsheim an Katia Mann, München, 16. Dezember 1934
203 *für den 12. November:* Alfred Pringsheim an das Rektorat der Münchner Universität, 8. November 1934, Universitätsarchiv der Ludwig-Maximilians-Universität München
204 *Nichtarischer Abstammung sind:* Bescheid des Bayerischen Staatsministeriums für Unterricht und Kultur vom 17. März 1935, Nr. V 50 890, Universitätsarchiv München

204 *eines der ältesten Mitglieder:* Hedwig Pringsheim an Katia Mann, München, 13. November 1934
205 *die Herren:* Hedwig Pringsheim an Katia Mann, München, 2. September 1935
206 *Eine gewisse Finkenfamilie:* Hedwig Pringsheim an Katia Mann, München, 9. September 1935
206 *Wir versuchen noch:* Hedwig Pringsheim an Katia Mann, München, 17. November 1935
206 *Wir leben einstweilen:* Hedwig Pringsheim an Katia Mann, München, 6. Dezember 1935
207 *Wir haben uns überlegt:* Hedwig Pringsheim an Katia Mann, München, 3. Januar 1936
207 *Heiligen aus dem:* Hedwig Pringsheim an Katia Mann, München, 11. Dezember 1935
207 *es tut sich was:* Hedwig Pringsheim an Katia Mann, München, 16. September 1935
207 *Wir hatten Besuch:* Hedwig Pringsheim an Katia Mann, München, 29. Dezember 1935
208 *Fay verliert:* Hedwig Pringsheim an Katia Mann, München, 13. Februar 1936
208 *Wir haben uns entschieden:* Hedwig Pringsheim an Katia Mann, München, 18. August 1936
209 *wie wir die neue Wonung:* Hedwig Pringsheim an Katia Mann, München, 20. November 1936
209 *direkt freue:* Hedwig Pringsheim an Katia Mann, München, 19. Dezember 1936
209 *Ich füle mich:* Hedwig Pringsheim an Katia Mann, München, 8. Februar 1936
209 *Die unerhörten Strapazen:* Hedwig Pringsheim an Erika Mann, o. D., TMA
210 *der Dillmann:* Hedwig Pringsheim an Katia Mann, 19. Oktober 1937
210 *Ich bin eine olle:* Hedwig Pringsheim an Erika Mann, München o. D. (vermutl. 1937), TMA
211 *Mein Gott, um nicht:* Hedwig Pringsheim an Katia Mann, München, 29. Oktober 1937
211 *Beiliegenden Zettel:* Hedwig Pringsheim an Katia Mann, München, 15. Januar 1938

212 *Weißt du, Kindchen:* Hedwig Pringsheim an Katia Mann, München, 29. März 1938
212 *Zeitungsnachricht über die Enteignung:* Thomas Mann, Tagebucheintrag vom 28. April 1938, *Tagebücher 1937–1939*, S. 215
212 *Dein Brief zeugt:* Hedwig Pringsheim an Katia Mann, München, 11. Mai 1938
213 *eben wieder eine:* Hedwig Pringsheim an Katia Mann, München, 11. Mai 1937
213 *Man kann ja:* Hedwig Pringsheim an Katia Mann, München, 18. Dezember 1936
213 *Wir können demnach:* Hedwig Pringsheim an Katia Mann, München, 15. Juli 1938
214 *Zwei hübsche Zimmer:* Hedwig Pringsheim an Katia Mann, Konstanz, 21. Juli 1938
214 *unter dem tristen Eindruck:* Ebd.
215 *Über die politischen Vorgänge:* Hedwig Pringsheim an Katia Mann, München, 13. Oktober 1938
216 *Ich kann ja die Hälfte:* Hedwig Pringsheim an Katia Mann, München, 23. Februar 1938
216 *Nun brauche ich wieder:* Hedwig Pringsheim an Katia Mann, München, 4. Oktober 1938
216 *dieser unselige Beamte:* Hedwig Pringsheim an Katia Mann, München, 18. Oktober 1938
217 *ein comble von Greulichkeit:* Ebd.
217 *Als ich früh:* Hedwig Pringsheim an Katia Mann, München, 25. Oktober 1938
218 *Es war, glaube ich:* Ebd.
218 *Es geht uns persönlich ganz gut:* Hedwig Pringsheim an Katia Mann, München, 13. November 1938
219 *So arischen Besuch:* Ebd.
219 *Bei der Diamantenen:* Hedwig Pringsheim an Katia Mann, 22. November 1938
220 *Es hatte wirklich viel Beruhigendes:* Ebd.
220 *Seit 2 Jaren:* Hedwig Pringsheim an Katia Mann, München, 17. November 1938
220 *Das Wetter:* Hedwig Pringsheim an Katia Mann, München, 13. November 1938

221 *Er war bei dieser Vorstellung:* Hedwig Pringsheim an Katia Mann, München, 7. Dezember 1938
222 *wobei ich doch in die saure:* Hedwig Pringsheim, *Notizbuch,* Eintrag vom 28. Februar 1939, TMA
222 *in würdigster und höflichster:* Hedwig Pringsheim an Katia Mann, München, 11. Januar 1939
222 *schön aufgestellt:* Hedwig Pringsheim an Katia Mann, München, 5. Januar 1939
223 *Martern aller Arten:* Hedwig Pringsheim an Katia Mann, München, 24. Februar 1939
223 *eventuell der Ertrag:* Hedwig Pringsheim an Katia Mann, München, 17. Mai 1939
223 *ehe nicht die Sache:* Hedwig Pringsheim an Katia Mann, München, 25. April 1939
223 *Es ist eine:* Hedwig Pringsheim an Katia Mann, München, 1./2. Februar 1939
223 *Man hört von allen Seiten:* Hedwig Pringsheim an Katia Mann, München, 18. Januar 1939
224 *ganze Waschkörbe:* Hedwig Pringsheim an Katia Mann, München, 17. Mai 1939
224 *Der Zustand der Auflösung:* Hedwig Pringsheim an Katia Mann, München, 15. April 1939
224 *Die Wonung wird immer:* Hedwig Pringsheim an Katia Mann, München, 5. April 1939
224 *Auflistung:* Hedwig Pringsheim, *Notizbuch*-Einträge 1939, TMA
226 *Wir sind gesund:* Hedwig Pringsheim an Katia Mann, München, 10. September 1939
226 *von 8 Ur abend:* Ebd.
227 *Nun gelingt's schließlich:* Hedwig Pringsheim an das Ehepaar Sommerfeld, München, 29. Oktober 1939, Deutsches Museum, München
227 *und zwar im allerletzten Moment:* Hedwig Pringsheim an Katia Mann, Zürich, 10. Dezember 1939
229 *Er ist ein weißes:* Zeugenaussage Dr. Heinz Pringsheim in Spruchkammerakte Hess, Hauptstaatsarchiv München
230 *verhältnismäßig hohen:* Urteilsbegründung der Spruchkammer VII, München, vom 20. Oktober 1948, Akte Hess, Hauptstaatsarchiv München

231 *ausgezogen, untersucht, mißhandelt:* Hedwig Pringsheim, *Notizbuch*-Eintrag vom 31. Oktober 1939
231 *abscheuliche, sadistisch-brutale Revision:* Ebd.
231 *von zwei Arbeitern:* Ebd.
231 *vor dem letzten Attentat:* Hedwig Pringsheim an Katia Mann, Zürich, 14. November 1939
232 *kein Konzert:* Hedwig Pringsheim an Katia Mann, Zürich, 14. November 1939
232 *drei große hübsche Zimmer:* Ebd.
232 *geschickte Joseph:* Hedwig Pringsheim an Katia Mann, Zürich, 29. November 1939
233 *Fremd und unwarscheinlich:* Hedwig Pringsheim an Katia Mann, Zürich, 1. Februar 1940
233 *durch Verweigerung jeglicher:* Hedwig Pringsheim an Katia Mann, Zürich, 6. Mai 1940
233 *Nun ist er wieder ganz normal:* Ebd.
233 *Alle sind onmaßen:* Hedwig Pringsheim an Katia Mann, Zürich, 14. November 1939
234 *Mein Herz blutet:* Hedwig Pringsheim an Katia Mann, Zürich, 11. April 1940
234 *Es war ein schönes Fest:* Hedwig Pringsheim an Katia Mann, Zürich, 4. September 1940
235 *Es kam so plötzlich:* Hedwig Pringsheim an Katia Mann, Zürich, o. D., Poststempel 18. Juli 1941
235 *Schwester Ida blieb:* Hedwig Pringsheim, *Notizbuch*, Sammel-Eintrag 19.–29. Juni 1941
236 *Überraschende Ankunft:* Ebd.
236 *Aus München:* Hedwig Pringsheim an Katia Mann, Zürich, 11. Juli 1941
236 *Von der Absicht:* Hedwig Pringsheim an Katia Mann, Zürich, o. D., Poststempel 18. Juli 1941
236 *Mein Dasein ist einsam und leer:* Hedwig Pringsheim an Katia Mann, Zürich, 11. Juli 1941

Benutzte Literatur

Achterberg, Erich, *Berliner Hochfinanz. Kaiser, Fürsten, Millionäre um 1900*, Frankfurt o. J. (1965)

Barnay, Ludwig, *Erinnerungen,* Bd. 1 u.2, Berlin 1903

Bartmann, Dominik (Hrsg.), *Anton von Werner, Geschichte in Bildern,* Ausstellungskatalog Berlin Museum, Berlin 1993

Bauer, Friedrich L., *Fritz Hartogs. Das Schicksal eines jüdischen Mathematikers in München,* in: *Aviso,*1/2004, S. 34 ff.

Berlin und seine Bauten, hrsg. vom Architekten-Verein zu Berlin, Berlin 1877

Biographisches Jahrbuch und Deutscher Nekrolog, Bd. 9, 1906: Artikel *Julius Lohmeyer*

Björnson, Björnstjerne, *Briefwechsel mit Deutschen,* hrsg. von Aldo Kehl, Teil I und Teil II, Basel/Frankfurt 1986 und 1987

Boas, Jacob, *The Shrinking World of German Jewery* in: *Yearbook of the LBI* 31, 1986, S. 241–266

Brandt, Heike, *Die Menschenrechte haben kein Geschlecht,* Weinheim u. Basel 2000

Brasch, Georg (Hrsg.), *Das Wannseebuch,* Berlin-Wannsee 1925

Bruckmann, Hanna v.: *Dreissig Jahre aus meinem Leben*, Privatdruck, München 1949

Bufe, Siegfried/Klaer, Götz J., *Eisenbahnen in Schlesien,* Düsseldorf o. J. (1971)

Bunsen, Marie von, *Die Welt, in der ich lebte,* Leipzig 1929

Bunsen, Marie von, *Zeitgenossen, die ich erlebte,* Leipzig 1932

Demps, Laurenz, *Berlin-Wilhelmstraße,* Berlin 2000

Dohm, Hedwig, *Sibilla Dalmar,* Roman, Berlin 1896

Dohm, Hedwig, *Jugenderinnerungen einer alten Berlinerin,* in: Hedwig Dohm, *Erinnerungen und weitere Schriften*, gesammelt und mit einem Vorwort von Berta Rahm, Zürich 1980, S. 45–78

Dorst, Tankred/Neubauer, Helmut, *Die Münchner Räterepublik, Zeugnisse und Kommentar,* Frankfurt 1966

Düring-Oetken, Helene v., *Zu Hause, in der Gesellschaft, bei Hofe,* Berlin 1896

Ebe, Gustav, *Das Pringsheim'sche Haus in der Wilhelmstraße in Berlin,* in: *Die Gegenwart,* Bd. VII, No. 1 v. 2.1.1876

Ebers, Hermann, *Lebenserinnerungen,* Ungedrucktes Typoskript, Privatbesitz

Falke, Otto v., *Die Majolikasammlung Alfred Pringsheim,* 3 Bde., 2. erg. Aufl., Ferrara 1994

Fontane, Theodor, *Briefe,* 2. Bd., 1860–1878, München 1979

Frenzel, Karl, *Erinnerungen und Strömungen,* Leipzig 1890

Friedel, Ernst/Schwebel, Oskar, *Bilder aus der Mark Brandenburg, vornehmlich aus der Reichshauptstadt,* Leipzig 1895

Fritsch, Rudolf/Rippl, Daniela, *Alfred Pringsheim,* in: *Schriften der Sudetendeutschen Akademie der Wissenschaften und Künste,* München 2001, S. 97–128

Fuhrmann, Horst, *Vom Reichtum des Alfred Pringsheim,* in: Kruft, Hanno-Walter, *Alfred Pringsheim, Hans Thoma, Thomas Mann. Eine Münchner Konstellation.* Mit Beiträgen von Roland Burlisch und Horst Fuhrmann, München 1993, S. 38–48

Fürstenberg, Carl, *Die Lebensgeschichte eines deutschen Bankiers,* Berlin 1931

Geist und Gestalt, Biographische Beiträge zur Geschichte der Bayerischen Akademie der Wissenschaften, München 1959

Gleibs, Yvonne, *Juden im kulturellen und wissenschaftlichen Leben Münchens in der zweiten Hälfte des 19. Jahrhunderts,* in: *Miscellania Bavarica Monacensia,* H. 76, S. 190 f.

Grube, Max, *Geschichte der Meininger,* Berlin 1926

Handbuch der Provinz Schlesien, Breslau 1872

Handbuch des Grundbesitzes im Deutschen Reiche, I Das Königreich Preußen, VI. Lieferung: Die Provinz Schlesien, Berlin 1880

Hanke, Peter, *Zur Geschichte der Juden in München zwischen 1933 und 1945,* München 1967

Hantschmann, Katharina, *Die Majolikasammlung des Bayerischen Nationalmuseums und die Sammlung Pringsheim* in: *Italienische Fayencen der Renaissance,* Verlag des Germanischen Nationalmuseums, Nürnberg 2004

Harden, Maximilian (Hrsg.), *Die Zukunft*, Jg. 1900–1920

Haus, Andreas, *Gesellschaft, Geselligkeit, Künstlerfest. Franz von Lenbach und die Münchner «Allotria»* in: *Franz von Lenbach 1836–1904*, München, S. 99–148

Heitmann, Margaret/Reinke, Andreas (Hrsg.), *Bibliographie zur Geschichte der Juden in Schlesien*, München 1995

Hofmann, Julius (Hrsg.), *Der Kladderadatsch und seine Leute, 1848–1898, Ein Culturbild*, Berlin 1898

Hornstein, Robert von, *Memoiren*, München 1908

Korsch, Hedda, *Erinnerungen an Hedwig Dohm*, Zürich 1980

Kruft, Hanno-Walter, *Alfred Pringsheim, Hans Thoma, Thomas Mann*, in: *Abhandlungen der Bayerischen Akademie der Wissenschaften*, phil.-hist. Klasse, N.F. H. 107, München 1993

Kruft, Hanno-Walter, D*ie Wagnerbearbeitungen von Alfred Pringsheim*, in: *Jahrbuch der Bayerischen Akademie der schönen Künste*, Bd. 8, 1994, S. 157–164

Lage, Bertha v. d., *Kaiserin Friedrich*, Gera 1888

Lamar, Cecil, *Jew and Junker in Imperial Berlin*, in: *Yearbook XX of the LBI*, London 1975

Lange, Annemarie, *Zwischen Jahrhundertwende und Novemberrevolution*, Berlin 1967

Lessing, Theodor, *Einmal und nie wieder. Lebenserinnerungen*, Prag 1935 (Neudruck: Gütersloh 1969)

Lichnowski, Mechthilde, *Kindheit*, München 1997

Lindau, Paul, *Aus der Hauptstadt, Berliner Plaudereien*, Dresden und Leipzig 1884, 5. Aufl.

Lindau, Paul, *Nüchterne Briefe aus Bayreuth*, Breslau 1876

Lühe, Irmela von der, *Erika Mann. Eine Biographie*, Frankfurt/New York 1993

Mann, Erika, *Blitze überm Ozean. Aufsätze, Reden, Reportagen*. Hrsg. von Irmela von der Lühe und Uwe Naumann, Reinbek bei Hamburg 2000

Mann, Golo, *Erinnerungen und Gedanken, Eine Jugend in Deutschland*, Frankfurt 1986

Mann, Golo, *Maximilian Harden* in: *Geschichte und Geschichten*, Frankfurt 1961

Mann, Julia, *Ich spreche so gern mit meinen Kindern*, Berlin/Weimar 1991

Mann, Katia, *Meine ungeschriebenen Memoiren,* Frankfurt 1974
Mann, Klaus, *Der Wendepunkt. Ein Lebensbericht.* Frankfurt 1952
Mann, Klaus, *Tagebücher 1931 bis 1933,* hrsg. von Joachim Heimannsberg, Peter Laemmle und Wilfried F. Schoeller, München 1989
Mann, Thomas, *Briefe an Otto Grautoff und Ida Boy-Ed,* hrsg. von Peter de Mendelssohn, Frankfurt 1975
Mann, Thomas, *Der Zauberberg,* Gesammelte Werke Bd. III, Frankfurt 1960
Mann, Thomas, *Tagebücher 1933/1934, 1935/1936, 1937–1939, 1940–1943,* hrsg. v. Peter de Mendelssohn, Frankfurt 1977–1982
Mann, Thomas/Mann, Heinrich, *Briefwechsel 1900–1949,* erw. Neuausgabe, hrsg. v. Hans Wysling, Frankfurt 1984
Martin, Ariane, *Schwiegersohn und Schriftsteller. Thomas Mann in den Briefen Hedwig Pringsheims an Maximilian Harden,* in: *Thomas Mann-Jahrbuch,* Bd. 11, Frankfurt 1998
Martin, Ariane (Hrsg.), *Frank Wedekind, Thomas Mann, Heinrich Mann, Briefwechsel mit Maximilian Harden,* Darmstadt 1996
Mendelssohn, Peter de, *Der Zauberer,* 3-bändige überarbeitete Neuausgabe, Frankfurt 1996
Münchener Musikleben 1890–1918, Wiesbaden 1987, Katalog der Bayerischen Staatsbibliothek No. 40
Neumann, Helga/Neumann, Manfred, *Maximilian Harden (1861–1927),* Würzburg 2003
Nipperdey, Thomas, *Deutsche Geschichte 1866–1918, Band 1, Arbeitswelt und Bürgergeist,* München 1990
Nostiz, Helene von, *Aus dem alten Europa,* Leipzig 1926
Olfers, Marie v., *Briefe und Tagebücher,* Bd. 1 u. 2, Berlin 1928/1930
Osborn, Max, *Berlin,* 2. Aufl., Leipzig 1926
Paucker, Arnold (Hrsg.), *Die Juden im nationalsozialistischen Deutschland,* Tübingen 1986
Perron, Oskar, *Nachruf auf Alfred Pringsheim,* in: *Jahrbuch der Bayerischen Akademie der Wissenschaften, 1944–1948,* München 1948
Pietsch, Ludwig, *Wie ich Schriftsteller geworden bin,* hrsg. v. Peter Goldammer, Berlin 2000
Possart, Ernst v., *Erstrebtes und Erlebtes,* Berlin 1916, Neuaufl. Weinheim 1981
Preis, Kurt, *München unterm Hakenkreuz,* München 1989
Pringsheim, Alfred, *Werth und Unwerth der Mathematik,* Nachdruck

einer Festrede in der Bayr. Akad. d. Wiss., 1. und 2. Folge, in: *Die Zukunft*, 14. und 21.5.1904

Pringsheim, Alfred, *Richard Wagner und sein neuester Freund. Eine Erwiderung auf Herrn Dr. Gothelf Häbler's ‹Freundeswort›*, Leipzig 1873

Prinz, Friedrich/Krauss, Marita, *München – Musenstadt mit Hinterhöfen, Die Prinzregentenzeit 1886–1912*, München 1988

Raff, Helene, *Blätter vom Lebensbaum*, München 1938

Rahden, Till van, *Juden und andere Breslauer*, Göttingen 2000

Rasmussen, Jörg, *Die Majolikasammlung Alfred Pringsheim in den Schriften Thomas Manns*, in: *Jahrbuch des Museums für Kunst und Gewerbe*, Hamburg, Jg. 2, 1983, S. 111–124

Rathenau, Walther/Harden, Maximilian, *Briefwechsel*, hrsg. v. Hans-Dieter Hellige, München 1983, Walther Rathenau-Gesamtausg. Bd. 6

Richarz, Monika, *Jewish Social Mobility during the Time of Emancipation (1790–1871)* in: *Yearbook of the LBI*, London 1975

Rodenberg, Julius: *Erinnerungen aus der Jugendzeit*, 2 Bände, Berlin 1899

Rodenberg, Julius, *Aus seinem Tagebuch*, Berlin 1919

Rosenberg, Adolf, *Die Bauthätigkeit Berlins*, in: *Zeitschrift für Bildende Kunst*, hrsg. von Carl v. Lützow, Bd. 10, Berlin 1875, S. 348 ff.

Scharf, Hans-Wolfgang, *Eisenbahnen zwischen Oder und Weichsel*, Freiburg i. Br. 1981

Schirnding, Albert von, *Thomas Mann, seine Schwiegereltern Pringsheim und Richard Wagner. Eine Münchener Konstellation*, Thomas Mann-Schriftenreihe, Bd. 1, München 2003

Schirnding, Albert von, *«... die unlitterarische Stadt par excellence», Thomas Mann und das München der Familie Pringsheim*, in: *Thomas Mann-Jahrbuch*, Bd. 15, Frankfurt 2002, S. 201–208

Schlesisches Güter-Adreßbuch, Breslau 1876

Schoenberner, Gerhard, *Der gelbe Stern. Die Judenverfolgung in Europa 1933–1945*, erw. Ausg. Frankfurt 1982

Schorn, Adelheid: *Das nachklassische Weimar*, 2. Teil, Weimar 1912

Schreiber, Adele, *Hedwig Dohm als Vorkämpferin und Vordenkerin neuer Frauenideale*, Berlin o. J. (1914)

Schüler, Winfried, *Der Bayreuther Kreis von seiner Entstehung bis zum Ausgang der Wilhelminischen Ära*, Münster 1972

Schwerin, Kurt, *Die Juden in Schlesien,* in: *Jahrbuch der schlesischen Friedrich-Wilhelms-Universität zu Breslau,* Bd. XXV, Sigmaringen 1984

Schwerin, Kurt, *Jüdische Industriellen-Familien in Schlesien,* in: *Jüdisches Gemeindeblatt für Oberschlesien,* 2. Jg. No. 9, vom 13.5.1937

Schyma, Georg, *Die Begründung und Ausgestaltung des oberschlesischen Eisenbahnnetzes bis zum Jahre 1870,* in: *Mitteilungen des Beuthener Geschichts- und Museumsvereins,* Heft No. 11/12, 1918/29

Seelig, Lorenz, *Die Münchner Sammlung Alfred Pringsheim – Versteigerung, Beschlagnahmung, Restitution,* in: *Wohlfeil*, Veröffentlichungen der Koordinierungsstelle für Kulturgutverluste, Bd. 3, Magdeburg 2005

Shaw, Gisela, *«Alles, was ich schreibe, steht im Dienst der Frauen». Hedwig Dohm, 1831–1919,* Typoskript eines Vortrags an der Fern-Universität Hagen/W.

Sombart, Werner, *Die Juden und das Wirtschaftsleben,* München/Leipzig 1918

Springer, Peter, *Geschichte als Dekor,* in: Bartmann, Dominik, *Anton von Werner,* a. a. O.

Strauss, Richard, *Briefe an die Eltern 1882–1906,* o. O. 1954

Strousberg, B., *Dr. Strousberg und sein Wirken, von ihm selbst geschildert,* Berlin 1877

Süskind, W. E., *Das Haus Thomas Mann*, in: Proebst, Hermann/Ude, Karl, *Denk ich an München,* München 1966

Thieme/Becker (Hrsg.), *Allgemeines Lexikon der bildenden Künstler,* München 1992, Artikel *Ludwig Burger* (Bd. 5, 1911), *Ermenegildo Antonio Donadini* (Bd. 9, 1913), *Christian Wilberg* (Bd. 35, 1942)

Toepell, Michael, *Mathematiker und Mathematik an der Universität München,* in *Algerismus, Studien zur Geschichte der Mathematik und der Naturwissenschaften,* hrsg. v. Menso Folkerts, Heft 19 der *Münchner Universitätsschriften,* München 1964

Thoma, Hans, *Aus achtzig Jahren,* Leipzig 1925, bes. *Brief an Emil Lugo,* Frankfurt/M. 14.1.1892

Toury, Jacob, *Der Eintritt der Juden ins deutsche Bürgertum,* Tel Aviv 1972

Vierhaus, Rudolf (Hrsg.), *Das Tagebuch der Baronin Spitzemberg,* 3. Aufl., Göttingen 1963

Wagner, Cosima, *Die Tagebücher, Bd. 1. (1869–1877)*, München 1976

Weller, Björn Uwe, *Maximilian Harden und die «Zukunft»,* Studien zur Publizistik, Bremer Reihe, Deutsche Presseforschung, Bd. 13, Bremen 1970

Werner, Anton von, *Erlebnisse und Eindrücke,* Berlin 1913

Wiedemann, Hans-Rudolf (Hrsg.), *Thomas Manns Schwiegermutter erzählt. Hedwig Pringsheim-Dohm, Briefe an Dagny Langen-Sautreau,* Lübeck 1985

Wilbrandt, Adolf, *Aus der Werdezeit,* N. F. Stuttgart 1907

Wilhelmy, Petra, *Der Salon im 19. Jahrhundert,* Berlin/New York 1989

Wilson, Timothy, *Alfred Pringsheim und seine Sammlung italienischer Majoliken,* in: Otto v. Falke, a. a. O., Bd. 3

Wininger, Salomon, *Große jüdische Nationalbiographie* (7 Bde.), Czernowitz 1925–1936

Wodzinski, Marcin (Hrsg.), *Bibliographie zur Geschichte der Juden in Schlesien II*, München 2004

Zobeltitz, Fedor von, *Chronik der Gesellschaft unter dem letzten Kaiserreich,* Hamburg 1922

Zweig, Arnold, *Bilanz der deutschen Judenheit,* Amsterdam 1934

Konsultierte Archive

Archiv der Ludwig-Maximilians-Universität, München (*Personalakten Alfred Pringsheim*)

Archiv der Richard-Wagner-Gedenkstätte der Stadt Bayreuth (*Fasz. Grundsteinlegung Hs 122/I/i-30, Brief A. Pringsheim an Adolf von Groß, Patronatsscheine*)

Badische Landesbibliothek, Karlsruhe (*Hans Thoma an Alfred Pringsheim*)

Bayerische Akademie der Wissenschaften, München (*Akte Alfred Pringsheim*)

Bayerisches Hauptstaatsarchiv München *(Spruchkammerakte SS-Obersturmführer Otto Rudolf Hess)*

Bayerische Staatsbibliothek, München, Abt. f. Handschriften und Seltene Drucke (*Hertziana 129, Pringsheim Alfred; Heyse-Archiv V. 103.a/Bl. 216; Briefe von Hedwig Pringsheim in Aha 330. I., Richard Strauss; Bruckmanniana I; Eichneriana I.1)*

Bayerisches Nationalmuseum, München (*Div. Dokumente betr. die Pringsheim-Sammlungen; Otto von Falke, Katalog der Majolika-Sammlung)*

Buddenbrookhaus, Lübeck (*Kopie der Aufzeichnungen von Hedwig Pringsheim über ihre Reise nach Argentinien 1907/1908)*

Bundesarchiv Berlin (*Recherche betr. in München tätige SS-Führer)*

Bundesarchiv Koblenz (*NL 81, Maximilian Harden; die Briefe Hedwig Pringsheims an Harden)*

Bundeswehr-Hochschule Hamburg-Jenfeld (*Mikrofilme der «Vossischen Zeitung»)*

Deutsches Literaturarchiv, Marbach/Neckar (*Briefe Hedwig Pringsheim an Dagny Langen-Sautreau, verschied. Korrespondenzen: an Alfred Walter Heymel, Hanna Wolfskehl; Briefe Hedwig Dohms an versch. Empfänger; Briefe an Ernst Dohm, u. a. Berthold Auerbach, Carl Tausig, Marie von Schleinitz, Eduard Lasker)*

Deutsches Museum, München *(Postkarte an Ehepaar Sommerfeldt, S 177–273)*

Geheimes Staatsarchiv, Berlin *(Nachlaß Anton von Werner: die Entwürfe für den Fries am Haus Wilhelmstr. 67 und das Familienbild)*

Institut für Zeitgeschichte München *(Recherche betr. in München tätige SS-Führer)*

Jüdisches Historisches Institut, Warschau (Zydowski Instiytut Historyczny/ Instytut Naukowo-Badawczy) *(Recherche betr. die Vorfahren der Familie Rudolf Pringsheim)*

Jüdisches Museum Berlin *(Spurensuche Rudolf und Paula Pringsheim in Berlin)*

Künstlerinnenverein Berlin *(Recherche betr. Bilder der Kronprinzessin Viktoria von Hedwig Dohm-Pringsheim)*

Landesarchiv Berlin *(Das Pringsheim-Palais Wilhelmstr. 67; einige Briefe Ernst Dohms, Hedwig Dohm, Ein Bekenntnis, Berlin 1878, F 241 MF 181 Acc. 133 No. 1; Nachrufe und Artikel über Hedwig Dohm; Hedwig Dohm an Albert Hofmann, o. D. F 241 MF 30 No. 38; Charlotte Birch-Pfeiffer an Ernst Dohm, Berlin 30.1.1848, F 241 490/59, Fanny Lewald-Stahr an Ernst Dohm, 24.1.1860, 490/64)*

Landeskirchliches Archiv, Berlin (*Recherche betr. evtl. Konversion Rudolf und Paula Pringsheim)*

Leo Baeck Institute, Jerusalem/ London/ New York *(Hedwig Pringsheim an Fritz Mauthner, Hedwig Pringsheim an Fritz Endres)*

Münchener Stadtbibliothek, Monacensia *(Briefe von Hedwig Pringsheim an Erika Mann, 1002–1006/78; Alfred und Kitty Neumann, 2422–2425/78; Otto Julius und Gemma Bierbaum; Monac. 615/74; Max Halbe, 700/60; Kondolenzbrief an Frau von Stuck; Peter Pringsheim an Erika Mann, 1009–1016/78;*

Nasjonalbiblioteket Oslo *(Hedwig Pringsheim an Björnstjerne Björnson, Brevs. BB; Björnstjerne Björnson an Hedwig Pringsheim, Brevs. BB)*

Richard Wagner-Stiftung Bayreuth; s. auch: Archiv der Richard Wagner-Gedenkstätten Bayreuth *(Patronatsscheine Alfred Pringsheim, Brief Alfred Pringsheim an Richard Wagner. IV A 17-2)*

Schweizerisches Literaturarchiv, Bern *(Nachlaß Golo Mann, Tagebücher, Schachtel 183, N 5, 6, 7; Hedwig Pringsheim, Kinderbüchlein)*

Staatsbibliothek Berlin – Preußischer Kulturbesitz, Handschriftenabteilung *(Briefe Alfred und Hedwig Pringsheim an Ludwig Darmstaedter, Slg. Darmst. H 1885; Dep.5: Marta Pringsheim an Aimée Runge-Dubois-Reymond, Nachl. Runge-Dubois-Reymond, 389; Hedwig Dohm-Pringsheim an F. Auerbach; Hedwig Dohm Briefe in: Nachl. 141 /Slg. Adam, K.8, K 55; NL A. Hausschner Mp 22)*

Stadtarchiv Meiningen *(Lokal-Zeitungen, Bilder und Berichte vom großen Brand)*

Stadtarchiv München *(Meldebögen Familie Alfred Pringsheim, mit Vermerk «Juden» und «Paßsperre»)*

Stiftung Neue Synagoge Berlin/ Centrum Judaicum *(Spurensuche Rudolf und Paula Pringsheim in Berlin)*

Stiftung Stadtmuseum Berlin *(Anton von Werners Fries am Hause Rudolf*

Pringsheim, Gesellschaftliches Leben in Berlin zwischen 1870 und 1910: Brief Marie von Schleinitz an Cornelie Richter, RS 2000/18 QA 802)

Stiftung Weimarer Klassik, Weimar, Goethe- und Schillerarchiv *(Briefe Hedwig Pringsheim an Max Martersteig, GSA 63/II, 6.9; an Justine Rodenberg, GSA 81/XLII,4, 9; Brief Ernst Dohm an Bertha Frenzel, GSA 18 VII,1,7)*

Theaterwissenschaftliches Institut der Universität, Köln-Wahn *(Rollenfotos Hedwig Dohm in Meiningen, Lenbach-Gemälde von Hedwig Pringsheim)*

Thomas-Mann-Archiv, Zürich *(Hedwig Pringsheim, Briefe an Katia Mann; Hedwig Pringsheim: Notizbücher 1910–1916; 1939–1941; Hedwig Pringsheim, Tagebuch ihrer Reise nach Argentinien und Chile. 1908; div. Fotos der Familie Pringsheim; Zeugnis für Hedwig Dohm 1869)*

Thüringisches Landesmusikarchiv, Weimar *(Beethoven-Zentenarfeier 1870, Deutsches Musikfest)*

Thüringisches Staatsarchiv, Meiningen *(Korrespondenz des Herzogs Georg II. und der Frau von Heldburg mit Ludwig Chronegk; 1 Brief von Hedwig Pringsheim an Helene von Heldburg)*

Ullstein-Archiv, Axel Springer Verlag, Infopool Berlin *(Feuilleton Hedwig Pringshein: Blumen für Franz Liszt)*

Zeitschriften-Archiv der Staatsbibliothek zu Berlin *(Die Berichte aus der Berliner Gesellschaft in diversen Tageszeitungen zwischen 1870 und 1900)*

Zentralbibliothek Zürich *(Spurensuche betr. Alfred und Hedwig Pringsheim in Zürich im Nachlaß Emil und Emmie Oprecht und im Nachlaß Lily Reiff)*

Rechenschaft und Dank

Wie unser Buch über *Frau Thomas Mann* hätte auch die vorliegende Biographie über *Katias Mutter,* Hedwig Pringsheim, ohne die Hilfe zahlreicher Archive und Berater in Deutschland, der Schweiz und Polen nicht geschrieben werden können. Allerdings war die Recherche diesmal wesentlich schwieriger, denn es galt, Herkunft, Familien- und Lebensgeschichte einer Frau, besser: eines Ehepaars zu erforschen, das einer Schicht deutsch-jüdischen Großbürgertums angehörte, deren Spuren das nationalsozialistische Regime ein für alle Mal tilgen wollte. Den Schikanen und Verfolgungen jener kulturtragenden Familien durch das NS-Regime ist auch die riesige Korrespondenz, die Hedwig Pringsheim mit vielen der interessantesten Zeitgenossen führte, fast vollständig zum Opfer gefallen. Erhalten geblieben sind nur jene Bestände, die sich – aus welchen Gründen immer – im Ausland befanden. Zu ihnen gehören die Briefe an den Jugendfreund Maximilian Harden. Sie stammen aus der Zeit zwischen 1900 und 1921; der Journalist nahm sie offensichtlich mit in die Schweiz, als er, nach einem Attentat 1922, dorthin emigrierte.

Heute liegen diese Schriftstücke im Bundesarchiv Koblenz. Gregor Pickro hat uns den Bestand von gut 500 handgeschriebenen Seiten auf Mikrofilm zur Verfügung gestellt und mir somit zeitaufwendige Lektüre vor Ort erspart.

Der zweite wichtige, noch umfangreichere Nachlass – die Briefe Hedwig Pringsheims an ihre Tochter Katia Mann – befindet sich jetzt im Besitz des Thomas-Mann-Archivs, Zürich, sodass ich mich, was die Spurensuche für die Zeit zwischen 1933 und 1942 – Vertreibung aus dem Haus in München, Flucht in die Schweiz und Tod in Zürich – anging, auf vertrautem Terrain bewegen konnte. Viele hundert Seiten habe ich – wiederum aufs Beste betreut von dem erfahrenen, inzwischen fast befreundeten Team Cornelia Bernini, Katrin Bedenig, Monika Bussmann und Rolf Bolt – gelesen und exzerpiert. Thomas Sprecher, der Leiter des Archivs, hatte, großzügig wie stets, seine Erlaubnis gegeben – ‹verpackt› in allerlei nützliche Hinweise und Informationen.

In Zürich konnte ich auch erneut die in winziger, manchmal schwer leserlicher Schrift voll geschriebenen Notizbücher der Protagonistin einsehen, die für die Jahre 1910–1916 und 1939/1941 erhalten geblieben sind. Und schließlich fand Katrin Bedenig die von Hans Wysling an entlegener Stelle zitierten Reiseaufzeichnungen aus Argentinien, die ich verloren gewähnt hatte. Sie wurden gerade in einer Lübecker Ausstellung gezeigt. Britta Dittmann vom Buddenbrookhaus schickte Kopien, mit deren Hilfe wir in wirklich allerletzter Minute noch eine Lücke in unserer Erzählung schließen konnten.

Als Nächstes waren Berichte zu suchen, die über die Jugend Hedwig Pringsheims und die nicht durch Dokumente abgesicherten zwanziger Jahre Auskunft geben konnten. Das erwies sich für die ersten beiden Jahrzehnte als relativ einfach, da die Eltern, Hedwig und Ernst Dohm, im Berliner literarisch-gesellschaftlichen Leben ihrer Zeit eine Rolle spielten, die aus etlichen Brief- und Memoiren-Bänden der Zeit gut zu erschließen war. Außerdem hat Hedwig Pringsheim in autobiographischen, von der *Vossischen Zeitung* Ende der zwanziger/ Anfang der dreißiger Jahre abgedruckten Feuilletons selbst aus diesen Jahren berichtet. In einem Lesesaal der Bundeswehrhochschule in Hamburg war es unter höchst kompetenter Betreuung möglich, die kompletten Jahrgänge dieser Zeitung einzusehen und die «Funde» mittels modernster Technik zu kopieren.

Aufwendiger, aber auch spannender und vergnüglicher war die Recherche in Meiningen im Thüringischen, wo es galt, die Zeit zu rekonstruieren, die das junge Mädchen als Schauspielerin in der berühmten Truppe des Theaterherzogs Georg II. verbrachte. Die für die Bundeswehr selbstverständlichen technischen Errungenschaften gab es in den dortigen Archiven noch nicht. Dafür aber ein Höchstmaß an Zuwendung und Hilfe. Im Stadtarchiv legte mir Karin Köhler die Bilddokumente des großen Brandes von 1874 sowie alle in der Lokalpresse der Zeit publizierten Rezensionen über das Wirken der Novizin bereit, sodass ich die dicken Zeitungsbände nur noch entsprechend den Markierungen aufzuschlagen brauchte. Und auch im Staatsarchiv hatte man mir dank der Vermittlung meines Gewährsmannes vor Ort, Albrecht Erck, die entsprechenden Bestände des herzoglichen Hausarchivs bereits herausgesucht. Von Volker Wachters vorzüglichem Kaffee gestärkt, las ich – amüsiert und belehrt – die Korrespondenz des Herzogpaares mit seinem Regisseur Ludwig Chronegk – Dokumente, die mich nicht nur unter kulturhistorischen Aspekten, sondern auch wegen der Beurteilung der «kleinen Dohm» und ihrer schauspielerischen Leistungen interessierten.

Das in Meiningen nicht Gefundene – z. B. Rollenfotos – konnte ich im theaterwissenschaftlichen Institut der Universität Köln anschauen, wo mir der Hausherr, Elmar Buck, ein noch weitgehend unbekanntes Lenbach-Gemälde von unserer Protagonistin zeigte, das in seinem Arbeitszimmer hing.

Hedwig Dohms Meininger Karriere endete durch die Ehe mit Alfred Pringsheim, dem Erben eines zu großem Reichtum aufgestiegenen oberschlesischen Selfmademan, dessen Weg von Oels in Oberschlesien in die Berliner Wilhelmstraße wir um des Anfangs unserer Geschichte willen nachzuspüren hatten. Hier allerdings trafen wir auf große Schwierigkeiten, die – trotz aller Unterstützung – nur teilweise überwunden werden konnten.

Meine erste Recherche galt dem um 1870 erbauten Palais des Vaters, Rudolf Pringsheim, in der Berliner Wilhelmstraße. Hierbei erwies sich das Team der Stiftung Stadtmuseum Berlin, Dominik Bertmann, Alice Uebe und Martina Weinland, als außerordentlich kenntnisreich. Besonders nützlich war ein vom Direktor, Kurt Winkler, initiiertes *brainstorming*, das nicht nur vergnüglich verlief, sondern auch viele weiterführende Hinweise und Ideen zutage förderte.

Parallel dazu erwies sich die Konsultation des Geheimen Staatsarchivs in Berlin als ertragreich. Reinhard Strecke machte mich auf den Teilnachlass Anton von Werners aufmerksam, in dem ich unter seiner sachkundigen Anleitung die Vorlagen für den berühmten Mosaikfries des Wilhelmstraßen-Palais sowie Porträtskizzen der Damen des Hauses Pringsheim, leider jedoch keine weiteren Informationen über die Bewohner fand.

Grundrisse, Baugesuche etc. für das Berliner Domizil hatte (nebst einigen Autographen von Ernst und Hedwig Dohm) Susanne Knoblich im Landesarchiv für mich bereitgestellt. Nachweise über die Gräber von Rudolf und Paula Pringsheim waren leider nicht mehr zu beschaffen.

Blieb noch die Frage nach den Wurzeln der Familie in Oberschlesien. Hier halfen – vor allem durch Hinweise auf Spezialbibliographien und die einschlägigen Archive in Polen – Till van Rahden und Toni Pierenkemper von der Albertus Magnus-Universität zu Köln. Sie beließen es nicht bei Hinweisen, sondern vermittelten mir auch die Namen und Anschriften der dort zuständigen Kollegen – ein Entgegenkommen, das die Recherche wesentlich erleichterte. Im Jüdischen Museum zu Warschau (Zydowski Instytut Historyczny) halfen mir zwei Friedensdienstleistende, Janek Lassau und Anselm Tiefenbacher, mit einem vielseitigen Familien-Stammbaum bei der Suche nach schlesischen Ursprüngen und Verzweigungen der Familie. All diese Informationen machten es – zusammen mit den durch Horst Fuhrmann vermittelten biographischen Zusammenhängen – möglich, den Lebensweg von Rudolf und Paula Pringsheim als ein Beispiel für die Viten vieler jüdischer Industrieller, Kaufleute, Intellektueller und Künstler kleinbürgerlicher Herkunft zu beschreiben, die etwa seit der Mitte des 19. Jahrhunderts in die preußische – später deutsche – Metropole drängten und die wirtschaftliche und publizistische Entwicklung dort wesentlich geprägt haben.

Wegen des Verhältnisses der Familie Pringsheim zum Judentum und zur jüdischen Gemeinde in Berlin konsultierte ich das Jüdische Museum Berlin und die Stiftung Neue Synagoge Berlin/Centrum Judaicum.

Zurück nach München, wo Alfred und Hedwig Pringsheim mehr als 60 Jahre, von 1878 bis 1939, lebten. Aus der frühen Zeit der Ehe ist das *Kinderbüchlein* erhalten, in dem die Mutter die Entwicklung ihrer fünf Kinder zwischen 1879 und 1896 sowie das häusliche Leben in der Sophien- und, später, in der Arcisstraße notierte. Ich konnte das Dokument im Schweizerischen Literaturarchiv Bern unter der sachkundigen Betreuung des Leiters, Thomas Feitknecht, lesen und exzerpieren. In Bern habe ich auch die Tagebücher Golo Manns eingesehen, die mich vor allem für das Jahr 1933 interessierten. Tatsächlich fand ich einige Bemerkungen über die Enteignung des Palais in der Arcisstraße und die Neuinstallierung der Großeltern am Maximiliansplatz.

Bei der Suche nach Autographen von Hedwig Pringsheim war ich auf die Bestände der Monacensia angewiesen, wo sich in einigen Nachlässen insgesamt 16 Briefe aus der Münchener Zeit unserer Protagonistin fanden, die Ursula Hummel, Gabriele Weber und Elisabeth Tworek mir, wie immer kenntnisreich kommentiert, zur Verfügung stellten.

Diese Dokumente sind – neben vier im New Yorker LBI erhaltenen Schreiben an Fritz Mauthner und Fritz Endres sowie den wenigen im TMA befindlichen Briefen an Thomas Mann und einigen verstreuten Handschreiben z. B. an Felix Auerbach, das Ehepaar Sommerfeldt oder die Widenmayerstraßen-Mitbewohner Müller-Meiningen – außer den beiden großen Konvoluten an Harden und Katia Mann die einzigen bekannten Autographen von Hedwig Pringsheim. Sehr selten taucht in einem Antiquariat ein Blatt auf. Besonders anrührend war es, durch unseren Lektor Uwe Naumann einen Brief an Lily Reiff, geschrieben nach den Pogromen 1938, zu erhalten, den ein Freund von ihm in einem antiquarisch in New York erworbenen Buch gefunden hatte.

Über Alfred Pringsheim existieren einige Faszikel im Archiv der Ludwig-Maximilians-Universität, die mir, nach Absprache mit Ursula Lochner, Stefanie Harrecker bereitstellte. Hier fand ich z. B. die Personalbögen von 1933/34, aber auch das Eheerlaubnis-Gesuch aus dem Jahre 1878 sowie einen lateinisch verfassten Lebenslauf. Frau Harrecker verdanke ich auch die Einsicht in die Gasthörerverzeichnisse, in denen sich jedenfalls einige Belege für Hedwig Pringsheims Besuch allgemein bildender Vorlesungen finden, die sie zum Teil gemeinsam mit Tochter Katia hörte. Was die erweiterten wissenschaftlichen Aufgaben des *pater familias* angeht, so war mir der Archivar der Bayerischen Akademie der Wissenschaften, Bernd Görmer, ein äußerst kompetenter und hilfsbereiter Cicerone, der mir – es wurde im Haus gebaut – auf dem Dachboden ein ruhiges Eckchen einräumte.

Blieb die Suche nach Spuren von Alfred Pringsheims künstlerischer Tätigkeit als Musiker und Sammler. Die Wagner-Verehrung gewann mit Hilfe der Patronatsscheine, einiger Widmungen und, vor allem, eines Briefs an den Meister Anschaulichkeit – Archivalien, die mir Sven Friedrich, der für die Richard-Wagner-Gedenkstätten verantwortliche Leiter, ohne jeden bürokratischen Aufwand zur Verfügung stellte. Wolfgang Wagner hatte mir, auf meine Bitte hin, seine uneingeschränkte Erlaubnis zur Einsicht aller in Frage kommenden Schriftstücke gegeben.

Auch was das Schicksal der Kunst-Sammlungen angeht, hatte ich Glück. Lorenz Seelig, der zuständige Sachwalter im Bayerischen Nationalmuseum, hatte im Rahmen der Ausstellung *München arisiert* im Oktober 2004 ein Referat über *Die Münchner Sammlung Alfred Pringsheim – Versteigerung, Beschlagnahmung, Restitution* übernommen, das er mir noch vor dem Druck zukommen ließ. Außerdem gab er mir Gelegenheit, die neue Prachtausgabe des Katalogs anzuschauen, den Otto von Falke bereits 1914 und 1923 in zwei Bänden, mit handgemalten Abbildungen jedes einzelnen Stücks erarbeitet hatte, und der nun in drei Bänden zum ersten Mal vollständig ediert und mit kenntnisreichen Vorworten versehen vorlag. Bei der Gelegenheit konnte ich auch einen Blick auf jene Listen werfen, die die Nazis 1938/39 von den requirierten Kunstwerken – auch aus der Silbersammlung – angefertigt hatten. Die Akribie der Räuber lässt einen heute noch schaudern.

Lorenz Seelig war es auch, der mich mit Literaturangaben und einer Kopie aus dem 1993 erschienenen Katalog des Münchner Stadtmuseums *München, Hauptstadt der Bewegung* über die SS-eigene Porzellanmanufaktur Allach informierte, nachdem ich ihm von meiner letzten überraschenden *trouvaille*, der Identifizierung des «gottgesandten Lohengrin», erzählt hatte.

Das war in der Tat der abenteuerlichste Erfolg meiner an erregenden Momenten auch sonst nicht armen Recherche. Er wäre mir ohne die begeisterte Beharrlichkeit von Sylvia Krauss, aber auch ohne die vorgängigen Hinweise von Hartmut Mehringer, dem Leiter der Instituts für Zeitgeschichte in München, und Anton Löffelmeier vom Stadtarchiv München nicht zuteil geworden.

Den Aufzeichnungen von Hedwig Pringsheim waren lediglich Nachname und Dienstrang des Retters zu entnehmen gewesen: Obersturmführer Hess. Hartmut Mehringer verdanke ich eine Liste aller zur in Frage kommenden Zeit in München tätigen SS-Sturmführer (Unter-, Ober-, Hauptsturmführer) nebst Geburtsdaten und Dienststellen, die das Bundesarchiv in Berlin sowie das Stadtarchiv in München in wenigen Fällen um einige Personal-Angaben (Familienstand, Adresse etc.) ergänzen konnte. Die Nachforschungen drohten zu versanden. Da machten, fast gleichzeitig, Hartmut Mehringer und Anton Löffelmeier den Vorschlag, es mit einer Durchsicht von Spruchkammer-Akten zu versuchen. Herr Bachmann vom Bayerischen Hauptstaatsarchiv ließ die in Frage kommenden Kisten durchsehen, offenbar ohne Erfolg: ein Hess, der die Rettung der alten Juden ja vermutlich zu seiner Entlastung angeführt hätte, war nicht zu finden.

In der Zwischenzeit aber war unsere Anfrage bei einer anderen Stelle gelandet. Dort machte sich Sylvia Krauss die Sache zu Eigen. Als Autorin und Verfasserin von zwei Biographien hatte die Oberarchivrätin Interesse an meiner abenteuerlichen Geschichte gewonnen und sich noch einmal an die Durchsicht von Spruchkammer-Akten gemacht. Wir hatten durch die Vermittlung einer gemeinsamen Bekannten miteinander telefoniert. Als ich zum verabredeten Zeitpunkt ins Archiv ging, um mich an die Arbeit mit den Kisten zu machen, kam sie mir bereits entgegen: «Wir haben ihn! Wir haben ihn!» – Tatsächlich war sie bei der letzten Akte des letzten in Frage kommenden Kastens fündig geworden.

Auch wenn nicht jeder meiner vielen Recherchen ein solch spontaner Erfolg beschieden war: Ohne die kompetente Hilfe all der genannten Archive und ihrer Mitarbeiter hätte das vorliegende Opus nie zustande kommen können. Deshalb sei ihnen allen an dieser Stelle noch einmal sehr nachdrücklich und herzlich gedankt.

Gedankt sei auch den Helfern und Beratern, die durch kompetente Hinweise, persönliche Erzählungen, Gedankenaustausch und Diskussion dazu beitrugen, das Buch zu Ende zu führen: Hadumod Bußmann, Christine Hannig, Gabriele Strauss-Hotter, Deborah Vietor-Engländer, Manfred Beyer, Alexander Fiebig, Hans-Gerhard Hannesen, Dirk Heißerer, Frido Mann, Johanna Marschall-Reiser, Horst Reday-Pringsheim, Astrid Roffmann, Albert von Schirnding, Renate und Hans Thiersch, Stefan Wolff. Dank schließlich auch an Daniel Seger, der als mitdenkender und höchst kompetenter junger Wissenschaftler beim Bibliographieren, bei Internet-Recherchen und der Beschaffung abgelegener Informationsquellen geholfen hat.

Der letzte, die Arbeit endgültig abschließende Dank aber gilt dieses Mal nicht einem, sondern zwei Sachwaltern unseres Unternehmens: Uwe Naumann und Tilman Jens. Uwe Naumann hat auch dieses Buch kenntnisreich-anregend betreut und wie bei *Frau Thomas Mann* für den vielseitigen Bildteil Sorge getragen. Tilman Jens war uns ein kritischer Partner, der das Opus aus der Perspektive eines neugierigen und interessierten Lesers mit Schwung und Weitblick überprüfte. Die Autoren haben ihm – nicht zuletzt wegen der Korrektur gelegentlicher Betriebsblindheit – herzlich zu danken.

Tübingen, 7. Mai 2005 I. J.

Namenregister

Bildnachweis

KEYSTONE/Thomas-Mann-Archiv, Zürich: 1, 3, 5, 6, 7, 8, 13, 14, 15, 16, 22, 23, 24, 26, 28, 34, 35, 36, 37, 38, 40
Bildarchiv Preußischer Kulturbesitz, Berlin: 2, 19
Aus: Kladderadatsch, Nr. 2, 14.5.1848: 4
Stadtarchiv, Meiningen: 9
Thüringisches Staatsarchiv, Meiningen: 10
Kulturstiftung Meiningen, Meininger Museen/Theatersammlung: 11
Theaterwissenschaftliche Sammlung, Universität zu Köln: 12
Universität der Künste, Berlin: 17
Aus: Laurenz Demps, Berlin-Wilhelmstraße, Berlin 1994: 18
Kai Schwabe Fotografie, Bremen: 20, 21
Privatsammlung Inge Jens, Tübingen: 25
Staats- und Stadtbibliothek Augsburg: 27
Aus: Hans-Rudolf Wiedemann, Thomas Manns Schwiegermutter erzählt, Lübeck 1985: 29
Aus: Albert Soergel, Dichtung und Dichter der Zeit, Leipzig 1911: 30
Nationalarchiv der Richard-Wagner-Stiftung, Bayreuth: 31
SV-Bilderdienst, München: 32 (Blanc Kunstverlag), 39 (Foto: Scherl)
Sammlung Uwe Naumann, Hamburg: 33, 42, 43, 45
Privatsammlung Karl Opitz, Braunschweig: 41
Baugeschichtliches Archiv, Zürich: 44 (Foto: Wolf-Bender)